KB265710

추천사

　해외봉사 팀을 꾸릴 때나 단기선교사들을 떠나보낼 때 항상 저의 마음 한 구석에는 아쉬움이 있었습니다. 그것은 그들에게 현지에서 잘 적응할 수 있는 제대로 된 교육을 충분히 시키기 못하고 떠나보낸다는 그런 아쉬움이었습니다.

　이번에 드외인 엘미 교수의 책 〈Cross-Cultural Connections〉가 번역되어 출판된다는 소식을 듣고 얼마나 기뻤는지 모릅니다. 트리니티 신학대학 석좌교수이기도 한 엘머 박사는, 과거 20여 년간을 아프리카, 아시아 등지에서 선교사로 생활하면서 비-서구문화의 충격을 실제 몸으로 체득한 사람입니다. 현장에서의 오랜 경험과 수많은 학생들을 지도했던 귀중한 통찰력들이 이 한 권의 책 속에 고스란히 녹아 있습니다.

　아무쪼록 이 책이 한국의 기독교인들에게 많이 읽혀져서 현지에 적응하는데, 그리고 주님나라를 확장하는데 도움이 되기를 기도합니다. 아울러 이 책이 일반인들의 현지 활동에도 소중한 길잡이가 되고, 또 오랜 기간을 해외에서 체류하고 귀국하는 사람들의 '역 문화충격' 극복에도 좋은 지침서가 되길 바랍니다.

지구촌 교회 원로목사 - 이동원

　엘머 박사는 서로 다른 문화를 넘나들며 일하는 사람들에게 꼭 필요하고 중요한 지혜를 제공한다. 이 책은 타 문화 극복에 대한 확고한 이론과 함께 참신한 예화들로 가득하다. 나는 이 책을 SIM의 모든 지역 책임자들에게 보내어 반드시 읽도록 할 것이다.

SIM 국제 대표 - 짐 프루드만

홍수 중에 물에 빠진 물고기를 구출시켜 주는 원숭이의 이야기를 들려주면서 드와인 엘머 박사는 만물의 영장인 우리 인간들이 어떻게 생소한 다른 문화의 바다에 뛰어 들어 그곳의 물고기들과 함께 헤엄쳐야 하는지 그 방법을 가르쳐 준다. 그의 통찰력이 사업가들의 세계에서 적용될 수 있었듯이, 이제는 복음 전파와 주님의 사역을 위하여 자신을 바칠 많은 사람들에게도 적용되어질 것을 생각하면 기대와 흥분을 감출 수 없다.

풀러신학대학 교수, 이슬람연구소 소장 – 더들리 우드베리

한번은 엘머 박사께서 우리들에게 아주 훌륭하고 생동감 넘치는 강연과 국내외에서 겪게 될 다문화 사역준비 교육을 시켜 주셨다. 그의 강의에서는 개인 상호관계의 적용이 다채롭다. 이 책은 다양한 영역에서 주님의 사역에 동참하기를 원하는 모든 크리스천들이 마땅히 읽어야 하는 필독서이다.

임마누엘병원협회 대표 – 하워드 씨어얼

오늘날 세계는 엘머 교수가 이 책에서 제공하는 지식과 태도와 능력을 요청한다. 한 때는 선교사들과 해외여행자들의 전유물이었던 다문화에서의 역할과 역학관계는 이제 모든 인류의 공통적인 과제가 되었다. 선교 여행과 국제적인 사업의 성공뿐만 아니라, 세상을 변화시키는 일의 성공을 위해서도 모든 크리스천들은 매일매일 이 책에서 통찰력을 얻어야 할 것이다.

《The Corporate Genome》 저자 – 웨인 샤바츠

문화의 벽을 넘어라
선교와 해외봉사

드와인 엘머 지음 / 김창주 옮김

행복우물

초판 1쇄 발행 2012년 3월 28일
초판 2쇄 발행 2016년 4월 5일

지 은 이 드와인 엘머
옮 긴 이 김창주
펴 낸 이 최대석
펴 낸 곳 행복우물

편   집 디자인여우야(umbobb@daum.net)
표   지 김새롬(heyrom@daum.net)

등록번호 제307-2007-14호
등 록 일 2006년 10월 27일

주   소 경기도 가평군 가평읍 경반리 173
전   화 031)581-0491
팩   스 031)581-0492
이 메 일 danielcds@naver.com

ISBN 978-89-93525-16-8 (03230)
정가 13,000원

Cross-Cultural Connections

- Stepping Out and Fitting In Around the World -

Duane Elmer

IVP Academic

소통의 예술을 실천하며 자기의 길을 걷는

사랑하는 두 아들들에게

:**스코트**
내면의 깊이와 성실함을 간직한
자랑스러운 아들.

:**마크**
자연스러움과 포용성을
멋있게 소화해 내는 아들.

CONTENTS

오늘날 세계는 대한민국의 타 문화권에 대한 선교적 열정에 감동하고 있습니다. 한국교회의 성장은 복음의 진보와 함께 온 인류에게 주신 축복입니다. 이제 한국 교회는 더욱 겸손하게 예수 그리스도의 사랑을 대표하는 책임감을 가지고 온 인류를 섬기며 모든 민족과 족속을 가슴에 품게 되기를 바랍니다. 이 사랑을 온전히 실천하고 모든 민족들의 다양한 문화를 깊이 수용하기 위해서는 선교사들이 먼저 새로운 문화를 배우고 그 문화에 잘 적용하여, 결국 성서가 우리에게 가르쳐주는 예수 그리스도의 복음을 그들의 가슴 속에 전해야 할 것입니다. 이 일을 위해서 선교사들은 끊임없이 다른 사람들과 만나야 하고 그들에게 하나님의 은총을 증거해야 합니다. 그리고 하나님께서 원하시는 일, 곧, 믿음 안에서 모든 민족이 주님 앞으로 나가도록 인도해야 할 것입니다.

이러한 막중한 사명은 문화적 민첩성을 요구합니다. 우리가 이처럼 문화에 예민하고 민첩해 진다는 것은 그냥 저절로 아무런 수고 없이 일어나는 일이 아닙니다. 이런 문화적인 민첩성은 통찰력과 꾸준한 노력을 통해서 체득되는 훈련의 과정입니다. 이런 능력은 우리들이 다른 문화권에서 살아갈 때 실수하지 않도록 도와주며 복음의 왜곡이나 오해를 막아 줄 것입니다.

모든 사람들은 자기들의 문화만이 옳다고 생각하고 때로는 자기들의 문화를 최고라고 생각합니다. 만약 그렇게 생각하거나 무의식적으로라도 그렇게 믿게 된다면, 우리들은 다른 문화를 이해하고 섬기는 일에 실패하고 말 것입니다. 자기들의 문화에 대한 지나친 자부심은 때때로 다른 문화에 대한 무지나 무례함으로 나타나기도 하고 교만으로 비추어 질 수도 있습니다. 왜냐하면 모든 사람들은 자기들의 문화에 자부심을 가지고 자기들의 문화를 보호하고 싶어하기 때문입니다. 그래서 이 책은 우리들의 시야를 넓혀 다른 사람들이 볼 수 없었던 하나님의 위대한 사랑을 볼 수 있게 도와 줄 목적으로 만들어졌습니다.

이 책의 전반부는 문화적 차이가 얼마나 큰 오해를 낳을 수 있는지, 그리고 문화적 차이로 인하여 얼마나 치명적인 관계의 단절이 일어날 수 있는지를 설명하고 있습니다. 중반부에서는 다른 문화에서 살아갈 때 필요한 자세와 능력에 대해서 언급한 후, 이 책의 마지막 부분에서는 이런 훈련을 위한 성서적인 원칙들을 다루게 됩니다. 이런 세 가지 주제는 서로 연결되어 아름다운 태피스트리 작품과 같은 하나의 완성품을 이룰 것입니다. 이 책이 우리의 말과 행동을 통하여 하나님께 영광을 돌리는 일에 귀하게 사용되기를 바랍니다.

2012년의 새날에
저자 드와인 엘머
트리니티 대학 신학부
국제학부 석좌 교수
미국 일리노이주 디어필드

만약 여러분이 다른 문화권에서 살아간다면, 아마도 재미있는 일뿐만 아니라 좌절감, 그리고 신나는 경험과 동시에 어려움도 느낄 것이다. 그리고 어딘가 모르게 조금은 편안해지는 여유로움과 함께 새로움에 대한 긴장감도 생기게 될 것이다. 한마디로 이런 모든 일들은 여러분이 겪게 될 어려움이지만, 그 중에는 새로움을 맛보는 즐거움도 있다. 이 책이 쓰여진 목적은 사업상, 혹은 장, 단기간 선교적 사명을 가지고 서로 다른 문화권에 가서 일하게 되는 사람들을 돕는 일과, 이미 여러분 속에 감추어져 있는 무한한 가능성을 발견하는 일에 작은 유익이 되도록 하기 위함이다. 여러분이 앞으로 만나게 될 주제들을 미리 알게 된다면 거기서 얻게 되는 유익은 참으로 많을 것이다. 왜냐하면 그것들이 여러분의 구체적이고 현실적인 판단을 도와 줄 것이며 새로운 환경에서 만나게 될 긴장과 부조화를 감소시켜 줄 것이기 때문이다. 뿐만 아니라, 이러한 사전 지식이 문화적 이해와 적응이라는 어려운 문제들을 올바르게 인도하여 줄 것이며, 또 다른 문화권에서 온 사람들과도 조화를 이루며 깊은 연대감을 갖도록 도움을 주고 준비시켜 줄 것이기 때문이다.

이 책의 제목이 '문화의 벽을 넘어서(Cross-Cultural)' 라는 표현이 사용됨으로 여러분은 이 책이 서로 다른 민족, 서로 다른 생각들을 연결해 주며 상호이해에 도움이 되도록 인도해 주는 자료들이라는 사실을 알게 될 것이다. 이처럼 문화의 변화에 적극적으로 대처하는 기술과 능력들은 서로 다른 국가들이나 민족들 사이에서 뿐만 아니라, 한 나라 안에서의 문화적 차이를 극복하는 데도 적용될 수 있으며 같은 문화 안에서의 차이를 극복하는 일에도 많은 도움이 될 것이다.

이 책에서 소개된 이론들은 이미 국내뿐만 아니라 해외에서 수많은 기업가들과 단기사역에 관계된 사람들, 선교사들, 구제와 개발 프로그램에 참여하는 사람들, 국제기구에서 일하는 사람들과 교육자들에 의해서 충분히 검증된 내용들이다. 민간 기구에 종사하는 사람들, 예를 들자면 다국적 기업에 종사하는 사람들과 의료인들, 난민 관련 업무의 종사자들 혹은 대민 봉사자들 역시 이 책에서 유익한 지식과 정보를 얻을 수 있을 것이다. 나의 견해로는 이 책에 담겨 있는 이론들이 더욱 폭넓게 우리들의 삶의 현장에서 적용 된다면, 국제기구들과 단체들은 서로 다른 나라들과 타 문화에서 아주 성공적인 성과와 업적을 얻게 될 것이고, 국가간의 선의를 도모하는데 크게 기여할 것으로 확신한다.

그러므로 필자는 이 책에 소개된 개념들, 원칙들, 그리고 방법과 기술들을 크리스천들뿐만 아니라 크리스천들이 아닌 사람들에게도 여러 차례 강의 하였고, 그들에게도 그대로 적용되는 것을 경험하였다. 이 책의 가장 중요한 목적은 독자들로 하여금 다른 문화권에 들어가서 일하게 될 때 그들에게 작은 도움이라도 주려는 데에 있다. 이 책에는 여러가지 개념들과 원칙들이 소개되어 있는데, 이것들이 바로 여러분이 어디에 가든지 그리고 무슨 일을 하든지, 있는 그곳에서 더욱 효과적인 일들을 수행할 수 있도록 도움을 주게 될 것이다.

*　　*　　*

　어떤 책을 쓴 사람이라 하더라도 그 책이 순수하게 자기의 독창적인 생각과 이론으로만 저술되었다고 자신 있게 말할 수 있는 저자는 한 명도 없게 마련이다. 이 세상에 출판된 모든 책들은 여러 사람들의 도움으로 쓰여졌고 보이지 않는 많은 사람들의 수고로 빛을 보게 되는 법이다. 그 많은 사람들 중에서 내가 여기서 특별히 이름을 밝히고 싶은 몇몇 분들이 있다. 이 분들이야 말로 이 책의 가치를 위해서 크게 수고해 준 사람들이다. 트리니티 복음주의 신학교에서 나와 함께 일하는 조교이며 이 책의 디자인과 교정, 편집 일을 맡아준 히더 웹에게 감사한다. 훌륭한 통찰력과 적절한 삽화로 도움을 준 신디 쉐바즈와, 이 책의 내용뿐만 아니라 출판에 말로 표현할 수 없는 귀한 도움을 주었고 나에게 끊임없는 용기를 준 나의 아내, 뮤리엘 엘머에게 깊은 감사를 전한다. 고마운 모든 분들께 진심에서 우러나오는 애정을 보내는 바이다.

드와인 엘머

제1부

한가지 관점을 가지기

1

원숭이들, 선교 그리고 우리들

이 책이 읽을 가치가 있는가? 이미 읽으려고 마음을 정하고 또 읽기 시작했는데 이제 와서 이 책이 읽을 가치가 있느냐고 질문하는 것은 정당한가? 바로 여기에 이 책을 읽어야 하는 가치가 있다고 생각한다 – 이렇게 소개해야지 여러분이 이 책을 끝까지 읽을 것이다.

나는 지난 30년 동안 줄곧 대학에서 가르쳐 왔다. 내게 배운 학생들은 대부분 문화의 벽을 넘는 소통(Cross-Cultural Communication)이라는 제목의 강의를 들었다. 대부분은 열심히 배우려는 진지한 학생들이었지만, 개중에는 "왜 우리가 이 수업을 들어야 합니까? 곧장 다른 나라에 가면 안됩니까? 왜 그냥 가면 안되나요? 무슨 안 되는 이유라도 있나요?"라고 당돌하게 질문하는 학생들도 있었다. 또 어떤 학생들에게는 사실 그 많은 시간 강의 돈이 모두 거대한 낭비처럼 보였을지도 모른다. "우리가 아무

것도 하지 않고 지금 여기에 이렇게 앉아있는 동안에도 지구촌에서는 여전히 수많은 사람들이 죽어갑니다. 이런 것이 바로 현실이라면, 왜 우리가 여기 책상에 앉아서 이런 강의를 들어야 하는지, 그 이유를 말해 주세요."라고 말하는 사람들도 있었다.

나에게도 이런 비슷한 질문이 지난 15년 동안 떠나지 않았다. 사업가의 안목으로 본다면, 다른 문화의 관점에서 사람들을 이해하려고 하는 노력은 시간 낭비처럼 보일 것이다. 내 강의에 참여한 사람들 중에도, 그냥 기술과 능력을 계발하여 좀 더 나은 직장을 갖는 것이 유일한 희망이라고 말하는 학생들도 있었나. 그럼에도 불구하고, 이런 관점은 상당히 근시안적인 생각이고 위험의 가능성을 내포하고 있다고 말하지 않을 수 없다. 어떻게 이렇게 말할 수 있을까? 이런 사람들에게 있어서 직업이라는 것은 자기가 노력하여 이룩한 결산의 전부일 뿐이지 현지에 있는 사람들과의 진실된 인간 관계에 대한 관심은 전혀 없기 때문에 그렇다고 말할 수 있다. 먼저 인간 관계나 서로간의 우정을 돈독히 하는 일에 관심을 가지지 않고 업무의 추진만을 위해서 달려간다면 실패와 좌절만 경험하게 될 것이다. 비록 그런 것을 재앙이라고 표현할 수는 없겠지만, 그런 결과는 큰 실망과 좌절만을 가져다 줄 뿐이다.

초기에 내가 겪은 경험들을 되돌아 보면, "왜 이렇게 귀찮게 하느냐?"라고 말하며 마치 칼로 잘라버리듯 한 마디로 거절해버렸겠지만, 내가 타문화를 이해하도록 가르치는 선생이 된 이후부터 나의 사명과 나의 전 생애는 다른 사람들의 공격에 무능하게 노출 된 것처럼 보이게 되었다. 그때 이후 나는 항상 방어적인 자세로 바뀌었고, 힘 있는 기관이나 정부에서 무엇인가를 요구하면, "이렇게 하면 여러분에게 도움이 될 것입니다." 또는 "언젠가는 여러분들도 이해할 수 있는 날이 오겠지요." 라는 정도로 설득하는 입장이 되어 버리고 말았다. 나는 내가 확신하던 일까지도 강하게 주장하지 못하고 조심스럽게 표현하고 더욱 겸손하게 설명하는 방법을 선택하였다. 아마 여러분도 이 책을 읽고 나면 나와 같이 약한 마음의 소유자로 변하게 될 것이다. 왜 이처럼 귀찮게 합니까? 왜 이런 것들을 하면 안 되나요? 이런 준비들이 정말로 필요한 겁니까? 라는 질문들에 나는 이제 더욱 간절하게 그리고 절실하게 대답할 많은 자료들을 가지고 있다. 이제 이런 이야기들을 시작해 보려고 한다.

❀ 원숭이와 물고기

강한 태풍이 불어오면서 원숭이 한 마리가 섬에 꼼짝없이 고립되고 말았다. 아직 안전하기는 했지만, 오지도 가지도 못하게 된 원숭이는 사나운 물살이 줄어들기만을 기다려야 했다. 그런 중에 원숭이는 물고기 한 마리가 물살의 흐름을 따라 힘들게 헤엄치고 있는 것을 발견했고, 원숭이에게 물고기는 마치 자기를 살려달라고 외치며 안간힘을 쓰는 것처럼 보였다. 착한 마음과 선한 의도를 가지고 있는 이 원숭이는 물고기를 도와주기로 결심을 했다.[1]

원숭이는 나무 가지의 끝에 매달리는 위험을 기꺼이 감수하면서 살려고 애원하듯 몸부림치며 헤엄치고 있는 물고기를 향해 다가갔다. 온갖 위험과 수고를 감수하면서 원숭이는 한 손으로는 나무 가지 끝을 잡고 또 한 팔은 쭉 뻗어서 저 아래 위협적인 물살 속에서 펄떡거리며 발버둥치는 물고기에게 손을 내밀어 가까스로 한 손으로 물고기를 잡아 올렸다. 그리고 원숭이는 허겁지겁 자기 자리로 돌아와 건져낸 물고기를 안전한 마른 땅 위에 조심스럽게 내려 놓았다. 얼마 동안 물고기는 땅바닥에서 펄쩍펄쩍 뛰면서 신이 난 것처럼 보이더니, 어느 정도 시간이 흐르자 평화를 되찾은 듯이 조용해지기 시작했다. 착한 원숭이는 자기가 한 마리의 죽어가던 불쌍한 물고기를 살려냈다는 보람과 만족감으로 충만해졌고 마음 속 깊은 곳에서는 벅찬 감사가 솟아났다. 이 원숭이는 스스로 오늘 자기가 큰 위험에 빠져 있던 또 하나의 피조물을 살려 주었다는 생각으로 흐뭇했고 자부심으로 고취되어 더할 나위 없는 행복감에 도취되었다.

이 이야기를 들은 모든 사람들이 생각하듯이, 여러분도 도대체 이 원숭이의 지능이 얼마나 될지를 의심할 것이다. 그러나 좀 더 깊이 심사숙고하며 다음의 질문들에 답을 찾아 보고 통찰력들을 얻기로 하자,

1, 원숭이의 동기는 무엇이었나?

2. 원숭이가 사나운 물살이 넘실대는 가운데서 위험하게 나뭇가지에 매달려 물고기를 '돕는' 이 장면을 여러분이 설명한다면 어떤 적절한 단어로 표현할 수 있을까?

3. 왜 원숭이는 물고기를 물 속에서 건져내는 것이 물고기를 돕는 일이라고 생각했을까?

4. 원숭이가 혼자서 생각한 물고기의 문화는 무엇이었나?

5. 여러분은 물고기가 원숭이에게서 받은 도움에 대해서 어떻게 생각하는가?

6. 여러분은 만약 원숭이가 앞으로 또 이와 비슷한 상황을 만나게 된다면, 원숭이에게 어떻게 도우라고 충고할 수 있을까?

교훈들 여러분은 원숭이가 했던 일과 같은 그런 일을 한 적은 없었는가? 여러분이 새로운 문화권에 들어갔을 때, 그 문화권에서 사는 사람들을 도우려고 했던 일들 가운데 원숭이와 같은 행동을 한 적이 있었다면 그런 경우 몇 가지를 적어 보라. 이런 과정을 통해서 여러분의 생각을 정리할 수 있을 것이며, 원숭이에게서 배운 중요한 교훈을 잊지 않고 기억하는데 도움을 얻을 것이다.

1.

2.

3.

이 이야기에 대한 나의 생각은 다음과 같다. 첫째, 원숭이는 용감했으며 선한 의도를 가졌고 동시에 고상하고 거룩한 동기를 가졌던 것은 사실이다. 그 뿐만 아니라, 원숭이에게는 뜨거운 열정도 있었지만 목적이 지향하는 방향에 문제가 있었던 것이다. 동기는 충분히 좋았지만 그 동기가 지향하는 방향이 틀렸다는 말이다. 원숭이는 자기 생각의 기준을 넘어서지 못했다. 자기에게 위험한 것은 물고기에게도 위험할 것이라고 믿었다는 말이다. 이 말은 곧 자기에게 좋은 것은 물고기에게도 좋을 것이라는 생각으로 이어졌다. 이런 생각은 정말로 위험한 발상이다. 그러나 원숭이는 자기의 무지를 그대로 행동으로 옮겼고, 자기의 제한된 생각의 기준으로 물고기에게 선행을 베풀었던 것이다. 그 결과, 의도와 동기는 좋았지만 자기의 기대와는 정반대로, 결국에는 물고기를 죽이는 결과를 낳고 만 것이다. 불행하게도 원숭이는 자기가 범한 그 엄청난 일의 대가가 무엇인지도 알지 못했다. 왜냐하면 원숭이는 물고기가 "편안해 졌다"고 생각했을 때 이미 그 자리를 떠나 버렸기 때문이다.

❀ 문화의 벽을 넘는(Cross-Cultural) 훈련의 중요성

두 문화 사이의 벽을 뛰어넘는 훈련이 정말로 중요한 이유는 우리가 원숭이와 같은 어리석은 행동을 하지 않기 위해서이다. 세상은 자기를 위해서 봉사하려는 사람들에게 능력과 기술과 전문성을 요구한다. 어떤 사람이 의과대학에 진학하여 일 년을 공부한 다음, "이 모든 공부는 시간 낭비일 뿐이야. 사람들은 매일매일 죽어가고 있잖아. 나는 지금 당장 나가서 죽어가는 사람들을 살려야 해!"라고 한다면, 여러분은 그런 사람을 좋은 의사라고 부를 수 있겠는가? 우리가 그런 어리석고 위험한 사람을 만나게 되면 그 사람을 피할 게 분명하다. 만약 그런 간호사가 있다면, 그런 법률가, 전기기사, 건축가, 조종사, 또는 음식 조리사가 있다면, 여러분은 어떻게 하겠는가? 우리는 그런 사람들에게 특별히 최고로 높은 수준과 전문적인 기술을 기대하고 그들이 그렇게 양성되어지기를 희망한다. 왜냐하면 그들의 손에 우리의 생명이 달려있기 때문이다.

✿ 왜 염려하는가?

우리가 염려하는 것은 우리가 '원숭이들' 처럼 되고 싶지 않다는 데에 있다. 인간의 생명은 무엇보다도 가장 중요하기 때문이다. 그리고 우리는 그리스도의 대리자, 하늘 나라의 전권 대사로서 최선을 다해서 우리의 사명에 충실하기를 원한다. 만약 우리가 어떤 사람들에게 그리스도를 전했는데 그들이 예수님을 받아들이고 그의 제자가 되기를 거부했다면, 그리고 그 거부한 이유가 바로 우리의 어리석음과 무모함 때문이라면 얼마나 부끄러운 일이겠는가! 우리가 그들에게 불쾌감을 주었고, 우리가 무모했기 때문에 혹은 우리가 불평투성이이고 무책임하고 준비되지 않았기 때문에 예수님을 믿을 수 없다고 대답한다면 얼마나 안타까운 일이겠는가! 마치 원숭이처럼 의도와 동기는 좋았으나 우리의 무지 때문에 물고기를 죽였다면 정말로 어처구니 없는 일이 되고 말지 않겠는가. 물론 최선의 노력을 다하여서 일 한다면 우리는 좀 더 잘 할 수 있을 것이고 보다 나은 결과를 얻을 수 있을 것이다.

✿ 누가 그런 '원숭이들' 인가?

그런 원숭이들은 세상 어디에나 있다. 그 원숭이가 저지른 어리석은 일은 가히 우주적으로 일어나는 일상적인 일이라고 말할 수 있다. 이 책의 내용은 어떤 나라에서든지, 어떤 문화에서든지, 언제나 어디서나 동일하게 적용될 수 있을 것이다.

나는 지난 17년 동안을 해외 선교지에서 일했으며 수 많은 단기 여행을 하였고, 사업가들과 선교사들을 교육시킨 경험이 있다. 뿐만 아니라 나는 70여 개 국가들을 방문하여 문화와 관련된 훈련과 세미나를 인도하였고, 미국 내에서도 도시 개발과 발전 프로그램에 관련된 많은 축적된 경험들을 가지고 있다.

그러나 나 역시 그 원숭이와 같은 어리석은 행동을 했던 적이 많았는데, 아마도 그 횟수는 내가 기억하고 있는 것보다 훨씬 더 많았을지도 모른다. 나는 나의 이러한 실수들을 인정하고 거기에서 어떤 교훈과 바른 원칙들을 발견하고 배워야 한다고 생각했다. 이 원칙들은 전 세계의 서로 다른 문화권에서 문화의 벽을 넘어서 유효하며, 때로는 한 나라 안에 있는 서로 다른 세대간에도 그대로 적용된다고 믿는다. 이 원칙들은 결혼한 부부 사이에서 서로 상대 배우자를 이해하는 데도 도움이 될 것이다.

이 책에 소개될 다양한 사례들의 경험들을 통하여 많은 통찰력을 얻게 되기를 바란다. 나는 이 일을 위해서 기도하는 마음으로 이 책을 집필하려고 한다. 특별히 하나님께서 여러분의 노력과 열심에 귀하고 선한 것으로 보상해 주시고, 하나님의 영광을 위해서 독자 여러분을 모두 소중하게 사용해 주시기를 기도 드린다.

1. 문화의 벽을 넘는 훈련이 여러분에게 필요하다고 할 때에 여러분은 어떤 생각이 들었는가? 왜 그런 훈련을 받아야 하는지 의문이 생기지는 않았는가? 그 이유가 무엇인가?

2. 여러분은 여러분 가까이 있는 사람 가운데 여기 나오는 원숭이처럼 행동하는 사람을 본 적이 있는가? 혹시 여러분 자신이 그런 행동을 한 적은 없었는가? 만약 있었다면 그 행동의 결과가 무엇이었는지를 말해 보라.

3. 여러분이 앞으로 가게 될 문화권에서 만날 사람들에게 필요하리라고 생각되는 것들을 적어보라. 그 적은 항목들이 정말로 그들에게 필요할지를 여러분은 어떻게 알았는가? 여기에 대답해 보라.

2
하나님의 러브 스토리에 대한 우리의 책임

수 세기 동안 하나님께서는 자기를 따르는 사람들이 땅 끝에까지 이르러 모든 민족과 족속들이 함께 모자이크와 같이 어우러져 살도록 하셨다. 하나님께서는 지금도 이 일을 주관하고 계신다. 여러분이 이 책을 읽는 이유는 다른 문화권으로 들어 가서 선교사로, 단기 사역자로, 그 국가를 돕는 사람으로 또는 사업가로 일하기 위해서일 것이다. 이 책은 앞으로 여러분이 겪게 될 문화의 변화와 도전들을 이해하고 보다 효율적으로 문제들을 극복하도록 도울 것이다. 무슨 일을 하든지 먼저 철저히 준비하는 자세가 중요하다. 우리는 전문적인 일을 하는 모든 사람들에게 이러한 완벽한 준비를 기대한다. 특히, 예수 그리스도를 대표하는 사람들인 우리가 완벽한 준비를 미리미리 해 둔다는 것은 참으로 중요한 일이며 필요한 일이다.

❀ 왜 여러분이 중요한가?

그 이유는 간단하다. 지구상에는 약 70억 이상의 인구가 살고 있다. 선교학자들의 보고에 의하면 그 중에서 약 절반은 자기가 속한 부족 중에 예수 믿는 사람이 한 사람도 없는 그런 곳에서 살아가고 있다. 그들의 대부분은 예수 그리스도께서 자기들에게 영원한 생명을 주시기 위하여 죽으셨다는 사실, 즉, 복음을 한번도 들어보지 못한 사람들이다. 여러분은 크리스천인가? 그렇다면 여러분은 다른 사람들에게 예수님을 증거하고 소개하는 일을 해야 한다. 그것은 지구 반대편 어디 일 수도 있고 꼭 그렇지 않을 수도 있다. 여러분은 하나님께서 여러분을 어디로 그리고 어떻게 인도하시는지 그 장소와 방법에 민감해야 한다. 그곳이 바로 여러분이 사는 동네의 길 건너편인지 아니면 바다 건너에 있는 다른 나라인지는 그다지 중요하지 않다. 다만 여러분이 그 분의 보내심을 받은 그곳에서 여러분의 힘과 능력을 다하여 주님을 섬기는 자세가 중요할 따름이다. 만약 여러분이 어떤 지역, 즉, 여러분과 모습이 같지 않은 다른 민족에게 보내심을 받았다면, 이 책은 여러분이 그곳에서 적응하는 데도 도움이 될 것이다. 그리고 여러분의 꿈과 목표를 이루는 데에도 많은 긍정적인 기여를 할 것이다.

❀ 문화가 다른 곳에서

문화가 다른 곳으로 들어간다는 말은 여러분이 소수에 속해 있다는 말이다. 나도 처음에는 내가 소수에 속한다는 사실을 받아들이기 쉽지 않았다. 왜냐하면 나는 내 생애의 대부분을 나와 비슷한 사람들과 함께 살아왔으며, 내 주변에는 언제나 나와 비슷한 사람들이 있어 왔기 때문이다. 이 사실은 나 자신을 다수에 속한 사람으로 생각하게 만들었고, 항상 나는 다수에 속해 있다는 사실이 가장 든든했었다. 그러나 이것 역시 얼마나 좁은 나의 근시안적인 견해였던가!

우리가 살고 있는 넓은 지구를 한번 생각해 보라. 어떻게 보면 세계는 너무나 커서 우리가 상상하기 어렵다고 느껴 질 수도 있다. 그럴 때는 세계를 작게 축소하여 하나의 작은 지구촌으로 생각해 보면 이해하는데 도움이 된다. 이렇게 축소하여 우리가 사는 세계를 바라보면 하나님께서 이 세상을 위해서 얼마나 많은 사랑을 베푸시는지 더욱 구체적으로 느낄 수 있다. 이처럼 우리 자신의 한계를 뛰어 넘어 세상을 다른 관점에서 바라보는 것도 유익이 된다. 그렇게 되면 우리는 여전히 하나님의 능력과 보호하심 속에 있음을 고백하게 될 것이다.

여기에 우리가 사는 전 세계를 한 눈에 볼 수 있도록 쉽게 설명해 주는 몇 가지 통계 숫자가 있다. 지구 전체의 인구를 1,000명이 사는 작은 마을로 비유한다면,

- 206명은 중국인
- 167명은 인도인
- 79명은 중남미인
- 51명은 북미인
- 50명은 동유럽인
- 45명은 서유럽인
- 33명은 인도네시아인
- 24명은 파키스탄인
- 22명은 방글라데시인
- 21명은 일본인

- 21명은 나이지리아인
- 11명은 한국인(남북한)
- 270명은 기타 위에 언급되지 않은 지역에서 온 사람들이다.[1]

경제적으로 발달한 선진국의 평균 연령은 30세이고, 개발도상국의 평균 연령은 16세이다. 이 지구촌에서는 보통 20명이 출생하는데 그 중에 12명은 아시아에서 출생하고, 3명은 아프리카에서 그리고 5명은 남미와 북미, 동유럽과 서유럽에서 태어난다.

아래의 도표를 주목해서 살펴 보라. 약 117명의 북미, 유럽, 그리고 일본인들(전체 인구의 약 12 퍼센트에 해당)이 전체 인류의 재산 중에서 약 90 퍼센트를 차지하고 있으며 인류가 생산하는 모든 재화의 약 절반 이상을 그들이 소비한다. 15 퍼센트의 부유한 나라들의 일인당 평균 소득은 11,500달러에 해당하지만, 가난한 15 퍼센트 나라들의 일인당 평균 소득은 190달러밖에 되지 않는다.

종교적으로 1,000명의 인구는 아래와 같은 분포를 보인다.

- 크리스천 330명 (670명은 크리스천이 아니다)
- 무슬림 198명
- 힌두교인 135명
- 무종교인 126명
- 불교인 60명
- 민속종교 38명
- 무신론자 25명
- 신흥종교 17명

- 시크교도 4명
- 유대교도 2명
- 기타 65명[2]

　이 장의 목적은 우리가 살고 있는 세상을 바깥에서 또 다른 눈으로 바라보며 이해하고 새로운 관점을 갖도록 돕기 위함이다. 때때로 우리는 우리의 경험 이외의 것에 대해서는 무지하기 한이 없고, 이처럼 다양한 세상이 있다는 사실을 알지도 못하며 살아간다. 이렇게 다양하고 서로 다르기 때문에 세계는 더욱 매력적이고, 그래서 새로운 것에 대한 호기심과 탐구 욕구가 가득해 질 수도 있지만, 반대로 좌절감과 실망으로 가득차고 지긋지긋한 두통거리처럼 느껴질 수도 있다. 앞으로 전개될 두 장에서는 이미 우리에게 유명해 진 원숭이 이야기처럼 서로 다른 점들을 이해하지 못하여 실수를 범하지 않도록, 그리고 이런 문제를 만나게 되면 올바른 방법으로 대처하고 접근하도록 도움을 주는 해결점을 모색해 보려고 한다.

토론을 위한 질문들

1. 미국 사람들이 가지고 있는 다른 나라들에 대한 생각이 어떻다고 여러분은 추측하는가?

2. 여러분이 앞으로 가게 될 나라들을 생각할 때, 떠 오르는 단어들 3 ~ 5개를 구체적으로 적어보라.

3. 다른 문화권의 사람들이 미국 사람들을 묘사할 때 사용하는 단어들을
   3 ~ 5개 정도 적어보라.

4. 성서적 관점에서 볼 때, 지구 반대 편에 사는 사람들에 대한 크리스천
   들의 책임은 무엇일까? 여러분은 지구 반대편을 어디라고 생각하는
   가?

5. 이 장에서 인용한 통계 자료들이 여러분에게 무엇을 시사하는가? 여러
   분의 세계관에 변화가 있었는가? 왜 변하게 되었는가? 아니면, 왜 변
   하지 않았는가?

6. 오늘날 이 지구상에서 가장 시급하게 필요한 것은 무엇이며 그 필요를
   채워 줄 해결책은 무엇일까? 그리고 어떻게 달라질 수 있을까?

7. 다른 문화에 속한 사람들이 여러분을 도울 수 있다면, 어떤 방법으로
   어떤 차원에서 도울 수 있을까?

3

옳음, 틀림 그리고 다름

여러 해 동안, 시드니 해리스는 널리 배포되어 읽히는 시카고 트리뷴지에 칼럼을 썼다. 그의 날카로운 통찰력 가운데 지금도 내게 기억되는 특별한 칼럼이 있다. 그는 "지금까지 출판 된 모든 책들과 지금까지 쓰여진 모든 논문들과 지금까지 행해진 모든 강연들은 '어떻게 하면 나와 더욱 비슷해 질 수 있는가' 라는 부제가 달려야 맞다."는 표현을 붙여야 한다고 했다. 그가 말하려는 의도는 : 우리는 모두 우리가 가는 길이 가장 올바른 길이라고 믿고 있으며, 우리의 믿고 있는 그 믿음이 바른 믿음이라고 확신하고 있을 뿐만 아니라, 우리의 문화가 다른 문화보다 더 우월하다고 생각하며 살아간다는 주장이다. 그러므로 나도 글을 쓰거나 강연을 할 때마다, 내 말 속에 감추어져 있는 부제를 생각한다. "여러분이 더 현명해 지려면 여러분의 길을 바꾸어 나와 비슷해져야 합니다."라는 나의 의도 말이다.

제1장에서 말한 원숭이가 물고기에게 하고 싶었던 말이 바로 그것 아니고 무엇이었단 말인가? 그리고 그것이 바로 우리가 이웃들에게 들려 주기 원하는 메시지의 내용이 아니었던가? 여러분이 앞으로 가서 만나게 될 새로운 문화권의 사람들에게 하고 싶은 말은 무엇인가? 여러분이 즉각적으로 하고 싶은 말은 아니오! 라는 대답이겠지만, 그러나 원숭이와 물고기의 이야기가 우리에게 가르쳐 주듯이 이 일은 결코 쉬운 일은 아닐 것이다. 우리가 생각하는 방법을 바꾸려면 신중한 반성과 스스로를 돌아보는 겸손이 필요하다.

이 장에서 나는 대부분의 사람들이 가지고 있으면서 잊고 지냈던 고집스러운 우월감을 찾아내고 그것을 서서히 바꾸어 가도록 도우려고 한다. 나는 우리의 태도와 행동에 변화를 요청하는 몇 가지 통찰력들을 제시하려고 한다. 만약 우리가 이런 제안들을 실천에 옮긴다면, 새로운 문화권에 들어가서 적응하는데 많은 도움이 될 것이다. 이런 통찰력들은 우리가 앞으로 만나게 될 새로운 문화에서 많은 결과들을 얻게 할 것이고, 그들과 좋은 관계를 유지하게 해 주며, 우리를 보내고 우리와 동행하시며 우리보다 먼저 그곳에 가 계신 주님을 더욱 잘 증거하도록 도와 줄 것이다.

✿ 옳은 것, 틀린 것, 그리고 다른 것

저자인 나 자신이 내 삶 속에서 직접 경험한 이야기를 나눈다면 우리의 지난 역사가 우리 자신들의 행동에 얼마나 집요하게 영향을 미쳤는지를 설명하는데 도움이 될 것이다. 우리 모두는 결코 뗄래야 뗄 수 없는 문화 유산의 산물임이 분명하다. 우리가 문화 전통과 문화 유산을 긍정적으로 해석하고 그것들을 받아들이고, 우리도 그 위에 세워져 있음을 인정하는 것은 지극히 당연한 일이다. 그러나 동시에 우리는 우리가 가지고 있는 문화 유산의 부정적인 단편들까지도 인정하고 깨닫게 됨으로해서 우리가 그 문화적 인습의 희생양이 되지 않도록 하는 것도 중요하다.

나는 위스콘신 주의 남부에서 스위스계 독일 가정에서 자라났다. 스위스는 웅장하고 장엄한 알프스 산맥으로 잘 알려져 있으며 정확하고 정밀한 시계산업과 정시에 출발하고 정시에 도착하는 열차 서비스로도 유명하다. 꼼꼼하고 정확하며 정밀한 것이 스위스의 중요한 가치이며, 이 작은 가치 기준은 큰 일을 할 때에도 그대로 똑같이 적용되었다. 그래서 나는 "모든 일에는 옳은 방법과 틀린 방법이 있다."라는 말을 어릴 때부터 귀에 못이 박히도록 나의 아버지와 할아버지로부터 들어왔다.

비록 어릴 때는 그 옳음과 틀림이라는 기준이 비슷한 범주인 것처럼 보였지만, 차츰 자라나면서 나는 '다름'이라는 범주에 대하여 더욱 진지하게 생각하게 되었다. 나는 여기에서 다름이라는 것을 '성서가 직설적으로 그리고 원칙적으로 죄 혹은 잘못이라고, 또 때로는 범죄라고 말하는 이외의 모든 것'이라고 정의하려고 한다(바울이 로마서 14장과 고린도 전서 8장에서 서로 다른 것을 다루는 방법을 참고하라).

아래에 있는 긴 막대기는 내가 자라난 우리 가정의 가치 기준을 나타내는 표이다. 모든 일은 옳음과 틀림이라는 두 범주로 나누어져 있었다. 만약 한 쪽이 길고 강하면 다른 쪽은 자연히 약하고 한 두 가지만 들어갈 수 있는 작은 공간만이 남을 것이다.

옳 음	다 름	틀 림

인생의 모든 일이 내가 배워 온 것처럼 옳음과 틀림이라는 두 가지 범주로만 해석될 수 있을까?

넓은 관점에서 볼 때, 학교라는 곳은 옳음과 틀림이라는 사고의 틀로 모든 것을 분류하는 장소이다. 수학 시험을 볼 때, 답은 옳은 것과 틀린 것으로 나누어진다. 거기에는 협상의 여지가 없다. 첫 번째 나의 영어 수업 시간에 내가 시험 문제지를 돌려 받았을 때, 내 시험지는 엉망진창인 나의 문법 실력 때문에 거의 전투가 막 끝난 전쟁터처럼 온통 붉은 색으로 가득했었다. 이와 같이 영어 문법에는 절충이나 타협의 여지가 없다. 맞으면 맞고 틀리면 틀린 것이 있을 뿐이다. 나는 지금도 틀린 것을 지적하는 시험지의 붉은색 잉크를 싫어한다. 그래서 나는 학생들의 시험지를 채점할 때 절대로 붉은색 잉크의 펜을 사용하지 않는다.

주일학교와 교회에서까지도 우리는 이런 방식에 익숙해 있다. 모든 일은 옳은 것 아니면 틀린 것이라는 둘 중에 하나의 범주로 우리를 구분해 버렸다. 결국 '옳음' 이라는 범주는 나와 비슷한 것이고 내가 거기에 속해 있으면 나는 거기서 편안함을 느낄 수 있었다. 이 말은 곧 '잘못' 된 사람 혹은 '틀린' 이란 나와 다른 것을 말한다고 생각해 버리는 어리석음을 범하게 되었다. 그런 점에서 시드니 해리스의 주장은 옳았다. 이런 이분법적인 생각들은 너무나도 쉽게 그리고 계속해서 문제들을 야기시킬 수 있다. 왜냐하면 우리가 살아가는 이 세상에는 옳은 것도 있고 틀린 것도 있지만, 이 두 범주에 속하지 않는 '다름' 이라는 사실들이 있기 때문이다. 그리고 이 다름은 우리들의 삶 속에서 너무나도 자주 나타난다.

하나님께서는 이 세상에서 자신을 드러내실 때 다양하고 변화무쌍한 모습으로 자신의 본성을 나타내셨다. 서로 다른 모습이란 영원 전부터 있어 왔고 그 출발은 창조 때부터이다. 본래부터 하나님은 아버지와 아들과 성령의 모습으로 자신을 드러내 보이셨다. 모양은 서로 각각 달랐으나 삼위가 모두 온전하신 한 분, 즉, 하나님이셨다. 이 하나님께서 주시는 생명 안에서 우리가 보고 경험한 사실들을 옳음과 틀림이라는 두 범주로만 설명한다는 것은 원래부터 불가능한 일이었다. 혹시 억지로 모든 일을 한 두 범주 안으로 밀어 넣는다면, 결국은 파국까지는 아니라 하더라도 오히려 큰 부작용만 초래하고 말 것이다. 그러므로 효과적인 인간 관계를 만들기 위해서는 이런 '다름'이라는 범주가 더욱 넓어지고 발전하도록 돕고 이해하는 자세가 필요하다.

여러분들은 네가 자라난 우리 가정이 행복하지 않았을 것이라고 짐작할지도 모르겠다. 그러나 그것은 전혀 잘못된 추측이다. 그렇게 생각하지 않기를 바란다. 우리 부모님들은 진심으로 하나님을 섬기는 신앙인들이셨으며 사랑이 많으신 분들이셨다. 어느 부모님이나 모두 그러하시듯이 우리 부모님들 역시 최선을 다하여 우리를 사랑해 주셨다. 그리고 그 분들도 당신들의 문화 유산과 전통의 영향을 강하게 받으셨던 분들이셨다. 지난 수 년 동안, 비슷하게도 나의 두 아들들은 내 아내와 내가 얼마나 불필요한 옳음과 틀림이라는 완고한 기준을 고집해 왔는지를 우리에게 지적하였지만, 우리 부모님들도 그런 고민과 갈등을 가지고 우리를 키우셨다.

성서는 옳음과 틀림에 대해서 분명히 말해 왔다. 그러나 오늘날 현대의 흐름 가운데는 모든 일을 서로 다른 것뿐이라고 생각하며 넘어가려는 경향이 있다. 이런 생각들은 참으로 위험한 발상들이다. 그렇게 말해 버리는 사람들은 모든 일을 그저 "다를 뿐이야!"라는 생각으로 해석해 버린다. 하나님의 말씀인 성서도 우리에게 죄라고, 혹은 잘못이라고 말 할 수 없어! 라고 생각하고 말하기를 서슴지 않는다면, 이런 사고는 대단히 위험한 것임으로 즉각 단절되어야 한다. 불행하게도 현대 문화는 우리가 어렸을 때 받은 엄격한 옳음과 틀림이라는 이분법적 가르침에서부터 정반대 방향으로 너무나도 많이 변해 버렸다. 오늘날 가장 심각한 문제는 모든 것이 서로 다른 것뿐임으로 어느 누구도 어떤 사실에 대하여 틀렸다고 말할 자격이 없다는 극단주의에 빠져 버렸다는 사실이다. 이처럼 모든 절대적 진리를 몽땅 쓰레기통에 던져 버리는 것만이 해결책은 아니다. 그러므로 이런 양극단은 반드시 지양되어야 한다.

이 장에서 여러분은 나를 문화적 상대주의자라고 생각할 수도 있을 것이다. "옳음과 틀림이라는 것이 문화적 상대주의 아닌가?"라고 말이다. 그러나 사실은 그렇지 않다. 모든 문화를 옳음과 틀림이라는 두 가지 기준으로만 다룬다면 우리는 하나님께서 창조하실 때 이미 우리 인간 속에 심어 주신 다양성이라는 부분을 곡해하는 우를 범하게 된다. 동시에 우리가 모든 것은 다를 뿐이라고 생각해 버린다면 이것 역시 진리를 얼버무리고 적당하게 절충해 버림으로 하나님의 권위를 훼손하게 될 것이다. 나는 하나님께서 만드신 이 세상의 창조질서 뿐만 아니라 성서의 권위도 함께 높임을 받고 존중되어야 한다고 생각한다.

❀ 세대를 넘어서

아래의 도표를 보면 나는 항상 부끄러운 일들이 많이 생각난다. 각 세대들은 자기들 이전 세대의 도표에 나타난 생각들을 거부하고 자기들 나름대로의 또 다른 도표를 만들려고 노력했다. 그리고 그때마다 자기들의 생각이 전 세대들보다는 훌륭하다고 확신하면서 자신감을 가지고 새로운 그림을 그렸지만, 그들 역시 자기들의 자녀들이 등장하여 스스로 자기들의 도표를 그리며 우리 부모들의 도표가 틀렸다고 말하면 꼭 같은 갈등이

다시 시작되는 것을 경험했다. 젊은 자녀들은 자기들의 도표를 자기 부모들과 다르게 그릴 때는 행복했을 것이다. 그러나 자녀들이 사춘기에 접어들면서 자기들이 원하는 도표를 마음대로 그리겠다고 주장하는 것을 허락하지 않을 수 없는 그런 상황이 되고 나서야 비로소 자기들이 예전에 부모에게 했던 반대가 얼마나 어려운 일이었는지를 깨닫게 되었다. 명백한 것은 세대마다 서로 다름에 대한 영역이 너무나도 달랐다는 사실이다.

어떤 경우에는 성서가 말하는 절대 진리를 허물어 버렸고, 잘못이라는 범위와 죄라는 영역까지도 다름이라는 이름으로 눈감아 주고 넘어가 버렸다. 언제기 그린 배었는지 혹은 그런 경우가 얼마나 많았는지를 여기에서 논의하려는 것은 아니다. 내가 여기서 언급하고 중요하게 다루려는 것은 다른 문화권에 들어갈 때 발생하는 문제는 문화 간의 차이를 인정하지 않고 그것이 틀렸다고 혹은 잘못된 것이라도 판단해 버리는 경향이 있다는 사실과, 또 하나는 때때로 그 차이를 깊이 이해하거나 연구하지 않고 대수롭지 않게 눈감아 버렸다는 점들이다. 그러므로 이제 내가 연구한 이런 문제들을 함께 좀 더 깊이 생각해 보도록 하자. 우리 가문의 삼 대를 예로 들어 설명해 보려고 한다.

나의 아버지의 도표

옳 음	다 름	틀 림

나의 도표

옳 음	다 름	틀 림

나의 아들들의 도표

옳 음	다 름	틀 림

분명히 세대가 변하면서 서로 다름이라는 범위가 점점 커져가는 것을 느낄 수 있다. 각 세대는 자기 세대야 말로 성서의 가르침을 가장 잘 지키며 도표를 그렸다고 주장할 것이다. 그 점에 대한 나의 견해를 간단히 밝혀보겠다.

서구 문화의 도표

옳 음	다 름	틀 림

대다수의 크리스천들은 서구 문화가 주장하는 도표에 문제가 있다고 생각하며 거부할지도 모른다. 왜냐하면 서구 문화는 다름이라는 범위를 너무나 넓게 설정하였고 옳음과 틀림의 가치를 축소시켜버렸기 때문이다. 그러나 위에 나타난 서로 다른 세 세대들은 스스로 자기들이 주님을 가장 사랑하고 주님께 순종하며 자기들이 가장 교회를 올바른 방법으로 섬기는 도표를 그렸다고 주장할 것이지만, 그것을 판단하는 일 역시 쉽지 않을 것이다.

과연 어느 세대의 주장이 맞을까? 그리고 무엇이 정답일까? 어쩌면 이런 물음조차 틀린 질문일지도 모르겠다. 어리석은 사람들은 도표가 한번 그려지면 영원히 그대로 유지되어야 한다고 생각할 것이다. 그러나 나는 오히려 도표의 경계와 범위는 우리의 일생을 통해서 조절되면서 조정되어야 하는 치열한 작업이라고 말하고 싶다. 이런 생각이 옳을 것이다. 사람은 누구든지 역사의 한 시대에는 자기들의 판단이 부분적으로 옳았다고 말할 수 있다. 그러나 정직한 사람이라면 누구나 자기들의 생각을 조정하고 모든 세대와 민족과 문화와 성별을 초월하여 높임을 받으실 하나님의 말씀과 끊임없이 대화하며 변화와 조율을 모색해야만 한다. 나는 어느 누구도 하나님의 마음을 온전히 알아 모든 시대에 적용되는 완벽하고 정확 무오한 옳음 – 틀림 – 다름의 도표를 그려 놓을 사람이 없다고 말하고 싶다. 만일 우리가 서로서로 함께 배우고 협력한다면 분명히 우리는 하나님의 마음에 조금 더 가까이 근접하게 되어 삶을 올바르게 살 수 있는 방법을 배우게 될 것이다.

예를 들어 지난 수년 동안 남성과 여성들의 의복의 변화를 생각해 보거나 귀금속 장신구에 대한 의식의 변화를 생각해 보자. 어떤 시대에는 남녀 모두에게 보석이나 장신구를 허용하지 않았던 때도 있었다. 그러나 지금은 어느 정도는 허용하는 추세이다. 대부분의 서구 교회에서도 이것을 죄라고 간주하지는 않는다. 여성들은 화장을 하고 보석으로 치장을 한다. 남성들도 목걸이를 하기도 하고 팔찌와 귀걸이를 하기도 한다.

최근에 들어서는 문신조차도 어떤 문화에서는 허용되는 경향을 보이고 있으며 이제 이런 것들은 서로 다름의 부분으로 인식되기도 한다. 대부분의 서구 문화에서는 여성들의 짧은 치마와 청바지를 무례하거나 천박하다고 생각하지 않으며 오히려 자연스럽게 받아들인다.

그러나 지금도 어떤 문화권에서는 여전히 여성의 짧은 치마나 청바지를 불경건한 복장 혹은 죄라고 간주하기도 한다. 그러므로 한 가지 기준을 가지고 모든 사람을 똑 같이 판단하는 일은 조심해야 하며 우리가 생활 속에서 어떤 일을 선택할 때 겸손하게 하나님의 지혜와 도우심을 구해야 한다.

❀ 이 모든 것들에 대한 이해의 폭을 넓히자

어떻게 이 모든 것들을 우리의 생활 속에 적용할 수 있을까? 여기에는 두 가지 차원의 의미와 적용이 가능하다: 하나는 현재 우리가 있는 곳에서 어떻게 우리의 삶에 올바르게 적용할 것인가 하는 문제이고, 또 다른 하나는 어떻게 우리가 앞으로 가게 될 다른 문화권에서 적절하게 적용할 것인가 하는 문제이다. 이 두 가지 경우를 간단히 생각해 보자.

우리가 있는 곳에서. 위에 나타난 네 개의 도표들, 즉, 서로 다른 세 세대와 서구문화를 대변하는 도표들을 다시 살펴 보자. 네 개의 도표 중에서 여러분 자신과 가장 비슷하다고 생각되는 도표에 M이라고 적어보라. 그리고 여러분의 부모 세대를 대변한다고 생각되는 도표에 P라는 표시를 해 두라. 그리고 여러분의 남편이나 아내, 가장 가까운 친구, 지도교수, 혹은 여러분에게 가장 가깝고 중요한 사람의 이름을 적고 그들을 나타내는 도표에 그들의 이름의 약자를 적어 보라. 그리고 마지막으로 여러분의 교회는 어떤 도표에 가장 가까운지 거기에 C라고 표시해 보라.

이제 여러분이 표시해 둔 그 도표들을 다시 한번 살펴보도록 하자. 이 도표들이 우리들에게 말하고자 하는 핵심적인 내용은 무엇인가? 우리들을 놀라게 한 것, 더 관심을 끄는 것, 혹은 문제가 있어 보이는 것이 있는가? 아니면 변하고 바뀌어야 된다고 생각되는 것은 없는가? 혹시 우리들의 인생에서 어떤 중요한 사람과 함께 좀 더 대화를 나누어야 할 필요를 느끼지는 않는가?

아래의 그림은 내가 나의 두 아들들과 함께 그리며 이야기를 나누었던 도표이다. 그들의 도표에서 다름의 범위는 내 도표의 다름보다 훨씬 넓다. 내 경우는 틀림의 범주에 넣었던 것을 그들은 다름의 범주에 포함시킨 것이 있다. 거기에서 나와 내 아들들은 서로의 관계에서 갈등의 가능성이 있었다. 다르게 말하자면, 나는 옳음이라고 생각하며 힘써 추구하는 것을 나의 아들들은 '그저 다름일 뿐인데' 라고 생각하며 대수롭지 않게 여겼다는 말이다. 우리 아이들은 그런 일들에 대해서 "우리는 그런 것들을 중요하게 생각하지 않고 그냥 내버려 두지요. 그런 일들은 우리에게 대수롭지 않은 사사로운 일들이니까요!"라고 말해 버렸다. 나는 그들의 그런 태도를 싫어했고 그것이 나를 정말 힘들게 만드는 일이었다. 왜냐하면 우리 세대는 그런 문제들에 대해서 옳음과 틀림이라는 확실한 기준을 가지고 있었으며, 우리 아이들과 그런 문제들을 확실하게 짚어 주고 싶었기 때문이다. 아이들이 내가 갖고 있는 분명한 확신을 중요하게 생각하지 않고 "다를 뿐인데 왜 그렇게 심각하게 생각하시느냐?"라고 묻는다면, 나는 화가 나서 더욱 공격적으로 돌변하였다. "너희들은 바뀌어야 하고 나와 같이 생각하여야만 한다."며 큰 소리를 질렀기때문에, 내가 그들의 생각을 열고 도와 주겠다고 시작한 좋은 대화가 처음 의도와는 달리 관계를 악화시키고 더 큰 어려움만 만드는 결과를 가져왔다.

나의 도표

옳 음	다 름	틀 림

나의 아들들의 도표

옳 음	다 름	틀 림

　내가 수없이 경험하여 얻은 진리는 나의 옳음, 틀림, 그리고 다름이라는 기준들은 모두 다 내가 자라난 문화에 뿌리를 두고 있었다는 사실이

다. 내가 자란 기독교 전통에서는 카드놀이, 춤, 영화, 음주(적당한, 결코 과하지 않은), 볼링(알코올 음료가 제공되는)과 같은 것들까지도 죄로 간주했다. 크리스천이란 절제하는 것을 미덕으로 삼는 사람들이고 그것이 바로 크리스천임을 판단하는 기준이었다.

그러나 젊은 세대들은 우리가 했던 그런 절제를 중요하지 않게 생각한다. 예를 들자면, 현대 크리스천들 중에서 많은 사람들은 적당한 음주 정도는 무방하다고 생각한다. 만약 술에 취하는 것이 아니라면 허용할 수 있다는 뜻이다. 분별하는 능력이 있다면 그 자유 재량에 따라 영화를 보는 것 정도는 괜찮다고 생각하고, 죄악으로 빠지지 않는다면 춤을 추는 것도 허락할 수 있다고 생각한다.

그러나 어떤 사람들은 여전히 이런 것들은 분명한 범죄에 속한다고 생각하는 사람들도 있다. 반면에 나는 이런 것들을 다름이라는 범주로 생각하는 사람들이 있다는 것을 안다. 그렇게 생각하는 사람들도 역시 그리스도에게 온전히 헌신된 사람들이며, 하나님 나라의 건설에 적극적으로 참여하고 매 주일 예배 참석에서도 모범을 보일 뿐만 아니라 성령의 열매를 맺는 삶을 사는 사람들이다.

여러분의 차례. 만약 여러분이 옳음, 틀림, 그리고 다름이라는 서로 다른 범주에 대한 의견 차이로 최근에 심각한 불일치와 부조화의 아픔을 겪었다면 그런 상황에서 아래의 도표를 생각해 보자. 그 빈 칸에 여러분의 이름을 적어 보고 다른 빈 칸에 상대방의 이름을 적어 보라. 그리고 그때 겪었던 그 상황을 가장 잘 표현하는 세 개의 범위를 마음대로 자유롭게 그려 보라.

그렇게 한 다음, 여러분이 동의하지 못했던 것들을 연결하여 옳음, 틀림,

그리고 다름의 부분을 그려 보라. 그것들이 가장 잘 표현되도록 어떤 범주에서 다른 사람들은 이 문제를 어떻게 배치할지를 생각해 보라. 그리고 마지막으로 여러분이 이런 정보를 어떻게 다룰 것인지도 생각해 보라. 이런 정보들을 더 많이 이해하고 더욱 분명히 하기 위해서 다른 사람과 어떤 것들을 공유할 수 있을까? 불일치나 다른 의견이 계속되거나, 부조화의 아픔이 계속되지 않도록 하기 위해서 몇 가지 개인적으로 절충을 할 부분은 없는가? 아래에 나타난 정보와 관련하여 어떤 것들을 선택할 가능성이 있을까?

여러분의 이름

다른 사람들의 이름

다른 문화에 들어감. 우리는 상당히 중요한 부분을 할애하여 옳음, 틀림, 그리고 다른 것에 대해서 생각을 했다. 왜 이런 일들이 필요한 것인가? 왜냐하면 문화가 다른 나라에 들어간다는 것은 매일 매 순간 전혀 다름이라는 새로운 세계로 들어가는 것이기 때문이다. 그리고 이렇게 다른 것들이 여러분에게 위로가 되고 좋은 역할과 긍정적인 기능을 하도록 만들어 주며, 여러분의 만족 지수를 높이고, 어떻게 하면 하나님께서 여러분을 사용하시도록 내어 드릴 수 있을까 하는 문제를 모두 포함하고 있기 때문이다.

만약 내가 다름이라는 범위를 아주 좁게 설정했다면, 나는 새로운 문화권에 들어갈 때 모든 일들을 옳음과 틀림이라는 두 범주에 끼워 넣으려고 할 것이다. 거기에는 나와 비슷하고 나에게 익숙한 것이나 내가 살아온 문화와 비슷한 것들이 있으면 그것은 무조건 옳음이라고 생각하게 될 것이고, 반면에 나와 조금이라도 다른 것들은 무조건 틀림이라고 생각해 버릴 것이 분명하다. 나도 모르는 사이에 나 자신과 나의 문화가 다른 사람과 문화를 판단하는 기준이 되어 버렸고, 다른 문화나 다른 사람을 판단하고 정죄하는 중심에 서 있는 나를 발견하게 될 것이다. 이처럼 다름이라는 범위를 좁게 설정한 사람은 더욱 더 그렇게 될 가능성이 높다. 이런 점들을 우리는 늘 경계해야 한다.

❀ 점점 나빠질 수 있다

이런 현실을 자세히 살펴보면 상황은 실제보다 더 나빠질 수 있음을 알 수 있다. 우리가 다른 문화를 만나게 되면 먼저 즉시 판단하려는 생각이 앞선다. 만약 깊이 생각하지 않고 아주 쉽게 그리고 즉각적으로 판단해 버리게 되면, 우리와 다른 것들을 다름이라는 범주에 넣고 생각해 볼 겨를도 없이 곧 바로 틀림이라는 범주에 포함시켜 버리게 된다. 이런 것들을 틀림이라는 범주로 간주하는 순간 우리 속에서는 새로운 반응들이 시작된다. 그 반응들은 대략 다음의 네 가지로 요약된다.

첫 번째, 내가 이것을 바로 가르치고 잡아 주어야 한다는 사명감이다. 무엇이 옳은 것인가? 그것은 나와 같이 생각하는 것이 옳은 일이고 정답은 단 하나, 나의 생각과 같은 방식으로 생각하는 것이다. 그러므로 내가 그것을 시정해 주어야 한다는 생각이다. 이런 사고는 자신도 모르는 사이에 시작된다. 다만 우리가 충분한 시간을 가지고 우리의 반응과 생각들을 재고하거나 되돌아 본다면 우리가 하는 행동이 얼마나 교만한 것인지를 깨닫게 될 것이다.

두 번째, 만일 내가 어떤 문화적 환경을 한번 잘못 판단하고 그것을 어떤 범주에 넣어 버렸다면 좀처럼 그것을 다시 이해하거나 재고하지 않으려고 한다는 점이다. 이런 생각들은 정말로 어리석은 일이다. 그것이 잘못되었기 때문에 내가 시정해야만 한다는 확신이 서고 나면 우리는 다른 문화에서 새로운 무엇인가를 배울 수 있는 기회를 영원히 놓쳐버리는 결과를 초래하고 말 것이다.

세 번째, 잘 잘못에 대한 정확한 판단의 기준을 잃어버리게 되면 나에게 동의하고 공감하는 사람들과 함께 자기 자신을 합리화시킬 것만 찾게 된다는 점이다. 그렇게 되면 서로 협력하여 어리석은 일들만 양산하는 결과를 낳게 될 것이다.

네 번째, 만약 새로운 문화권에 있는 사람들이 우리의 생각을 받아들이지 않고 변화되기를 거부한다면, 우리는 아마도 그 일을 포기하는 것뿐만 아니라 그 사람들에 대해서 마음을 닫아 버리고, 더 나아가서는 그들이 어떤 대가를 치르도록 해야 한다는 생각까지 하게 될 것이다. 만약 그들이 합리적이지 않다고 생각되면, 우리는 강제로라도 – 물론 이 모든 것이 그들을 위한 것이니까! 라는 생각으로 합리화 하며 – 우리의 생각을 강요하려고 들 것이다. 이렇게 되면 이제 이런 문제들은 문화적인 차이나 서로 다름의 문제가 아니라 그 사람들까지도 잘못되었다고 판단하게 되고, 그 사람들을 틀려먹은 사람들이라고 생각해 버릴 것이다. 그런 다음에는 어떤 일이 우리를 기다리고 있을까? 우리는 자신도 모르는 사이에 그 사람들에게 적대감을 갖게 되고 더 나아가서는 그 사람들을 원수로 만들어 버리는 치명적인 잘못까지도 범하고 말 것이다.

지난 30년 동안 전 세계를 다니면서 나는 다른 것들을 볼 때마다, 내 속에서도 "그건 잘못되었다"고 말해 버리는 실수를 범했음을 고백하지 않을 수 없다. 사실 내가 그 동안 문화가 다른 여러 나라들을 여행하면서 경험한 서로 다른 것들은 우리와 같지 않은 다름이었을 뿐이지 결코 틀린 것들은 아니었다. 오히려 다른 나라들에서 내가 경험한 것들 중에는 나의 조국의 문화보다 훨씬 더 우수한 점들이 많이 있었다. 다만 몇몇 가지만 성서적으로 볼 때 문제가 있었을 뿐이었다. 만일 그렇다면, 이렇게 성서적으로 잘못이라고 분명히 판단되면 어떻게 해야 할까?

우리가 단기간 동안 다른 문화의 나라들을 여행한다면, 이처럼 예민한 부분들을 많이 경험하지는 못 할 것이다. 그러나 만약 내가 새로운 문화에서 이런 민감한 사안을 만나게 된다면, 나는 그 곳에 있는 교회 지도자들에게 그들은 이 문제를 어떻게 느끼고 있는지 궁금한 점들을 물어 볼 것이다. 이런 문제들은 교인들을 지도하는 목사들이나 성서 지도자들과 토론할 가치가 있는 주제들이 아니겠는가? 성서는 이런 문제들에 대해서 무엇이라고 말하는가? 오늘을 살아가는 현대인들은 이 문제에 대해서 어떻게 생각하는가?

나는 이런 문제에 대한 그 지역의 크리스천 지도자들의 생각이 무엇인지 그리고 그 문제에 대한 현대인들의 생각은 어떠한지를 먼저 배우기를 원한다. 만약 성서의 권위를 빌려서 잘못된 문화적 인습들이 그대로 여과되지 않고 자행되어 왔다면, 나 같은 외부에서 온 사람이 '바른' 신학을 두둔하면서 가르칠 것이 아니라 성령께서 그 현지인들과 그 교회들에게 깨달음을 주셔서 그들을 바르게 세워가는 것이 가장 바람직한 방법이다.

만일 성령께서 그들을 인도해 주신다면 성서의 권위는 심오한 내적인 증거가 되어 지속적으로 문화의 변화를 가능하게 인도할 것이다. 그러나 예민한 문제들이 외부에서 온 사람에 의해서 지적되고 변하게 된다면, 그런 변화는 바람직하지도 않을 뿐만 아니라, 일시적인 껍데기만의 변화에 지나지 않을 것이다.

❀ 문화적 차이를 다루는 법

만약 우리가 새로운 문화에서 경험하게 되는 대부분의 경우를 다름이라는 범주로 이해하게 된다면 그런 태도는 다양한 모습으로 우리를 자유케 해 줄 것이다.

- 대부분의 문화적 현상들을 다름이라고 말할 수 있다면 틀렸다고 말해 버리고 싶은 유혹과 스트레스에서 우리를 자유롭게 해 준다.
- 다름을 중립으로 볼 수 있는 여유로움이 있다면 우리는 부정적으로 판단하려는 유혹에서 벗어나게 되고 스스로 자유로워 질 것이다.
- 다른 사람들과 함께 협력하는 것은 우리를 더욱 열린 마음이 되게 해 준다. 왜냐하면 다른 사람을 바르게 훈계하고 교화하는 것이 우리 임무가 아니기 때문이다.
- 서로 용납하고 신뢰하는 일이 오히려 더 쉽다. 뒤에서 남을 조종하며 두려움과 의심을 쌓는 일이야 말로 정말 어렵고 힘든 일이다
- 다름을 인정하는 태도는 우리로 하여금 다양한 문화의 형성 과정을 인정하고 배우고 이해하도록 만들어 준다. 이처럼 다양한 문화는 하나님께서 자기 자신을 나타내 보이시는 훌륭한 방법이다.
- 언제나 우리가 새로운 문화를 만나게 되면, 우리 자신의 문화와 비교하게 되는 것은 당연한 일이다. 그때 우리는 이렇게 말해 버리면 된다. "야, 이것이 바로 우리와 다른 부분이구나!"

✵ 지혜로운 사람

 지혜롭다는 말의 한 측면은 살면서 경험하게 되는 일들을 어떻게 해석하고 거기에 대하여 어떤 반응을 보여야 되는지를 조금씩 더 배워가는 것이다. 지난 날들을 돌이켜 보면, 나 역시 너무나 자주 잘못된 일을 위해서 싸우는데 시간을 낭비했던 것을 알 수 있다. 그런 일이 일어 날 때마다 우리 모두는 고통을 겪어야 했고 답답함을 경험했었다.

 한번은 남아프리카 공화국에서 함께 일하던 친구 선교사가 귀국하여 어느 병원에 입원해 있었는데 그곳을 방문했던 적이 있었다. 그는 뇌종양으로 생명의 위협을 받고 있었기에 나는 되도록 그와 좀 더 많은 시간을 함께 보내기로 작정했다.

 나는 우울한 분위기를 바꾸고 그에게 희망을 북돋아 주려고, 한번은 억지로 유쾌한 척 하며 "아일 아저씨, 잘 지냈는가?"하며 병실에 들어섰더니 그는 인사조차 받지 않았다. 갑자기 퉁명스럽게 나를 똑 바로 쳐다보더니 "드와인, 내 인생에서 가장 중요한 것이 머리카락 길이가 아니라는 사실을 이제야 알았어."라고 말하는 것이었다.

 순간적으로 나는 나의 친구가 왜 이 말을 하는지를 알아 차렸고, 그가 지금 자신의 삶이 얼마 남지 않았다는 사실을 직시하고 있다는 것을 느낄 수 있었다. 그가 머리카락 이야기를 하게 된 배경에는 이런 비극적인 이야기가 있다.

 1960~1970년대에 남아프리카 공화국에서는 머리카락을 길게 하는 헤어스타일이 유행했었다. 내 친구의 아들 중 하나는 아빠가 그렇게 싫어하는 장발족을 고집했던 적이 있었다. 그때, 그 아들은 자기의 긴 머리카락이 아버지의 헤어스타일과 다를 뿐이지 잘못이 아니라고 주장했지만, 내 친구는 그런 장발은 틀려먹은 것이라고 하면서 아들을 심하게 몰아쳤다.

그의 아들은 더욱 거세게 반항했고 아버지와 아들은 끝까지 자기들의 입장을 굽히지 않았다.

결국 부자 관계는 깨어졌고 그들은 그날 이후로 다시는 만나지 않았다. 지금 내 친구는 마지막 임종을 기다리며 누워 있었지만, 어디에 있는지도 알 수 없는 아들은 싸울 필요조차 없었던 전쟁의 전사자가 되어 죽음 앞에 있는 자기 아버지를 한번도 찾아오지 않았던 것이다. 다만 다른 것뿐이었는데 그것을 틀림이라고 우기며, 억지로 자기 아들을 그 범주에 밀어 넣었던 아버지는 지금 이렇게 외롭고 쓸쓸하게 죽어가고 있는데… 자기의 옳음을 지키기 위해서 아들의 틀림을 강요했던 아버지는 지금 너무나 값비싼 대가를 치르고 있었다. 미리 알았더라면 이 엄청난 대가를 치르지 않아도 되었을 텐데 말이다.

내 친구 선교사는 남아프리카 공화국에서 우리가 함께 했던 시절부터 참으로 많은 것들을 나에게 가르쳐 준 귀한 동료이다. 그러나 그가 남긴 가장 크고 중요한 교훈은 그의 임종 직전 나에게 가르쳐 주었던 이 교훈이었다. 그는 나에게 자기와 비슷한 실수를 하지 않도록, 자기가 일생 동안 얼마나 오랫동안 그 일을 후회하며 살았는지 그리고 한 순간의 실수가 얼마나 엄청난 대가를 치루어야 했는지를 나에게 가르쳐 주었다.

나는 익명의 지혜자로부터 전해지지 않는 금언, 즉, 다름과 성숙의 관점을 가르쳐 주는 명언으로 이 장을 마치려고 한다: "성숙이란, 이 일이 정말 싸울 가치가 있는 일인가, 아니면 전혀 싸울 가치가 없는 일인가를 분별해 가는 과정이다."

1. 여러분이 생각하는 옳음과 틀림이 여러분의 부모님, 배우자, 동료나 친구들과 얼마나 다른지를 생각해 보자. 그리고 예를 들어 보라.

2. 여러분이 성장한 문화가 여러분으로 하여금 옳음과 틀림을 판단하는데 어떤 영향을 끼쳤는가? 여러분에게 그렇게 생각하도록 가장 많은 영향을 준 사람은 누구인가?

3. 여러분이 새로운 환경이나 새로운 사람들을 만나게 될 때 전형적으로 보이는 반응은 무엇인가? 열린 자세로 여유로운 마음을 갖고 접근하는가? 아니면 조심스럽고 신중해 지는가?

4. 다름에 대한 여러분의 태도가 타 문화를 이해하는데 도움이 된다고 생각하는가, 아니면 방해가 된다고 생각하는가?

새로운 것과
다른 것을
다루는 법

4
문화는 어디에나 있다

어떤 문화에서든지 내부나 외부의 구분이 없이
다른 사람을 이해하는데 가장 큰 방해가 되는 장애물은
자기 자신의 기준으로 다른 모든 사람들을 판단하려는 오만이다.
〈 제임스 다운즈 〉

"여러분은 '문화를 넘어서는 소통(Cross-Cultural Communications)' 이라는 강의를 듣기 위해서 온 사람들입니까?"라고 물으면 대부분의 학생들은 손을 번쩍 든다. 그러면 나는 이렇게 대답한다. "좋습니다. 그러면 여러분은 지금까지 들어본 강의 중에서 가장 좋은 결혼 준비 교육에 온 것입니다!" 교수의 이런 대답에 대부분 미혼인 대학생들은 어색한 미소를 지으며 수줍어한다. 그러나 간혹 거기에 결혼한 몇몇 학생들의 표정을 보면 마치 이렇게 말하고 있는 것처럼 보인다. "예, 교수님, 그렇습니다. 저는 교수님이 무슨 이야기를 하시려는지 알 것 같아요. 사실 저도 제 배우자를 잘 안다고 생각했었거든요. 그런데 결혼이야말로 정말 우리가 얼마나 서로 다른지를 알게 해 준 창문이었어요."

위의 질문은 다른 문화권에서의 사역을 하려고 준비하는 학생들에게 강의를 시작 할 때, 항상 내가 제일 먼저 던지는 질문이다. 내 강의를 듣고 난 결혼한 학생들은 대부분 이 강의가 자기들의 배우자를 이해하는데 도움이 되었을 뿐만 아니라, 문화가 다른 나라에서 사역을 준비하는데도 유익했다고 대답한다. 동시에 아직 결혼하지 않은 학생들도 앞으로 배우자를 만나거나 데이트 상대를 결정할 때, 새로운 시각을 가지게 되었노라고 말한다.

❀ 문화적 지식이 관계에 도움이 된다

이 책에 소개된 자료들은 여러분 자신의 문화 이외의 다른 상황에서 어떤 일/사역을 할 때에 여러분에게 도움이 될 것들이다. 여러분은 이렇게 생각할지도 모른다. "내가 하는 일이라고는 단지 색칠하고 하수도를 파는 일이나 집을 짓는 일인데요?" 혹은 이렇게 생각하는 사람도 있을 수 있다. "나는 그저 내가 해야 하는 일을 하는 것뿐입니다. 거기에 다른 의미가 있나요?" 비록 평범한 질문들이지만, 아래의 몇 가지 간단한 대답들은 새로운 관점을 제공해 줄 것이다.

- 모든 사역들, 즉, 하수도를 파는 일이나 사업적인 협상을 마무리하는 일은 언제나 사람들을 위한 일이고 또 사람들과 관계 속에서 이루어지는 일이다. 그래서 결국은 관계라는 것이 모든 일/사역들의 중심이다.
- 여러분이 일하는 모습과 자세를 보고 현지인들은 그리스도를 만나기도 하고 그리스도의 사랑에 대한 여러분의 가르침에 마음을 열기도 한다. 이 말은 그들이 여러분을 얼마나 믿고 신뢰하는가 라는 문제는 그 동안 여러분이 그리스도를 어떻게 모시고 얼마나 신뢰하였는가에 달려 있다는 말이다.

- 만일 그들의 생각이나 느낌이 여러분이 자기들의 전통을 무시하거나 자기들을 멀리하려고 한다고 느꼈다면, 그들은 여러분을 우월감에 빠진 사람들이라고 생각할 것이고, 여러분의 말에도 귀를 기울이지 않을 것이다.
- 여러분은 항상 대화를 시도하겠지만, 대부분은 언어가 아닌 비 언어적 방법의 대화일 경우가 더 많다. 사람들은 여러분을 항상 주목하고 바라 볼 것이다. 여러분이 따뜻한 마음을 가지고 다른 사람들에게 친절하게 대하는지, 자기들끼리만 모여서 유유상종하는지, 또는 현지인들에게는 마음을 조금만 열고 자기들끼리만 살아가는지를 주시할 것이다.
- 만일 여러분이 문화적 차이까지도 창의적으로 수용하면서 올바른 방법으로 그들을 대한다면, 여러분은 좋은 경험들을 많이 하게 될 것이고, 하나님 나라의 건설을 위해서도 긍정적이고 지속적으로 영향을 미칠 것이다.
- 여러분은 문화가 다른 곳에서 사역하는 동안 그리스도를 대표하는 사람들이다. 여러분은 언제나 올바른 방법으로 일을 하고 많은 사람들에게 좋은 영향을 끼치고 싶을 것이다. 이 책은 바로 그런 목적을 돕기 위해서 집필되었다.

❀ 완벽한 선물

이제 이런 여러 생각들을 담아서 나의 결혼 생활을 이야기해 보려고 한다. 나는 여러분에게 문화의 차이라는 것이 얼마나 조용하게 살금살금 다가오는지, 그러나 그것을 방치하면 얼마나 엄청나고 심각한 문제를 만드는지를 설명해 보려고 한다. 동시에, 이런 일들이 학교 친구들 사이에서,

부모자식 간에, 직장 동료들 사이에, 형제자매들간에, 그리고 우리와 문화가 다른 곳에서 사는 사람들 사이에서 얼마나 빈번하게 나타나는지 말해 보려고 한다.

내 아내와 내가 결혼한지 1년이 다 되어갈 즈음에, 나는 아내에게 결혼 1주년을 기념하는 깜짝 놀랄 만한 선물을 하기로 생각하였다. 나는 이 일을 위해서 오랫 동안 고민했다. 왜냐하면 정말 아내에게 꼭 필요한 것을 선물하기 원했고 이 선물이 두 가지 목적에 맞기를 바랐기 때문이다. 첫째는 내 사랑을 충분히 담을 수 있는 아주 비싼 것이어야 하고, 그녀에 대한 나의 사랑과 고마워하는 마음을 잘 전달할 수 있어야 한다는 두 가지 목적이었다. 우리는 앞으로 몇 년 동안은 아마도 여러 곳을 옮겨 다니며 살아야 할지도 모르기 때문에, 이 선물은 실용적이어야 한다는 또 다른 이유도 있었다. 내가 준 선물이 방치되거나 먼저가 수북하게 쌓여 선반 위에 올려져 있기만 하거나 또는 장식물로 생각되지 않고 아내가 나의 선물을 소중하게 여기면서 자주 사용하기를 바랐다. 그리고 앞에서 말한 것처럼 어쩌면 자주 이사를 다닐지 모르기 때문에 잘 깨어지지 않는 것이기를 원했다. 이런 여러 가지 생각들에 이르자 나는 한 가지 기발한 선물을 생각하게 되었다. 내가 생각해 낸 그 선물은 대단히 참신하고 정말 좋은 아이템이라고 나 혼자 즐거워하기도 했다.

으스스한 12월 중순의 어느 날, 어둠이 다가오는 저녁 시간에 어여쁜 아내를 밖으로 불러내어 내가 준비한 '완벽한' 결혼 1주년 선물을 증정하는 자리로 모셨다. 아내에게 나는 내가 얼마나 오래 동안 고심하며 이 선물을 준비했는지를 설명하면서 선물 증정의 이벤트를 시작하였다. 나는 대단히 자랑스러워하며 팔을 힘차게 뻗어 자동차 위에 올려 둔 신형 스노 타이어 두 짝을 가리켰다. 저기 위에 올려져 있는 실용적인 선물! 최저 가격으로 장만하였지만, 아내에게 꼭 필요할 최고의 선물! 저 반짝반짝 빛나는 검은 타이어! 저 백테가 그려진 고급 타이어! 눈길에 미끄러짐을 방지하기 위해 징까지 붙어 있는 저 스노타이어! 비싸지만 경제적이고 실용적인 이보다 더나은 완벽한 선물이 또 어디 있을까?

나는 아내의 눈가에 작은 눈물 방울이 맺히는 것을 본능적으로 직감할 수 있었다. 나는 아내가 사려 깊은 나의 마음에 기쁨으로 화답하고, 나의 놀라운 선택과 탁월한 안목에 성공과 감사의 화답이 있기를 기대했다. 이것이 우리들의 첫 번째 결혼 기념일 선물이었고 거기서 나는 홈런을 쳤던 것이다. 나는 순간적으로 두 팔을 벌려 아내를 끌어 안으려 했다. 그러나, 아뿔싸! 그 순간 아내는 아무 말 없이 홱 돌아서 집 안으로 들어가 버렸다. 아니? 무슨 일일까? 너무 추워서 그러나 보다, 지금 내게 안기지 못할 만큼……. 내가 그녀를 따라 집 안으로 들어왔을 때, 이미 그녀는 심하게 소리 내며 울고 있었다. 아내의 눈물은 기쁨의 눈물이 아니라 깊은 실망과 좌절의 눈물이었다.

나의 선물은 내가 자라난 나의 문화를 반영한 것이었다. 그 선물은 시골에서 자라난 촌뜨기인 나의 생각이었고 남자들만 득실거리는 가정에서 자란 내 사고의 한계를 보여주는 품목이었다. 삶이란 항상 실제적이고 구체적이며 실용적이어야 한다는 것이 내 생각의 전부였고, 그런 생각의 결과는 그날 내가 준비했던 바로 그 선물에서 한계로 드러났던 것이다.

반면에 나의 아내는 아프리카 짐바브웨(후에 남부 로데시아가 된 나라)에서 자라났다. 거기서 쇼나(Shona) 부족과 7년 동안 생활한 다음, 영국 전통의 선교사 자녀들의 기숙학교로 보내져서 거기서 예의 바르고 세련된 숙녀 교육을 받은 여자였다. 다도의 예절을 배우며 여성들이 먼저 들어가도록 남성들이 문을 열고 기다리는 그런 고상하고 세련된 분위기에서 교육을 받았던 사람이다. 선교사의 가정에서 자란 아내는 여성들이 항상 높임을 받는 문화에 익숙해져 있었다.

나는 내가 자라난 문화의 방법대로 자연스럽게 행동했지만 그것이 아내의 기대에는 전혀 미치지 못 했고 표현의 방법이 달랐으며, 이 둘이 서로 충돌을 일으킨 것이다.

나는 아내의 문화적 배경을 완전히 이해하지 못 했으므로 아내가 그토록 부정적인 반응을 보인 점 역시 이해할 수 없었다. 그러나 아내의 눈에는 남편인 내가 멋도 없고 분위기도 모르는 멍청한 남자로 보였을 터였다. 아마도 아내는 '내가 어떻게 저렇게 보잘 것 없는 피조물과 결혼했단 말인가' 하는 생각을 하며 자조하였을지도 모른다. 우리 두 사람은 모두 다 이 일로 문화적 충격을 받았으며 서로의 가슴 속에 큰 상처를 입었다.

이쯤 되면 여러분들은 이제 남편이 아내에게 선사한 스노타이어 문제는 더 이상 해결할 길이 없을 것이라고 짐작할 지도 모른다. 내가 나의 입장을 설명하려고 해도 아내는 자기를 설득하려고만 한다고 생각하였고 "내가 그렇게 바보인 줄 아세요?" 라고 대꾸할 것만 같았다.

문화란 바로 이런 것이다. 이렇게 우리도 모르는 사이에 다가와 우리가 하는 모든 판단의 기준이 되어 버린다. 그리고 다른 사람의 문화적 배경을 먼저 이해하고 고려하는 기능을 마비시켜 버리는 것이다. 그래서 결국 어떤 일이 잘못되면 즉각 우리로 하여금 부정적인 판단을 하도록 만들어 버린다. 자, 이 이야기를 조금 더 해 보기로 하자.

✿ 나머지 이야기

그 때 우리 내외는 참으로 가난해서 어떤 때는 빵이나 우유를 사기 위해서 가게 수표가 도착하기를 며칠씩 기다려야 했다. 그때 아내는 공중 간호사로 일하면서 나의 박사과정 공부를 뒤에서 도왔다. 공중 간호사인 그녀의 임무는 우리가 사는 도시의 가난하고 위험한 지역의 가정들을 일일이 방문하는 일이었다. 겨울이 다가오면 해는 짧아졌고 어두워지는 시간은 점점 빨라졌다. 그 어두워지는 시간까지 아내는 여전히 위험한 지역을 순회하고 있었고 거기에 눈까지 오는 날이면 나는 아내를 걱정하지 않을 수 없었다. 물론 아내 자신도 스스로 무서움과 염려하는 마음을 가지고 있다는 것을 알고 있었다. 그래서 나는 신형 스노타이어는 그녀에게 안도감을 가져다 줄 뿐만 아니라, 우리 부부 모두에게 마음의 평화를 가져다 줄 것이 분명하다고 믿었다. 나는 아내를 지극히 사랑했고 내가 할 수 있는 방법을 다해서 나의 사랑을 보여주고 싶었던 것이다.

그러나 과연 그것만이 최선의 방법이었을까? 아마도 아닐 수도 있었을 것이다. 이미 여러분들은 내 사고의 틀이 형성된 나의 성장과정을 알고 있으며 내 아내가 자라난 문화적 배경도 알고 있다. 우리가 사고의 틀을 무조건 넓히기만 한다고 반드시 옳은 일은 아니다. 그러나 이처럼 사고의 틀을 넓히면 넓힐수록 상대를 더 많이 이해할 수 있고, 보다 관대한 마음을 가질 수 있는 것 또한 사실이다.

❁ 사고의 틀

우리는 대부분 자기 자신의 독특한 사고의 틀, 혹은 판단의 기준을 가지고 살아간다. 스노타이어의 결정은 전적으로 내 판단의 기준과 내가 자라난 문화의 산물이었다. 그러나 그 선물이 아내의 사고 기준을 고려하지 않았다는 점은 분명한 사실이었고, 아내의 문화적 배경을 반영하지 못한 점 또한 부인할 수 없는 일이다. 나는 아내에게 주어야 할 기쁨을 오히려 절망으로 만들어 버린 셈이었다. 그 때문에 그녀는 상처를 받았는데도 내가 그런 실수를 무시하거나 부인하고 오히려 내 주장만 강조하고 밀어 붙였다면 아마 우리의 냉전은 더욱 길어지고 악화되었을 것이다. 만약 내가 이것만이 나의 사랑의 표현이고 나의 헌신의 전부였다고 계속 주장했더라면 우리는 더 오래 팽팽하게 부딪쳤을 것이다. 그러나 감사하게도 내 아내는 이해심이 많은 사람이었으며 내가 실수를 범하더라도 넓은 마음으로 이해해 주고 나의 속마음을 헤아려 주는 사람이었다.

그러면 그때 내가 어떻게 했었더라면 더 좋았을까? 지금은 알고 있지만 그때도 그것을 알았더라면 얼마나 좋았을까? 그녀가 기대했을 선물은 아마 장미라든가, 향수, 혹은 목걸이와 같은 여성들이 좋아할 물건들이었을 것이다. 내가 그 중 어떤 선물을 마련하여 먼저 감동을 주고, 아내의 기분이 좋아졌을 때 이렇게 말했어야 했다. "그런데 여보, 당신 차에 새로운 스노타이어를 끼워 두었어요. 당신이 일을 마치고 밤중에 돌아올 때 안전하도록 말이오. 내가 당신을 이렇게 사랑한다오!" 라고 말했더라면 얼마나 좋았을까!

원칙들. 우리는 이 사건을 통해서 문화가 다른 곳으로 들어가게 될 때 어떻게 하는 것이 가장 좋은 방법이며, 또 우리 자신의 문화 안에서도 다른 사람과 화목하게 지낼 수 있는 방법이 무엇인지에 관한 원칙들을 배우게 되었다. 그 원칙들은 아래와 같다.

1. 우리 모두는 문화와 전통의 산물이다. 그래서 우리가 세상을 보는 관점, 그리고 세상과 우리가 서로 영향을 주고 받는 모든 상호작용과 심지어 우리의 재능까지도 문화와 전통의 영향을 받게 된다. 우리의

말과 행동도 역시 문화의 반영이다.

2. 우리는 다른 사람들도 우리와 같은 방식으로 생각하고 세상과의 관계도 우리와 같이 할 것이라고 기대한다. 그러므로 다른 사람들이 우리의 친절한 행위나 우리의 선물에 감사하지 않으면 그것을 이상하게 여긴다.

3. 우리는 상대를 너무나 성급하게 판단하는 경향이 있다. 내 아내가 나를 완전히 센스 없는 멍청한 사람이라고, 그리고 나는 아내를 감사를 모르는 속물이라고 생각했듯이 말이다. 서로를 가장 극단적이고 부정적인 방법으로 판단해 버린다.

4. 우리가 다른 사람들의 문화 전통 또는 그들의 관점이나 의도를 알게 되면, 그 사람들을 더 많이 이해하게 되고 그들을 더 쉽게 수용할 수 있을 것이다.

5. 성급하게 하는 판단을 유보하는 것이야말로 우리가 다른 사람들에게 줄 수 있는 가장 좋은 선물이다. 그 대상이 배우자든, 부모님이든, 혹은 다른 문화에서 온 사람들이든(심지어는 우리와 같은 문화권의 사람들에게까지). 즉각적으로 판단하지 않고 판단을 유보하는 것은 다른 사람들에 대해서 우리의 마음이 열린 상태가 되게 해 주며, 다음 단계를 향하여 나아가는데 많은 도움이 된다.

6. 그들이 왜 그렇게 행동했는지 또는 그 상황에서 왜 그런 말을 했는지를 물어 보면 다음의 네 가지를 이해하는데 도움이 될 것이다.

- 이 물음은 우리로 하여금 정확한 상황을 알 때까지 즉각적으로 판단하는 태도를 유보하게 해 준다.
- 그들이 왜 그때 그런 행동을 했는지 또는 그런 느낌을 가졌는지 우리에게 설명하게 됨으로 우리는 그들의 문화적 유산을 배우게

된다.

- 우리는 다른 사람들의 특별한 행동이 그들의 문화적 배경에서 나온 것임을 알게 되고 그들에게는 자연스러운 행동이었음을 이해하게 된다.
- 이런 일들은 우리 자신들의 솔직한 느낌을 교환하는 방법들을 바꾸어 주고 우리 모두를 성숙되게 해 준다.

그럼에도 불구하고 해답을 얻는 것은 여전히 어렵다. 종종 현지인들은 자기들이 왜 그런 행동을 하는지를 알지 못하는 경우가 많다. 서양 사람들의 경우도 마찬가지다. 예를 들자면 팔꿈치를 테이블에 고이고 밥을 먹는 것이 나쁜 습관이라든가, 왜 주일 11시에 꼭 예배를 드려야 하는지를 자기도 알지 못하며 따르는 것처럼, 때로는 습관이라고 할 수 있겠지만, 그 이유를 설명하지 못하고 따르는 경우가 더 많다. 우리가 현지인들에게 "여기서는 왜 그 일을 그렇게 해야 하나요?" 라고 묻는다면, 현지인들은 방어적이 되고, 우리가 자기들을 비판하려고 그런 질문을 한다고 생각하기가 쉽다. 혹시 질문을 받은 그 현지인이 물음에 대한 정확한 답을 알지 못한다면 수치심을 느끼게도 될 지도 모른다. 그러므로 현지인들에게 어떤 질문을 던지기 전에는 먼저 그 사람들과 함께 충분한 신뢰를 쌓아 두는 것이 필요하다. 만일 그렇지 않다면 일단은 그들이 대답할 수 있는 쉬운 질문들만 해야 할 것이다.

로버트 코흘(Robert Kohls)[1]은 여러분이 어떤 상황에서나 던질 수 있는 50개의 질문을 만들었다. 현지의 고유한 문화와 정보를 제공해 줄 사람을 찾기 원한다면 서양의 문화를 잘 이해하는 현지인을 찾아야 한다. 그런 현지인은 자기들의 문화권 밖에 있는 사람들을 다루는데 익숙해 있을 것이기 때문이다. 그리고 또 다른 가능성은 현지문화에 성공적으로 적응한 사람들이나 혹은 현지인과 좋은 관계를 맺고 있는 다른 사람들에게도 그런 궁금한 것들을 물어보는 방법이다.

어떻게 질문을 하느냐 하는 질문의 자세도 역시 중요하다. 만일 여러분이 생색을 내듯이 묻거나 혹은 짜증나는 목소리로 질문한다면, 현지인들은 당연히 방어적이 되고 둘러대듯 변명하는 답변을 찾게 될 것이다. 만일 여러분이 명랑하고 애교 섞인 목소리로 긍정적인 관심과 흥미를 가지고 대화하는 형식으로 질문을 던진다면, 상대방도 적극적이고 긍정적인 반응으로 도움이 되는 대답을 할 것이다.

다시 여섯 가지 원칙들을 생각해 보자. 이런 지혜를 실생활에 적용해 보면 이런 것들이 우리의 친구, 동료, 부모와 형제들의 관계에서 도움이 되지 않겠는가? 많은 경우에 대답은 그렇다는 긍정이다. 나와 내 아내의 경우처럼 우리가 비록 한 집에서 같이 산다 하더라도, 우리 각자는 각각 자기 자신의 출신지의 문화를 대표한다고 말해도 틀린 말이 아닐 것이다.

지난 수년 동안, 나는 많은 사람들에게 나의 스노타이어 이야기를 들려 주었고 그들도 자기들의 이야기들을 들려 주었다. 어떤 사람은 큰 농장을 사서 자기 아내의 생일을 기념해서 농장으로 이사를 했던 경우도 있었다. 그 사람은 아내의 생일 날 농장으로 이사하면 농장 사업이 성공할 것이라고 생각했고, 그는 아내에게 줄 선물로 비료 살포기를 샀다. 아마 도시에 사는 시골 생활을 모르는 사람들은 농장에 비료 살포기가 왜 필요한지를 모를 것이다. 그러나 한번 생각해 보라. 그 아내에게는 얼마나 기가 막히는 선물일까. 생일날 비료살포기라니? 황당한 일이 아니겠는가!

우리는 자신들의 문화 유산에 익숙해 있으며 그것은 지극히 자연스러운 일이라고 생각한다. 문화라는 것은 남녀노소에 따라 다르고, 부모와 자식 사이에도 다르며, 인종과 민족에 따라서도 다르다. 우리가 기억해야 하는 가장 중요한 점은 우리는 우리 문화 방식에 따라 살아가며 다른 사람들 역시 자기들의 문화 방식대로 살아간다는 사실이다. 여기서 우리가 항상 주의해야 할 사항은 성급하게 다른 문화를 판단하지 말라는 것이다. 왜냐하면 사람마다 다르기 때문이다.

내 아내는 결혼 1주년 기념 선물로는 스노타이어가 전혀 어울리지 않는다고 지금도 여전히 그렇게 생각한다. 그러나 이 사건 때문에 우리 부부는 상대방의 입장에서 판단하는 서로의 기준을 이해하고 서로를 생각하는 참 좋은 기회를 가질 수 있었다. 결국 그 사건은 지난 37년 동안 우리의 결혼 생활을 훨씬 더 행복하게 만들어 준 셈이 되었다.

1. 처음에 모르고 성급하게 판단하여 실수한 적이 있는가? 물론 나중에는 그것이 잘못이었다는 것을 알게 되었지만, 만약 그런 일이 있었다면 그 예를 들어 보라.

2. 잘못 판단하는 것을 유보하고 매일매일 상황을 객관적으로 바라보기 위해서 우리가 할 수 있는 구체적이고 실천적인 것들을 말해 보자

3. 누군가가 여러분을 성급하게 잘못 판단하였던 적이 있었는가? 그때 여
   러분의 기분은 어떠했었나?

4. 여러분은 어떤 문화적 배경에서 자랐는가? 어떤 점이 여러분으로 하여
   금 다른 사람을 이해하는데 방해가 되게 했을까? 그리고 또 다른 사람
   들이 여러분을 이해하는데 어렵게 한 것들이 있는가? 여러분의 문화적
   배경 중에서 새로운 문화권에 들어가서 적응하는데 여러분에게 도움
   이 되는 것이 있다면 어떤 것들이 있을까?

5
문화 충격

다른 나라를 여행할 계획을 가지고 있는 사람들은 누구든지 반갑지 않은 '문화 충격'이라는 말을 듣게 된다. 도대체 이 말의 뜻은 무엇인가? 이 말이 어떻게 우리에게 적용된다는 말인가? 이 말은 어떤 문제를 야기시킬 것이며 어떻게 다루어야 할까?

대다수의 사람들은 넓은 의미의 문화 충격을 경험한 적이 있음으로 이 단어를 단순하게 여기고 심각하게 생각하지 않을지도 모른다. 위스콘신의 남부 구릉진 언덕의 산림과 강물이 굽이쳐 흐르는 시골에서 자라난 나는 동서남북 사방 수 마일을 돌아다니며 어디를 가든지 모든 곳이 내 집 같이 느껴지는 곳에서 자랐다. 그러던 어느 날 나는 시카고 한복판의 복잡한 교통, 마천루, 도시 슬럼지역, 분주한 거리, 쉴새 없이 변하는 신호등, 복잡한 지하철, 길거리의 거지들, 범죄와 오감을 자극하는 이상한 냄새들로 가득 찬 곳에 뚝 떨어졌다. 내가 17살 때의 일이었다. 모든 것이 혼란스러웠고 너무나 복잡했다. 몇 주 동안 내 마음은 온통 고향집에 대한 그리움뿐이었다. 나는 도저히 시카고라는 대도시에서 살아 갈 수 없을 것만 같았다. 어떻게 인간이 이런 곳에서 살아간단 말인가? 나는 내 방에서 외부로 나오려고 하지 않았고 방구석에만 머물며 밖으로 나오려고 하지 않았다. 거기서 내가 만난 단 한 명의 친구와만 붙어 있으려고 했었다. 어떻게 이 진흙탕 같은 곳에서 살겠다고 고향을 떠날 결심을 했는지, 그리고 이런 곳에 내가 지금 왜 나와 있는지, 어떻게 하면 이곳을 빠져 도망칠 수 있을지, 하루 종일 이런 생각들만 했다.

그러나 이제 내가 여기서 빠져나갈 길이 없다는 것을 알게 되었고, 할 수 없이 3년 동안 내가 등록했던 신학교 생활에 집중하게 되었다. 어떻게 살아났을까? 문화적 충격 속에 살았던 아주 힘든 시간이었다! 위스콘신 시골을 휘젓고 돌아 다니며 배운 모든 생존 전략이 여기 시카고에서는 좀처럼 통하지 않는다는 것도 배웠다. 위스콘신에서는 가장 먼 거리로 여행을 간다고 해야 그저 몇 시간 걷는 정도의 거리였다. 나의 첫 문화적 충격은 이렇게 점점 더 깊어만 갔다.

아마도 여러분이 도시에서 자랐거나 도시 외곽 출신이라면 시카고의 적응에는 자신만만했을 것이다. 그리고 모든 일은 쉬웠고 작은 노력으로도 여러분의 목표는 다 이루어졌을 것이다. 그러나 만약 여러분이 위스콘신의 시골 숲 속이나 언덕 길을 몇 시간 걷는다면, 글쎄, 여러분도 그렇게 쉽게 집으로 돌아오는 길을 찾을 수 없을지도 모른다. 어쩌면 농촌에서 길을 잃어버릴 수도 있을 것이다.

아마도 이것이 바로 문화 충격이리라. 여러분이 아무리 도시 생활에 익숙하다 하더라도 새로운 환경에서 접하면 방향 감각을 잃어버릴 수도 있다. 그것은 곧 당황스러움, 좌절감, 놀라움과 스스로 초라해지는 경험이며 때로는 사면초가와도 같은 상태에 빠지고 만 기분이다. 그렇게 되면 누구나 그 불편함과 어색함에서 도망치고 싶은 생각이 들 것이다.

❀ 문화 충격에 대한 정의

"문화 충격이란, 새로운 문화에 어떻게 처신해야 할지 알지 못하고 거기에 적응하지 못하여 느끼는 좌절을 말한다." 이것이 내가 요약하는 문화 충격의 정의이다. 여기 또 다른 차원의 몇 가지 정의들이 있다. 이런 일들이 여러분에게나 누구에게든지 일어난다면, 아마도 여러분도 문화 충격을 느끼게 될 것이다.

"문화 충격은 우리가 어렸을 때부터 배워 온 문화에 대한 지침이나 안내가 전혀 통하지 않을 때, 우리가 경험하게 되는 뒤죽박죽의 상태를 의미한다.[1]

위의 문화 충격들에 대한 두 가지 정의의 공통점은 사람들이 이미 경험한 사실과 지금 경험하고 있는 사실이 서로 달라서 적응의 결핍을 겪을 때 보이는 반응이라는 점이다.

카레르보 오베르그는 문화 충격을 광범위하게 연구한 사람인데, 그는 다음과 같이 정의한다. "문화충격이란, 우리가 어떤 상황을 이해하는데 도움이 되는 익숙한 상징과 표시들을 상실할 때, 그 결과로 생겨나는 염려와 근심이다.[2] 만약 우리가 이 염려와 근심을 중단하고 그것을 깊이 생각한다면, 우리는 상황을 이해하고 해석할 수 있게 될 것이고 올바르게 처신하는 방법도 깨닫게 될 것이다. 그러나 우리가 상황을 올바르게 해석하지 못한다면, 우리는 오히려 우리 자신들을 더욱 초조하게 만들어 더 큰 실수와 위험에 스스로를 빠뜨리고 결국에는 우리 자신들을 더욱 연약한 존재로 전락시켜 버릴 것이다.

❀ 왜 문화 충격들이 존재하나?

다른 문화권에 들어가게 되면 거기에는 우리와 다른 점들이 대단히 많다. 심지어는 미국 사람이 서유럽에 가게 되더라도 역시 많은 차이를 느낀다. 겉으로 보이는 차이들, 가령 의복이나 냄새, 언어와 같은 것들의 차이도 있지만, 이보다 더 큰 차이는 가치관, 생각의 방법 등과 같은 말로 표현되지 않는 비언어적인 차이점들이다. 이처럼 여러 가지 차이들을 느끼게 될 때 우리는 어떻게 반응하는 것이 좋을지를 알지 못하게 되고 때때로는 판단력을 잃어버릴 수도 있다. 고향에서 하던 상식적인 방법이 더 이상 통하지 않게 되면 누구든지 혼란스러움을 느끼게 되고 우리의 몸과 정신은 매일매일 일상 속에서도 피곤을 느끼며 쉽게 지치게 마련이다.

이처럼 큰 좌절감을 느끼고 혼란스러워진다면 이것이 바로 문화 충격이라는 사실을 기억하라. 이런 현상은 누구에게나 똑 같이 나타날 수 있으며 때로는 다양한 강도로 나타나기도 한다. 다른 문화권에서 미국에 온 사람들은 누구나 어떤 종류든지 간에 일종의 문화 충격을 받게 될 것이다.

실제로 어떤 점에서는 문화 충격을 느끼는 것이 당연하고 오히려 좋은 일이라고 말 할 수도 있다. 문화 충격을 통하여 우리는 하나님을 더 깊이 알아가게 되기 때문이다. 서구 사람들은 하나님께서는 일반적으로 서구 교회와 서구 문화에서 자기 자신을 계시하셨고 역사하셨다고 믿어 왔다. 서구인들은 보편적으로 이런 이해를 가지고 있었다. 그러나 하나님께서는 세상의 모든 민족과 다양한 문화를 통하여 그리고 각양의 다른 문화에 속한 사람들을 통하여 자기 자신을 계시하고 역사하셨다. 우리가 서로 다른 사람들 속에서 우리와 또 다른 점들을 발견하게 된다면, 바로 거기에서 우리는 더욱 분명하게 하나님을 발견할 수 있을 것이다. 하나님은 어떤 한 민족이나 문화에서만 역사하시거나 어떤 한 문화에만 국한되시는 분이 결코 아니시다. 그러므로 문화 충격이란 우리에게 하나님의 위대하심과 다양하심을 분명하게 알려주는 방법이기도 하다.

⊛ 사단도 역시 부지런히 활동한나

크리스천들은 자기들이 경험한 문화 충격을 좋지 않은 쪽으로 결론 내리고 그 결과는 위험한 것이라고 생각하기가 쉽다. 여러분에게 주신 이 위대한 기회를 사단은 오히려 왜곡하도록 온갖 수단과 방법을 동원하며 유혹한다. 그러나 하나님께서는 이런 기회까지도 사용하셔서 우리들에게 자신을 계시하시고 우리들이 하나님의 모습을 더욱 깊이 알아 가도록 허락하신다. 여기에 사단이 어떻게 우리들의 생각을 왜곡하는지 사단의 방법을 알아 보기로 하자.

내가 겪는 문화 충격은,
- 내가 비정상이어서이다.
- 내가 성령 충만하지 못하기 때문이다.
- 내가 하나님의 음성을 듣지 않았기 때문이다.
- 하나님께서 내게 벌을 주시는 것이다.
- 나는 목회적이지 못한 사람이다.

위에 열거한 다섯 가지는 사단이 종종 사용하는 거짓말들이다.

이러한 문화 충격들은,

- 목회에 전념하지 못하게 우리를 좌절시킨다.
- 새로운 문화에 흥미를 가지지 못하도록 우리의 관심을 빼앗아 간다.
- 새로운 문화를 배우고 성장하려는 우리의 의지를 꺾어 버린다.
- 다른 사람들을 비난하게 만든다.
- 심지어 하나님까지도 비난하도록 유혹한다.
- 우리가 섬기려는 현지인들에게 관심을 갖지 못하게 한다.

문화 충격은 영적인 문제가 아니다. 이것은 마치 자동차나 비행기 혹은 배를 탈 때 멀미를 하는 것처럼, 아주 자연스러운 일이다.

❀ 하나님의 관점

신성과 인성을 가지시며 잘못이 없으신 예수님께서도 문화의 차이로 생기는 문제 때문에 괴롭힘을 당하셨다. 그러나 예수님께서 연결해야 하셨던 가장 큰 문화적 차이는 하나님과 인간, 하늘나라와 이 세상 사이의 간격이었다. 히브리서 4:14~16절을 읽고 아래의 질문들에 답을 찾아 보자.

1. 예수님께서 하늘의 문화에서 이 세상의 문화로 내려 오셨을 때 경험했던 가장 중요한 도전들은 무엇이었을까?

2. 예수님께서는 하늘-땅을 아주 완벽하게 연결하셨다. 예수님께서 이 세상의 문화에 적응하신 방법에서 우리가 배울 점은 무엇인가?

3. 히브리서 본문과 다른 참고가 될 성서 본문들에서 우리는 어떤 지혜를 얻을 수 있을까?

4. 신·구약 성서에 나타난 인물들 중에서 문화의 차이나 혹은 다른 문화에서 살아난 가장 좋은 모범이 되는 인물들로는 어떤 사람들이 있는가?

⚙ 요셉으로부터 예수님까지

나의 견해로는 인류의 전 역사를 통해서 예수님을 제외하고 가장 훌륭하게 교량의 역할을 한 사람들 중에서 누군가를 찾으라면 요셉을 들 수 있을 것이다. 창세기 37장에서 47장까지 이어지는 요셉의 이야기는 너무나도 놀랍다. 17살 소년이 형들로부터 배신당하고 이집트에 노예로 팔려갔다. 그는 전혀 새로운 언어와 문화에 적응해야 했고 보디발의 아내의 모함을 받아 감옥에 던져졌다. 그는 깨어진 약속의 희생자였고 그런 아픔은 한 동안 계속 되었다. 그러나 성서의 그 어디에도 요셉이 불평을 했다거나 하나님을 의심했다는 이야기는 찾아 볼 수 없다. 요셉을 이집트로 보내신 동일하신 하나님께서 여러분을 지금 여러분의 사역지로 부르셨으며, 요셉에게 신실하셨던 동일하신 하나님께서는 오늘도 여러분에게 한결 같이 신실하시다.

⚙ 문화 충격의 증상들

증상이란 건강을 유지하는데 절대적으로 필요하고 중요하다. 초기에 증상이 나타나면 그것은 건강에 이상이 있다는 신호일 것이다. 의사는 정확한 증상을 발견하고 양상에 따라서 진찰하고 판단해야 한다. 만약 우리가 그 증상을 무시한다면 병은 더욱 악화되고, 급기야는 심각한 상태에 이르게 될 것이다.

문화 충격의 전문가들은 아래와 같은 증상들을 우리에게 주는 경고라고 제시한다.

- 현지인들로부터 멀리 떠나고 싶은 마음.
- 충분한 수면을 취한 후에도 여전히 잠이 부족할 때.

- 몇몇 가까운 사람들 또는 친구들하고만 있고 싶을 때.

- 먹고 싶은 음식에 완전히 사로잡혀 다른 생각을 하지 못할 때.

- 고향 소식을 갈망하고 연연해 할 때.

- 새로운 문화에 와 있다는 사실에 회의가 들 때.

- 어디론가 다른 곳으로 떠나고 싶을 때.

- 몸이 정상이 아니라고 느낄 때 (정서적인 스트레스 때문에).

- 부정적인 생각 때문에 다른 사람을 비난할 때.

- 집에만 있고 싶고 다른 사람들 만나는 것이 싫을 때.

- 고향에 대한 그리움 때문에 한낮에도 백일몽에 잠길 때.

- 현지인들과 그들의 문화가 싫어지고 자꾸 비판하고 싶어질 때.

- 막연한 걱정과 불안이 엄습해 올 때.

- 공포감, 두려움, 편집증에 시달릴 때.

- 무기력, 우울증, 그리고 원기 부족을 느낄 때.

- 멀리 고향에 있는 사람들과 장시간 통화나 인터넷으로 시간을 허비할 때.

사실 우리 인간들은 누구든지 똑 같이, 그가 출신이 어디이든지 상관없이, 어느 정도의 문화 충격을 경험 할 수밖에 없는 존재들이다. 그리고 위에 제시된 증상들은 누구에게나 흔히 나타나는 현상들이다. 그러나 사람들에게 나타나는 문화 충격의 증상들은 각각 모습이 다를 수 있다. 외향적인 사람은 자기의 생각이나 감정을 쉽게 표현하고 드러내는데, 그런 경우는 오히려 진단하기가 쉽다. 반면에 내성적인 사람은 자기의 솔직한 생각을 감추고 그저 잘 될 것이라고 믿으며 참고 견디려하는 경향이 있다. 겉으로 보기에는 편안한 듯하지만 속으로 상처는 점점 깊어갈 것이다. 그러므로 그런 사람은 새로운 문화에 들어가는 초기 단계에서 보고 생각하고 느낀 것을 함께 대화하며 깊이 이야기를 나누는 시간을 갖는다면 많은 도움이 될 것이다.

정기적인 보고와 상담은 우리들의 정서와 감정의 안정성을 파악하는데 절대적으로 필요하다. 개인적인 깊은 대화는 누구에게나 필요하지만, 자기 속 마음을 잘 표현하지 않으려는 사람에게는 더욱 중요하고 꼭 필요하다. 이런 자기 노출을 통해서 다른 사람들과 하나되는 느낌을 갖게 되고, 그로부터 용기를 얻게 되어 결국은 믿음 안에서 어려움을 이겨내면서 하나님의 은혜를 경험하게 될 것이다.

✿ 문화 충격의 원인들

일반적으로 간단한 문제들이 문화 충격이라는 큰 아픔을 만들지는 않는다. 달리 표현하자면, 서로 다른 한 두 가지 때문에 문화 충격이 생기지는 않는다는 말이다. 그 정도의 문제라면 누구나 쉽게 자기를 조정할 수 있기 때문이다. 일반적으로 어려움이 다가올 때는, 문제들이 동시에 함께 집단적으로 몰아치고 엄습하는 경우이다. 나는 앞에서 일반적으로 사람들을 불편하게 만드는 실체들, 더 나아가서 때로는 문화 충격이라고 불리는 현상의 원인을 제공하는 실체들을 간단히 설명하였다. 이것들을 미리 알고 대비하면 기대를 조절하는데 도움이 될 것이고 동시에 이 문제를 극복하는데도 유익이 될 것이다.

언어. 우리의 삶에서 가장 중요한 것은 '대화'라고 해도 지나친 말이 아니다. 우리는 말을 통해서 일을 완성하고 문제를 줄이고 의미를 전달한다. 그러나 만일 우리가 가게 될 문화권의 언어를 유창하게 구사하지 못한다면 아마도 적지 않은 불편과 불안을 느낄 것이다. 기본적으로는 의사소통이 어려울 뿐만 아니라, 당면하게 될 문제를 줄이지 못할 것이며, 환경에 적응하는 데도 많은 어려움을 겪게 될 것이다. 이런 일들은 우리들 스스로를 무기력한 어린 아이처럼 만들어 버릴 수 있다. 우리가 말을 하려고 할 때 전적으로 통역자의 도움에 의지하지 않으면 안 되는 경우, 때때로 당황스러움과 창피함을 겪기도 할 것이다.

이런 상황에서 여러분이라면 어떻게 행동 하겠는가?

- 마음을 편히 가지라. 사람들은 여러분이 모든 것을 다 안다고 생각하지 않는다.
- 마음을 편히 가지라. 사람들은 여러분이 자기들의 언어를 배운다는 사실, 그리고 자기들의 말을 몇 마디만이라도 할 줄 안다는 사실에 오히려 놀라고 좋아할 것이다.
- 마음을 편히 가지라. 하루에 두 세 단어만이라도 매일 암기하라. 그리고 그 단어들을 과감히 사용해 보라. 한 주, 한 달, 일 년 동안 얼마나 많은 단어를 기억하게 되는지 여러분 자신도 놀랄 것이다.
- 마음을 편히 가지라. 사람들은 여러분이 자기들이 생각했던것 만큼 그렇게 도도한 사람이 아니고 완전하지도 않고 강하지도 않다는 사실을 알고 좋아할 것이다.
- 마음을 편히 가지라. 대부분의 상황은 죽고 사는 문제가 아니다. 그러므로 모든 일을 죽을 각오로 그렇게 아옹다옹하며 살지 말고 마음을 평안히 하고 즐겨라.

외국어를 유창하게 구사하지 못해서 당황스러워 한다면 다음의 이야기를 기억하라.

해외에 거주하는 한 미국 사람이 자기 차를 가지고 마을의 정비공장을 찾아갔다. 그 정비공장에서 일하는 사람들은 간단하고 기본적인 영어를 할 수 있었지만, 이 미국 사람은 자기의 언어 실력을 자랑하고 싶어서 현지어로 "내 차 엔진이 잘 작동하지 않아요, 스파그 플러그를 교체해 주세요"라고 말했다. 이 말을 듣자마자 정비공들은 배꼽을 잡고 깔깔거리며 웃더란다. 순간적으로 이 미국인은 너무나 당황스러워서 차를 가지고 당장 그 자리를 떠나고 싶었지만 그래도 참으며 다시 물었다고 한다. "내가 한 말이 뭐 잘못되었습니까? 왜 그렇게 웃습니까?" 그들 중 한 정비공이 하는 말이 "선생님이 하신 말은 내 차가 애를 낳지 못합니다. 아마도 바나나를 바꾸어야 할까 봐요"라는 뜻이라고 설명해 주었다. 그리고 나서도 그들은 참지 못하고 깔깔거리며 웃었다고 했다.

그 후에 미국인이 그 정비소를 찾을 때마다 정비공들은 그를 보기만 하면 웃어댔다고 한다. 한참 후 다른 친구가 이 광경을 보고서 이 미국인에게 "당신은 저 사람들이 저렇게 웃어대는데 기분 나쁘지 않나요?"라고 물었더니, 지혜로운 미국인이 대답하기를 "나도 당황스럽기는 마찬가지이지요, 하지만 저 사람들이 저렇게 즐거워하는 것을 보는 것도 나쁘지는 않지요. 내가 저 사람들을 만날 때마다 저들에게 웃음을 줄 수 있다면 그것도 좋은 일 아니겠어요?"[3]

한 번쯤 이렇게 마음을 편안하게 가져 보라!

관계. 친구와 일가 친척들은 삶에 의미와 안정감을 가져다 준다. 그들과 떨어져서 산다는 것 자체가 우리에게 아픔과 상처가 된다. 다른 문화권에서 오랜 기간을 지낸 다음, 다시 그들을 만나게 되더라도 때로는 한동안 어색하고 궁금한 점들이 많아질 수 있다. 이전에 가졌던 깊고 친

밀한 관계는 없어지고 오히려 텅 빈 공허함과 서먹서먹한 느낌만이 가득할 때도 있을 것이다. 사람이나 사물 모두가 새롭고 다르게 느껴질 것이다. 우리의 고향과 조국에 대해서 잘 알고 있다고 생각했던 모든 사회적 지리적인 자신감들이 변하여 이제는 어떻게 처신해야 할지조차 모르는 무지와 결핍을 느낀다면 그 공허와 허탈함이란 말로 다 할 수 없을 것이다. 마치 어떤 연극에 등장한 배우가 하루 저녁 이 무대에 등장했다가 그 다음에는 전혀 다른 연극 무대에 등장하는 것 같은 느낌 말이다. 리허설도 하지 않았고 전체 주제나 줄거리도 모른 채 어디에서 일어서야 하는지 어디서 앉아야 하는지, 그 다음에 무슨 일이 일어날지도 알지 못 한다면 얼마나 당황스러울까![4]

이런 상황에서 여러분이라면 어떻게 행동하겠는가?

- 지금 여기에 있게 해주신 하나님, 그 분께서 지금도 우리와 함께 동행해 주심에 감사 드리자.
- 맑은 정신을 유지하자. 다른 사람들이 이런 상황을 성공적으로 이겨 냈기 때문에 여러분도 충분히 이겨낼 것이다.
- 가족 사진이나 고향을 상기시켜 줄 물건들을 잘 보관해 두자.
- 하나님께서는 특별하고 아름다운 사람들을 세계 도처에 준비시켜 두셨다는 사실을 잊지 말고, 그 사람들을 만나는 일이 어렵지 않다는 사실을 기억하라.
- 우정이 넘치는 미소와 뜨거운 열정을 가지고 여러분의 삶에 일부가 될 새로운 사람들에게 다가가서 자기 자신을 소개하라. 이웃들, 주유소에서 일하는 사람들, 우편 배달부, 동네 약국의 약사, 상점의 점원과 같이 일상생활 속에서 만나는 사람들에게 여러분이 먼저 사랑을 드러내 보이면 그 다음부터 문제는 저절로 해결될 것이다.

- 이전과 항상 꼭 같을 수는 없겠지만 새로운 관계를 형성하는 일이 지금까지 경험한 그 어떤 일 보다 훨씬 풍성하고 값진 경험이었음을 알게 될 것이다. 그리고 그것들을 지금 바로 구체적으로 실천해 보라.
- '그러나'를 기억하라. "지금은 할 수 없어요, 그러나…… 언젠가는 할 것이고 반드시 하고야 말겠어요".[5]

아래 이야기는 혹독하게 문화 충격을 경험한 한 외국인의 이야기이다. 이 여인은 본인이 직접 고기를 사러 가지도 않았다, 고깃집 주인과 편안하게 사귀기 보다는 집에서 일하는 하녀에게 고기를 사오라고 시켰고 자기 스스로 고립되어가는 한 여인이었다. 그런 까닭에 그녀는 문화 충격에서 벗어나는 기회를 놓쳤고 정육점에서 외국인 고객들에게만 제공하는 특별 할인세일의 기회도 얻지 못했다. 여기에 또 다른 한 외국인이 있었다. 이 여인은 모험심을 가지고 있었고 스스로 시장에 나가기는 했지만, 시장에 갈 때마다 그녀는 두 마리의 큰 독일산 도베르만(군견)을 데리고 외출했다.

위의 두 여인은 모두 다 문화 충격을 잘 해결하지 못한 대표적인 경우라고 말 할 수 있을 것이다.[6] 우리가 새로운 문화에 접촉하게 되면 스스로를 당황스럽게 만들거나 실망시키는 일들, 그리고 멀리하고 싶은 일들과 거리를 두게 되는 이유를 만든다. 이런 행동들은 대부분 부정적인 표현들로 나타나는데, 그 중 하나는 그 자리에서 슬쩍 사라지는 것이다. 그 자리를 피해 버리는 방법을 우리는 쉽게 택한다. 문화가 바뀔 때 처음 나타나는 이런 행동들에 대해서 스스로 이렇게 다짐하며 말해 보자. "지금은 할 수 없어요, 그러나…… 언젠가는 할 수 있게 되겠지요."

방법론. 해외 생활에서 경험하게 되는 '동일한' 것이란 하나도 없다. 변화, 즉, 다름이란 외국에서의 삶에서는 당연한 일상이다. 쇼핑의 패턴도 달라질 것이다. 왜 가격을 가지고 흥정해야 하나? 가격표를 붙여 두면 될텐데! 교통수단도 달라질 것이다. 은행, 오락, 요리 방법, 어떤 일을 하는데 소모되는 시간 등등, 모든 것이 변하고 달라질 것이다. 의료체계, 스포츠, 음악, TV프로그램, 운전 습관, 의사 소통, 심지어는 맛있는 피자에 대한 정보까지도 다 달라질 것이다. 어디 그뿐인가! 공휴일과 직장도 달라지고, 공장 설비와 기술도 다르며, 책임소재도 다를 것이다. 리더십의 스타일, 재무관리, 갈등해소의 방법, 기대치, 그리고 하나의 유기체와 같은 교회나 기업을 활성화시키는 수단과 방법도 서로 다를 것이다.

이런 상황에서 여러분이라면 어떻게 행동 하겠는가?

- 모든 변화들, 즉, 새로운 것들과 달라진 것들 사이에 절충이 필요하다. 이러한 변화가 서로 다른 지역 안에서 일어나지 않고 서로 다른 나라 사이에서 일어난다면 더 많은 노력이 필요할 것이다. 오래 동안 참아야 한다. 지금은 무엇이 무엇인지 도무지 이해가 되지 않고 상식적이지도 않은 것처럼 보이지만, 언젠가는 이해가 되고 새로운 삶의 방식으로 수용하고 받아들이게 될 것이다.

- 다시 한번 기억하자. 그것들이 서로 다를 뿐이지 틀린 것은 아니라는 사실을……. 그러므로 여러분은 새로운 방법을 배우게 될 것이고 그것에 곧 익숙해 질 것이다. 다시 한번 조용히 스스로에게 말해 보자. 틀린 것은 아니야, 서로 다를 뿐이지.

- 잠시 여러분 자신만의 시간을 가져라. 어색한 느낌은 점차 사라지고 결국 그렇게 거북하게 느껴지던 일들이 없어질 것이다.

- 좀 더 넓은 아량과 관대함을 여러분 스스로에게 보여주라. 절충의 과

정은 감정적으로 힘든 시간이다. 그러므로 더 많은 휴식이 필요하다. 여유로운 쉼과 무엇인가 특별한 이벤트를 여러분 자신을 위해서 준비해 두라.

육체적인 건강. 수도꼭지에서 나오는 물을 그냥 마실 수 있을까? 어떤 음식은 먹을 수 있고 어떤 음식은 먹어서는 안 되는가? 어떤 의료혜택을 받을 수 있는가? 거리에서 파는 음식을 안심하고 먹을 수 있는가? 그렇다면 식당에서 만드는 음식은 안심할 수 있나? 현지인들이 집에서 만든 음식은 어떤가?

이런 상황에서 여러분이라면 어떻게 행동 하겠는가?

- 주위를 둘러보라. 모두 똑 바로 서서 걷고 있지 않은가? 그들처럼 여러분도 그렇게 살아갈 수 있을 것이다.
- 여러분과 비슷한 인물들과 만나보라. 그들이 어떻게 육신의 건강을 유지하는지를 알아 보라.
- 바보처럼 음식을 가리지 말고 무엇이나 맛있게 먹어라. 세균이 우리 몸에 침투할 수도 있고 하루나 이틀은 고생할 수도 있겠지만 좋은 약으로 곧 퇴치할 수 있다. 너무 염려하지 말라.
- 여러분은 능히 이길 수 있다. 만약 적절한 예방조치를 하지 않는다면, 기생충이나 박테리아 균이 몸에 들어와 하루에 몇 번이고 화장실을 드나들게 만들 것이다. 이렇게 하찮은 미생물들이 사람들보다 똑똑할 때도 있다는 사실을 기억하라.

나는 항상 일회용 물수건을 가지고 다닌다. 손을 씻어야 하지만 물과 비누가 없는 상황을 대비해서 미리 준비하는 것이다. 다시 한번 상기하는 의미에서, 새로운 나라로 여행하기 전에 반드시 그 나라에서 여러분 자신을 보호하기 위해서 필요한 모든 예방접종을 해야 한다는 점을 잊지 말고 기억하라. 아프거든 즉시 병원을 찾아가라. 질병의 조기 진단은 어떤 병이든지 조기에 퇴치할 수 있게 해 준다. 이것은 세계 어디에서나 통하는 진리이다. 뿐만 아니라, 구토나 설사에는 탈수가 되지 않도록 수액을 가지고 다니는 것이 현명하다. 이런 약품들은 가까운 약국에서 적은 돈으로도 구할 수 있을 것이다.

나의 아들들은 모두 남아프리카 공화국에서 태어났다. 우리가 미국으로 돌아왔을 때 빈번하게 아팠고 자주 감기에 걸렸으며, 편도선염, 눈의 충혈 등, 크고 작은 문제들을 많이 겪었다. 우리는 미국이 세계 어느 곳보다 깨끗하고 안전하고 환경이 좋을 것이라고 생각하지만 우리 아들들에게는 아니었다. 그 아이들은 남아공화국에 있는 동안에는 여러 가지 질병들에 대한 면역이 자연스럽게 생겼지만 미국 대륙에 있는 세균들에 대한 면역은 전혀 생기지 않았던 것이다. 병균이나 세균은 어디에나 있으며 우리의 육체가 거기에 적응하기까지는 일정한 시간이 필요하다는 사실을 명심하라.

문화의 변화를 경험한다는 것은 인생에서 중요한 모험이다. 거기에는 돌풍과 장애물이 있다. 그리고 현실적이 되기 위해서 참고 기다리는 일이 대단히 중요하다. 이것은 시작에 불과하다. 문화 충격이란 실제적인 문제이지만 사람마다 겪는 정도는 각각 다르고 다양하다. 그리고 사람마다 반응하는 모습도 다르게 나타난다. 어떤 사람은 심각하게 아파하지만 어떤 사람은 대수롭지 않게 넘어간다. 이런 일을 당할 때 자신감을 가지고 용감하게 대처하기 바란다. 다른 사람과 비교하지 말라. 관계를 증진하며

열심히 일하고 문화를 이해하기 위해서 노력하되, 다른 사람을 비난하고
비판하는 행동을 삼가야 할 것이다. 하나님께서는 여러분을 새로운 환경
으로 인도해 주시고 거기에서 여러분과 함께 있겠노라고 약속해 주셨다.
하나님께서는 결단코 여러분을 버리지도 아니하시며 포기하지도 않으시
는 분이시다.

토론을 위한 질문들

1. 다른 문화권에서의 삶에 두려움이 있는가? 이런 두려움을 없애버리기
   위해서 여러분이 가져야 하는 첫 단계는 무엇이며 이를 위해서 여러분
   은 무엇을 준비해야 할까?

2. 여러분의 조국에서도 문화 충격을 경험한 적이 있었는가? 그때 나타났
   던 증상들은 무엇이며 어떻게 극복했는가?

3. 실제적으로 문화 충격을 겪었을 때 어떻게 하나님을 의지할 수 있었는
   가?

4. 여러분이 새로운 문화로 나아갈 때 어떤 자료들이 여러분에게 유익이
   되었는가?

6

기대치 맞추기

사람은 누구나 다른 문화에서의 삶을 기대한다. 무서운 악어는 우리 주머니 속이나 어깨 위에서 우리에게 보이지 않는 모습으로 숨어 있는 경우가 허다하다. 우리는 어떤 기대를 가지고 있다는 사실조차 잊고 살지만, 가끔 그 기대치는 가당치도 않은 때에 가당치도 않는 모습으로 음모를 꾸미고 우리를 무너뜨린다.

한번 생각해 보자. 사실상 곰곰히 살펴보면 우리가 겪는 모든 좌절과 절망감은 우리의 기대가 이루어지지 않았을 때 일어난 일들이었고, 우리의 기대가 상처받았을 때 나타난 결과들이 아니었던가! 우리가 기대한 일은 이런 방향이었는데 결과는 저렇게 나타났을 때, 우리는 실망하고 좌절에 빠지지 않았던가 말이다.

이 장에서는 우리의 감추어진 기대들을 발견하도록 도와 주고 보다 현실적으로 그것들을 발견하도록 격려해 주며, 어떤 기대하지 않은 결과가 나타날 때 그 결과에 순응하는 지혜를 제공해 줄 것이다.

✿ 기대치가 우리를 괴롭힐 수 있다

한 남자와 한 여자가 데이트를 하고 있다. 한 사람은 결혼에 이르는 관계를 원하고 다른 한 사람은 어떻게 하면 이 만남을 깨뜨려 버릴 수 있을까를 궁리하고 있다고 가정해 보자. 고용된 일꾼은 이제 곧 자기가 승진할 것이라고 굳게 믿고 있는데 해고통지서가 날아왔다. 아주 깊은 비밀을 아무도 모르게 가장 절친한 친구 한 사람에게만 이야기 했는데 그 비밀이 곧바로 모든 사람들에게 공개되고 말았다면, 여러분은 크게 당황할 것이며 깊은 우정은 종말을 고하고 말 것이다.

여기에 가장 보편적인 진리가 숨어 있지 않은가? 모든 이유는 망가진 기대들 때문이다. 충족되지 않는 기대는 황폐해지고 마는 법이다. 그러나 현실적이고 실현 가능한 기대는 뼈저린 좌절과 문제들로부터 우리를 지켜주고 보호해 준다. 여전히 거기에도 의외의 일과 놀라게 하는 사건들이 있을 수 있지만, 그럼에도 불구하고 절망스러운 일은 없을 것이다.

우리는 매일매일 어떤 기대를 가지고 살아간다. 그 기대들이 충족되지 않을 때 우리는 성숙한 반응을 보이기도 하지만, 어떤 때는 아주 어색하고 미성숙한 반응을 보이기도 한다. 미성숙한 반응들로는 화를 내거나 분노를 퍼붓는 일, 비난, 책임 전가, 소극적인 모습, 공포, 집착, 짜증을 폭발하는 일 등이 있다. 우리는 이런 모든 반응들에 대해서 잘 알고 있다. 사실 나야말로 바로 이런 반응들을 자주 보였던 사람이다. 나는 이런 일들 때문에 죄책감을 가지고 있다. 기대가 미치지 못했을 때 성숙한 반응을 보이며 자신을 조절하지 못한 적이 한두 번이 아니다.

❀ 여러분의 기대를 발견하라

우리의 잠재의식 속에 숨어있는 기대치들을 찾아내는 것이 중요하다. 먼저 감추어진 무의식의 기대들을 의식의 수준으로 끌어내서 밝히면, 그 기대들은 우리 소유가 되고 우리는 그 기대들을 통제할 수 있게 될 것이다. 그렇게 되면 기대들이 부정적으로 작용하거나 의사소통을 단절하고 억압된 관계를 만드는 원인들을 감소시킬 수 있게 된다. 우리 자신들의 문화에서 새로운 다른 문화로 들어갈 때 필요한 모험들을 우리가 예견 할 수 있다.

다음의 표 6.1에서 그 항목들을 생각해 보라. 이 도표에 나와 있는 여러 기대들을 채워보라. 예를 들자면, 현실을 기록하는 칸에는 여러분이 알고 있는 가장 정확한 현실과 상황을 적어 보라. 그저 막연하게 기대하는 생각이나 판에 박힌 대답을 적지 말고 구체적으로 적어야 한다. 그것을 가장 잘 아는 사람에게 묻기도 하고, 좋은 자료가 될 만한 책이나 내셔날 지오그라피와 같은 잡지도 이용하고, 다큐먼터리 영화, 역사 소설, 웹 사이트도 적극 이용하여 대답을 찾아 보라.

신문은 좋은 자료가 되기도 하지만 때로는 그렇지 않을 수도 있다. 신문의 속성은 시사적이기는 하지만 부정적인 뉴스를 많이 다루는 경향이 있다. 그래서 한 지역에서 일어난 지엽적인 사건을 마치 그 나라 전체의 이야기처럼 보편화 하는 실수를 범하기도 한다. 이렇게 되면 한 나라 전체에 부정적인 이미지를 가지게 할 수도 있다. 지나치게 걱정만 하지 말고 편안한 마음으로 대답을 찾아보기 바란다.

먼저 '나의 기대들' 이라는 칸을 채워보자. 이제 여러분이 준비한 정보들과 조사한 것들을 총동원하여 현실의 난을 채워보라. 새로운 문화권에 들어가게 되면 현실의 난에 이미 여러분이 적었던 것들을 기억하고 거기에 적용하게 될 것이다.

이미 여러분이 짐작하는 대로 우리는 많은 기대들을 생각해 보았다. 그리고 다른 문화에 들어가서 현실적으로 적응한다는 것이 그렇게 쉬운 일이 아니라는 사실도 알게 되었다. 여러분의 기대와 현실 사이에 간격이 넓으면 넓을수록, 여러분은 더 많은 실망과 좌절을 경험하게 될 것이다. 그러나 지금 하고 있는 이런 노력과 이 책의 여러 곳에서 얻게 되는 지혜를 가지고 그 간격들을 줄인다면 여러분은 점점 긍정적인 경험들을 하게 될 것이다. 그리고 그곳에 대해서도 좋은 인상을 갖게 될 것이고 하나님 나라를 위해서도 좋은 영향력을 행사하게 될 것이다.

마지막으로, 우리들의 유일하고 가장 중요한 목적은 문화가 다른 곳에 들어가서 그들에게 예수 그리스도를 증거한다는 사실이다. 우리가 비현실적인 문제들을 가지고 아옹다옹하며 시간을 허비하지 않는다면 그리스도를 전하는 일은 더욱 순조롭고 보람될 것이다.

하나님께서는 이미 세계 도처에 선하고 아름다운 수 많은 그리스도의 제자들을 예비해 두셨으며 그 사람들도 우리와 동일한 목적을 가지고 선을 추구하며 살아가고 있다는 사실을 기억하자. 그들은 우리에게도 그리스도를 증거하며 자기들이 속한 공동체 안에서 그 사명을 감당하고 있는 참으로 귀한 사람들이다. 조금만 노력하면 우리는 그 사람들과 손에 손을 맞잡고 일할 수 있으니 얼마나 놀라운 축복인가!

❀ 깨어진 기대들

기대들이 산산히 깨어졌을 때 우리는 어떻게 처신할 수 있을까? 살다

표 6.1 기대치와 현실

항 목	나의 기대들	현실 (최선을 다해서 아는 대로)
외국인에 대한 현지인들의 느낌		
나의 삶의 환경		
음식		
나의/우리의 일		
개인의 건강과 위생		
소음/소리/침묵		
현지인들과의 관계		
여행/교통수단		
언어		
사람들의 시간관념		
예배 : 시작 시간		
복장/의상		
예배 의식		
전체 시간		
예배 음악		
기도		
설교		
운동/오락		
휴가		
기후		
기온		
강수량		

보면 반드시 그런 경험을 하게 될 것이고 그런 경우를 만나게 될 때가 있을 것이다. 그러므로 미리 이런 것들을 예비하고 준비하는 일은 중요하다.

문제. 우리가 남아공화국에 도착한지 얼마 되지도 않았을 때, 나는 아주 실망스럽고 혼란스러운 상황을 만나게 되었다. 선교사 자녀들 여섯은 모두 사춘기 청소년기의 아이들이었고 거기에 아직 기저귀를 차고 있는 우리 아들이 하나 더 더해졌다. 그래서 가사를 돕고 아이들을 돌보아 줄 유니스라는 자매가 우리와 힘께 지내게 되었다.[1]

유니스는 신실한 사람이었고 그녀가 우리와 함께 산다는 것이 우리에게는 축복이었다. 하루는 우리가 식탁에 둘러 앉아 있었는데 부엌에서 접시가 깨어지는 소리가 들렸다. 나는 "유니스, 접시를 깼니?"하고 물었다. 그렇게 묻는 내 목소리는 위압적이거나 책임을 추궁하려는 억양이 전혀 아니었다. 그저 우리 모두가 들은 그 소리에 대해서 무슨 일이 일어났는지 확인하려는 정도의 생각이었을 뿐이었다. 거기에 대해서 유니스는 "아니요, 접시가 내 손에서 떨어져 나갔고, 결국에는 죽어버렸네요." 라고 대답하는 것이었다. 그녀의 대답은 참으로 이상했고 전혀 내가 기대하던 대답이 아니었다.

나는 내가 기대하던 대답이 나오기를 기대했는데 지금 내가 들은 대답은 전혀 그런 기대와는 다른, 마치 다른 세계의 말처럼 들렸다. 다시 말하자면, 그녀의 대답은 변명처럼 들렸던 것이다. 나는 갑자기 이 문제로 가슴이 답답해짐을 느꼈다. 그리고 그 대답을 곱씹으며 생각했다. 저 자매의 대답은 정상적인 대답이 아니야. 그걸 보면 분명히 유니스는 정상인이 아니야. 무엇이 저 애를 저렇게 만들었지? 저 애는 자기가 저지른 일에 대해서 책임을 지려고 하지 않는 것이 분명해!

문제의 분석. 이 이야기를 계속하기 전에 그 동안 일어난 일에 대해서 한 번 분석해 보자.

첫째, 내가 답답해하고 실망했을 때 나는 부정적인 반응을 보였다. 그 상황을 이해하기 보다는 먼저 부정적인 반응으로 상대방을 판단했다. 이에 대해서 유니스는 당연히 책임을 받아들이기 싫었던 것이다. 내가 얼마나 자주 이런 실수를 범했던가!

둘째, 나는 이 부정적인 반응으로 문제를 내가 아닌 다른 사람에게 전가하려고 하였다.

셋째, 문제가 다른 사람에게 있다면 우리는 그 문제를 판단하고 비판하는데 자유로울 것이라고 생각한다. 이 말은 그녀에게는 분명히 바꾸어야 할 것이 있고, 나는 그녀의 변화를 도와 주어야 하는 위치에 있는 사람이라는 생각으로 귀착된다는 말이다.

마지막으로, 이런 방식의 사고는 또 다른 모습으로 나타나는데, 일반적으로 식민주의, 제국주의, 가부장적, 그리고 신식민주의라고 불리는 방식들이 바로 이런 유형들이다.

나는 다시 한번 유니스에게 자기의 잘못을 수용하는 기회를 주기로 마음 먹었고, 그렇게 되면 모든 것을 잊어 버리기로 결심을 했다. 그래서 나는 더욱 밝은 음성으로 "유니스야, 네 말은 네가 접시를 깼다는 말이지?" 하고 다정하게 물었다.

그러나 유니스는 단호하게 "아니요! 접시가 내 손에서 빠져 나갔고, 죽어버렸단 말이예요!"라고 큰 소리로 대답하는 것이었다. 유니스는 자기가 저지른 일을 조금도 시인하지 않았다. 나는 "접시가 내 손에서 빠져나갔다"는 말이 무슨 뜻인지 그리고 "접시가 죽었다"는 말은 또 무슨 의미인지 도무지 이해 할 수가 없었다.

그날의 결론은 이렇게 끝났다. 유니스는 자기 잘못을 받아들일 줄 모르고 도무지 자기 행동에 책임을 질 줄 모르는 아이다. 저 아이에게는 책임감이라고는 하나도 없다. 이것이 그날 나의 결론이었다. 그래서 이제 유니스는 전혀 신뢰할 수 없는 아이이기 때문에 우리가 더욱 조심해서 지켜보아야 하고 저 아이를 잘 다스려야 한다고 생각하기에 이르렀다. 이런 나의 답답함과 실망은 더욱 부정적인 결론으로 확장되어 갔고, 급기야는 유니스의 어떤 행동도 이해해 주려고 하지 않았다.

내가 기대하지도 않았고 이해하지도 못할 일이 일어났다면, 나는 그것이 분명히 나쁜 일일 것이라고 짐작하고 부정적인 반응을 먼저 보이게 된다. 내가 하는 모든 일들도 '사실들' 그 자체에 근거한다고 믿었다. 나는 때때로 선명하지 않은 것이 있으면, 의심과 불신의 나선형을 점점 좁혀 내려가면서 결국 만나게 되는 사건의 핵심인 '사실들'을 판단의 기준으로 삼았다. 그러나 이제는 새로운 행동 철학이 생겼으니, 유니스를 더욱 가까이서 관찰하는 것이었다.

나에게도 문제가 있었는데, 그것은 다른 사람의 입장에서 사실을 보지 않고 내 입장에서만 너무나 분명하게 판단을 해버린다는 점이었다. 모든 일이 내 방식이 아니면 무조건 틀렸다고 생각했던 것이다. 나는 애매모호한 태도를 싫어했고 혼란스러움을 참지 못해 했다. 나는 모든 것이 명확하기를 원하는 사람이었고 즉시 정답이 나오기를 기대하는 사람이었다. 그래서 나는 빈칸을 남겨 두고 시간을 끄는 것을 싫어했고 항상 즉각적인 결론을 듣기를 원했다.

내가 이런 판단 기준을 가지고 살아오는 동안 나를 혼란스럽게 만드는 사람들에게는 대부분 부정적인 점수를 줄 수밖에 없었다. 그리고 다른 사람들에게만 문제가 있다고 생각하였고 나는 항상 옳고 내게는 문제가 없는 것처럼 보였다. 다른 사람들이 나와 같지 않다는 사실을 발견하면 나는 자연스럽게 그 사람들이 틀렸다고 생각하곤 했다. 여러분도 나와 비슷하게 이렇게 남들을 판단하며 살아 왔던 적이 있지 않았던가? 그러나 너무 당황스러워 하지 말라. 이런 경우가 있었음을 정직하게 시인하는 데에 바로 문제 해결의 가장 좋은 출발점이 있기 때문이다.

그러면 당신은 정상인가? 이 질문에 잠시 집중해 보자. 여러분은 정말 여러분 자신이 정상이라고 생각하는가? 많은 사람들은 이 질문에 어떻게 대답을 해야 할지 곤란해 하는 것을 안다. 그래서 이런 질문에는 직접적인 대답을 하지 않고 피하려고 하는 사람이 많다. 깊이 생각해 보라. 대부분 우리들은 스스로를 정상이라고 생각할 것이다. 그리고 상당 부분 그런 생각은 맞을지도 모른다. 여러분이 정상이라고 믿는 것까지는 좋다. 그러나 어떤 경우는 스스로를 정상이라고 믿고 있는데 사실은 대단히 위험할 정도로 비정상인 사람이 있다는 사실이다. 그러나 그런 경우는 대단히 적은 소수이기 때문에 여기서는 다루지 않기로 한다. 아무튼 우리는 대부분 정상인이고 스스로도 자신들을 정상이라고 믿으며 산다. 우리가 정상이라고 믿는 것은 전혀 문제가 아니다. 문제는 사실 다른 곳에 있다.

우리도 모르는 사이에 범하게 되는 문제의 좋은 실례들이 있다. 가장 흔한 문제는 우리가 정상이라고 믿고 확신할 때, 치명적인 과오를 범하게 된다는 사실이다. 즉, 우리가 생각하기를 우리는 어떤 기준으로든지 그리고 어떤 사람이 판단하더라도 당연히 정상일 것이라고 생각하는 태도는 큰 착각일 수 있다. 우리에게 피해를 주는 어떤 일을 만나면, 우리는 수치를 무릅 쓰고 "저것들은 나와 달라. 저것들은 모두 잘못되었고 받아들일 수 없단 말이야!"라고 소리지른다. 이런 일들은 살아가는 동안 너무나 빈번하게 일어난다. 우리가 새로운 문화권에 들어가서 일하기 전에 최선을 다해서 이러한 기대들을 조절하고 현실과 기대 사이에 조화를 이루는 일을 준비한다면, 우리 자신에게 아주 많은 유익이 될 것이다. 우리가 정상이라고 떠벌리기보다는 더욱 조심스럽게 말하는 훈련을 하는 자세가 중요하다. 그리고 어떤 사람이 또는 어떤 사물이 정상인지 아닌지를 판단하는 데는 여러 가지 기준들이 있다는 점을 인정하게 되면 우리에게 많은 도움이 될 것이다. 그러므로 어떤 행동이 정상인지를 판단할 때, 비록 그것이 내가 생각하는 방식이 아니라 할지라도 나의 기대를 내가 처해 있는 상황에 맞추면 좀 더 쉽게 받아들일 수 있다. 그래서 "저건 내 방식이 아니고 틀려먹었어, 영 엉터리야."라고 말하기 보다는, 이제는 이렇게 말해본다면 어떨까? "아, 내 생각과는 다르군요, 나는 이해하기가 쉽지 않네요. 그러나 그게 당신 생각이라면, 나는 당신의 생각과 방식도 수용하겠습니다."

성서에 비추어 보면 완전히 틀린 것들도 있을 수 있다. 어떤 행동들은 이성적으로 도저히 받아들일 수 없는 경우들도 허다하다. "결국 문화적인 차이임으로 받아들여야 해." 라고 단순히 말 할 수 없는 심각한 일들도 경험하게 될 것이다. 만약 하나님께서 틀렸다고 말씀하신다면 그것은 틀린 게 분명하다. 그러나 다른 문화권에서 여러분이 만나게 될 대부분의 경험들은 옳음/틀림이라는 도식으로 대답하기보다는 문화적 차이와 다름이라는 차원으로 접근해야 하는 경우가 더 많다.

나는 참으로 다양한 세상을 만들어 오묘하게 운영하시는 하나님께 무한한 영광과 찬양을 올려드린다. 그리고 창조주 하나님의 성품을 닮아가려고 노력하는 피조물들에게도 심심한 경의를 표하는 바이다. 그러나 하나님께서 판단하시는 죄의 문제를 문화의 차이라고 말해 버리는 일은 절대로 있을 수 없는 일이다. 하나님이 죄라고 하신 그것은 우리 문화이든 다른 문화이든 구분이 없이 동일하게 심판을 받을 것이다.

⊛ 깨어진 기대들을 다루는 방법

유니스의 이야기로 돌아가 보자. 어떻게 결론이 났을까? 결국 모든 일은 내가 유니스에게 나와 같은 생각을 해 주기를 바라는 기대에서 시작된 일이었다. 그때까지 나는 사람이라면 모두 나와 같은 반응을 보여야 한다고 생각했었다. 내가 중요한 한 선을 넘는 성숙을 경험했어야 하는데, 그 선은 바로 나는 정상이라는 것이었고, 그러한 내 기준에 다른 사람들이 맞추어야 한다고 믿던 교만이었다. 내가 기준이기 때문에 그리고 너는 나와 다르기 때문에 틀렸고, 그렇기 때문에 나는 너를 판단할 수 있다는 생각이 바로 문제였다. 유니스가 나의 기대를 충족시키지 못했음으로 유니스는 틀렸고 나는 그녀를 비정상이라고 판단했다는 말이다. 나의 이런 판단은 그녀에 대한 여러 가지 부정적인 결론을 동반하도록 자극했다.

그때까지 내가 미처 깨닫지 못했던 또 다른 문제가 있었는데, 그것은 이런 판단들은 연속적으로 그리고 무의식적으로 반복되어 일어난다는 사실이었다. 나는 내가 했던 일에 대해서 알지도 못했고 그 일어난 일들을 나름대로 분석하지도 않았으므로, 그 일어난 일들에 대해서도 그리고 그 일들이 미칠 영향에 대해서도 깊이 생각하지 않았던 것이다. 나는 대단히 위험한 자리에 서 있었으면서도 그 사실 조차도 알지 못하고 있었다는 말이다. 어떻게 하면 이런 어리석은 실수들을 피할 수 있을까? 다음의 세 가지 단계가 우리를 그런 당혹스러움과 피해망상에서 구출해 줄 것이다.

멈춤. 우리가 여전히 화가 나고 실망과 좌절이 가득할 때 할 수 있는 한 가지는 멈추는 일이다! 일단 잠시 멈추는 것이 가장 먼저 할 일이다. 모든 일을 신속하게 처리하기를 좋아하는 서구인들에게는 멈추는 일이란 결코 쉽지 않다. 먼저 일어난 일을 생각하라. 자신의 느낌을 생각하고 그 느낌이 우리의 대뇌에 보내는 메시지를 도표로 그려보라. 우리의 마음에서 전달되는 부정적인 생각들을 체크하는 일은 가장 위대한 시작이다. 우리가 하고 싶은 말과 행동에 확신이 없다면 먼저 아무 말도 내 뱉지 말고 아무 행동도 하지 말라. 그 대신에 누군가가 그 상황을 이끌어 가도록 그 자리를 내어주고 여러분이 절대로 먼저 나서지 말며, 그런 상황이 지나가도록 잠시 그냥 내버려 두라.

판단 보류. 다른 문화와 만나게 될 때 판단을 유보하고 기다릴 수 있는 능력은 중요한 두 번째 단계이다.[2] 그러나 우리가 판단을 보류하기 전에 우리는 스스로가 지금 막 판단하고 싶어한다는 사실, 특히 부정적인 판단을 하려고 한다는 사실을 알고 있어야 한다. 이런 사실을 인지하고 있는 것은 우리의 생각을 스스로 되돌아 보고 있다는 증거이다. 우리의 부정적인 생각이 나쁜 영향을 끼치기 전에 그것들을 단단히 붙잡아 두라.
우리에게는 이런 훈련이 필요하고 이런 일은 미리 준비되고 조절되어야 한다. 노력하면 할수록 우리는 행복해 질 수 있을 것이고 그 가운데서 다른 사람들이 알지 못하는 즐거움과 환희도 발견하게 될 것이다. 판단을 보류할 수 있는 능력은 인생을 풍부하게 만드는 기술과 같아서 인간 관계도 발전시켜 줄 것이다. 더욱 중요한 점은, 이런 일을 통하여 그리스도가 높임을 받으신다는 사실이다.
　이렇게 판단을 유보하는 능력은 우리가 다른 문화와 접하게 될 때 더욱 중요하다. 이 말은 우리로 하여금 생소한 상황과 사건들을 만나게 될 때 왜 일들이 그렇게 되어가는지, 그리고 왜 사람들이 그런 방식으로 생각하고 표현하는지를 더 넓게 이해하게 해 주는데 도움이 된다는 말이다. 유니스와의 관계에서 나는 그녀의 반응을 듣는 자세에서 떠나 곧 바로 그녀를 판단하는 자세로 옮겨갔던 잘못을 범하였다. 나는 주저하지 않고 내 스스로 상황을 해석하고 다른 사람을 판단하는데 익숙해져 있었다. 그리고 그런 결론 이외에는 다른 길이 없다고 못박아 버렸던 것이다.

판단의 유보란 어떤 경우에도 절대로 판단을 하지 말라는 뜻이 아니다. 아직 확신이 서지 않고 혼란스러울 때는 바로 판단하는 것을 멈추고 잠시 기다릴 필요가 있다는 말이다. 왜냐하면 아직까지는 상황이 정확하지 않고 분명하게 밝혀지지 않은 상태, 즉, 무엇인가 확연하지 않은 것이 있음으로 잘못된 판단을 할 수도 있기 때문이다.

판단 보류는 우리의 마음을 열어두고 보다 정확한 정보를 더 많이 찾아보아야겠다는 입장이며 보다 올바른 이해를 기다리는 자세이다. 우리가 머리 속으로 어떤 일을 미리 판단해 버리면, 새로운 정보나 지식에 대해서 마음의 문이 닫혀 버리고 이해하는 일을 중단해 버리게 된다. 그러므로 부정적인 결론이 사실로 둔갑하고 그것이 기정사실이 되어 사태는 악화일로로 치닫게 될 것이다.

왜? 라고 물어라. 나는 유니스가 그렇게 대답 했을 때, 왜 그렇게 말할까라는 점을 한번도 생각하지 않았다. 보다 솔직하게 말하라면, 나는 유니스의 대답을 부정적으로 해석하고 판단했다. 다른 모든 과정을 생략하고 먼저 결론을 내렸고 그녀를 판단해 버리는 것이 가장 쉽고 시간을 절약하는 방법이었다. 여기서 왜? 라고 묻는 세 번째 단계는 우리들로 하여금 문화가 다른 나라에 나그네로 들어 갔을 때, 그들을 더욱 올바르게 이해할 수 있게 해 주는 장치이다.

나는 거듭해서 왜? 라는 질문들의 중요함을 깨닫게 되었다. 이 질문들은 정말로 위대하고 우리의 마음과 눈을 열어 새로운 사실들을 보게 해 준다. 시간이 한참 지나고 나서야 나는 유니스를 조금 더 이해할 수 있게 되었다. 유니스의 부족 언어인 줄루어를 사용하는 사람들은 일상생활에서 수동태를 더 빈번하게 사용하고, 평서문에서도 수동태를 마치 우리가 능동태를 사용하듯이 사용한다는 사실을 깨닫게 되었다. 유니스는 자기 부족어를 밀하는 방식으로 영어를 표현했던 것이다.

"유니스, 네가 접시를 깼니 [능동사]?"

"접시가 내 손에서 빠져 나가버렸어요. [수동사] 접시가 죽었어요 [서술형 동사]."

점점 더 많은 연구를 하면서 나는 세계의 여러 언어들 중에는 능동태를 사용하는 경우가 많지 않다는 사실을 깨닫게 되었다. 능동태를 사용하면 말하는 사람이 의도적으로, 고의로 그 일을 했다는 뜻으로 해석되기 때문이다. 그래서 유니스가 "예, 제가 접시를 깼어요"라고 대답하는 것은 "예, 제가 고의로 접시를 깨버렸어요" 혹은 "예, 제가 접시를 깨고 싶어서 깼어요"라는 뜻이 되기 때문에, 유니스는 그런 의도가 아니었음을 강조해서 표현하고 싶었던 것이다. 그래서 유니스는 끝까지 피동사와 서술형 동사를 사용하여 자기가 의도적으로 접시를 깨지 않았고 실수로 깨졌다는 사실을 말하려고 했던 것이었다. 나는 이제 그녀의 의도를 확실히 알게 되었다. 그녀가 그렇게 표현한 의도를…… !

나는 솔직하게 고백하지 않을 수 없다. 이제서야 그녀의 의도를 알았다는 이 사실을! 성급하게 판단해 버리고 부정적으로 결론을 내리고 사람을 의심하는 것은 이해와 신뢰를 바탕으로 하는 아름다운 인간관계에서 누리는 기쁨을 빼앗는다는 점에서 참으로 부끄러운 일이었다. 내가 올바른 판단을 하지 못했으므로 얼마나 유니스를 왜곡하고 오해했던가! 내 생각을 잠시 멈추고 판단을 조금만 더 유보했더라면 그렇게 부정적인 결론을 내리는 어리석음을 범하지는 않아도 되었을 것이다. 왜? 라는 질문을 던짐으로써 더 넓은 마음으로 이해를 할 수 있었을 것이다.

아무튼 내가 이렇게 유니스의 이야기를 장황하게 설명하는 것이 이상하지 않은가? 나는 그 일을 통하여 인생이란 바로 이런 것이라고 생각하게 되었다. 이해는 혼란스러움 가운데서 해답이 찾아질 때까지, 오래 동안 참고 인내하며 기다리는 시간을 통해서 얻는 소득이다. 최근에 나는 유니스의 이야기를 나미비아 – 아프리카 대륙 남서쪽에 있는 나라 – 에서 일하는 선교사들의 모임에서 들려주었던 적이 있다. 그때 한 선교사가 자기도 비슷한 경험이 있었다고 고백하였다. 얼마 전 자기 남편이 세상을 떠났는데, 남편이 죽었다는 것을 나미비아 사람들에게 말하지 못했다고 한다. 왜냐하면 능동사를 사용해서 자기 남편이 죽었다고 말하면 "자기가 남편이 죽기를 바랐다"는 뜻이 되어 버리기 때문이라고 설명해 주었다. 그래서 그 아내는 어떻게 말했을까? 대부분 그런 상황에 있는 사람들은 아무 말도 하지 않든지, 아니면 "그저 우리가 기도합니다" 라고 말하곤 한다.

다른 문화권에 들어 간다는 말은 신나고 즐거운 일이기도 하지만, 이런 측면들 때문에 두려운 일이 되기도 하다. 우리의 기대를 확인하는 일, 그리고 그 기대들이 성취되지 않았을 때 그 기대들을 잘 조절하는 일은 중요하고 꼭 필요하다. 긍정적으로 보면 새로운 사실을 배우는 즐거움과 생산적인 경험이 될 수도 있지만 반대로 생각하면 이빨을 깨물고 고통을 참아야 하는 인고의 시간이 될 수도 있다.

토론을 위한 질문들

1. 여러분의 기대가 이루어지지 않았던 때를 기억할 수 있는가? 그때 여러분은 어떻게 반응했나? 지금 그것을 생각하면 어떤 느낌인가?

2. 표 6.1의 기대지 조절 훈련을 통해서 여러분은 무엇을 배웠는가? 어떤 점이 가장 놀라운가?

3. 여러분은 자신이 정상이라고 생각하는가? 어떤 점에서 여러분은 다른 사람들이 여러분과 같아지기를 바라는가? 또 어떤 점에서 각각의 사람들이 다를 수 있다는 사실을 인정하는가? 어떤 지침을 성서에서 발견할 수 있는가?

4. 다른 문화권에 들어간다면 어떤 점이 여러분에게 가장 적응하기 어려운 일일까? 그런 것들을 예방하기 위해서 우리가 지금 취할 수 있는 조치들이 있다면 어떤 것들이 있을까?

7
네모난 머리와 둥근 머리

인간이 존재하기 이전에 다양성은 하나님의 성품인 삼위일체 안에서 이미 존재하고 있었다. 하나님은 여러 모습으로 자신을 계시해 보이셨다. 삼위(三位)의 모습으로 자신을 나타내셨으며 하나님께서 천지를 창조하실 때 이미 그 다양성을 보여주셨다는 사실은 놀라운 일이다. 처음부터 인간들 역시 다양한 모습으로 시작되었다. 남자와 여자로 말이다. 하나님께서는 분명히 서로 다른 다양성을 선호하시는 분이시다. 하나님께서는 모든 것들을 각각 다르게 창조하셨다. 그러나 우리 인간들은 처음부터 다양성을 수용하고 좋아하기 보다는 서로 똑 같아지는 쪽을 더 원했던 것 같다. 서로 다르다는 사실이 우리를 불편하게 만든다고 생각했으며 서로 다른 점들을 어떻게 대해야 할지도 우리는 몰랐던 것이다.

다른 문화권에 들어간다는 말은 매일매일 서로 다른 사람들을 만나고 경험해야 하는 일이다. 다른 문화권에 들어가서도 편안함을 느끼려면 다름을 인정하는 훈련을 꾸준히 하는 길 밖에 없다. 문화가 다른 곳에서 행복과 기쁨을 누리려면 서로 다른 점들을 축하하는 방법을 배우는 길 뿐이다. 여기서는 이런 점들을 좀 더 구체적으로 생각해 보려고 한다.

❀ 새로운 경기

여러분이 아주 훌륭한 운동 선수라고 가정해 보자. 여러분은 이름을 날리는 유명한 선수이고 그 종목은 야구이며, 여러분은 야구를 참으로 좋아하고 즐긴다. 어느 날, 다른 마을의 사람들이 여러분에게 찾아와 친선 경기를 갖자고 초대했다. 그들이 하는 경기도 얼른 보기에 야구와 비슷했기 때문에 여러분은 친선경기를 갖기로 흔쾌히 동의했다. 그러나 그 경기는 크래킷이었다.

크래킷은 야구와 비슷해 보이지만 전혀 다른 경기 운영 방법과 다른 기술을 요하는 경기이다. 공과 방망이를 사용한다는 점에서는 비슷하지만 전혀 다른 게임의 룰이 적용된다. 그래서 여러분은 크래킷을 배워보려고 노력했으나 번번히 좌절만 겪어야 했다. 열심히 한다고 쉽게 되는 것이 아니었다. 어떤 때는 이 새로운 종목을 배우느니 차리라 포기해 버리고 싶은 충동도 들었으며, 우리가 잘 하는 야구 경기로 돌아가고 싶었던 적이 한두 번이 아니었다. 그러나 결코 포기하지 않았다. 조금씩 조금씩 크래킷 경기의 규정도 배웠고 기술도 익혔으며, 한참 시간이 지난 다음에는 크래킷도 즐길 수 있게 되었다. 이제는 새로운 종목에 익숙해졌고 차츰 새로운 경험이 지금은 더 좋게 느껴질 정도까지 되었다.

새로운 문화권에 들어간다는 것은 이와 비슷하다. 여러분에게 자연스럽고 당연했던 문화의 기준과 습관, 익숙함이 새로운 문화에서는 더 이상 통하지 않는다. 새로운 문화권에서 사는 사람들은 우리와 다르게 살아간다. 언어, 교통수단, 의복, 음식, 물건을 사고 파는 상거래, 그 외에 많은 점들이 모두 생소하기만 하다. 그들이 가진 가치관은 우리와 다르고, 그들의 삶의 방식은 우리에게 어색하기만 하다. 처음에는 이 새로운 경기에 적응하는 것처럼 쉽지 않다. 그러나 인내심을 가지고 새로운 규칙 배우기를 노력한다면 점점 새로운 문화에도 익숙해지고 결국에는 그것을 즐길 수 있는 차원에까지 도달할 것이다.

✿ 이런 방법으로 그림을 그려라

새로운 문화에 들어갈 때 올바른 관점과 견해를 가진다는 것은 중요하다.[1] 우리는 대부분의 경우 우리 주변에 있는 사람들을 보면서 자라난다. 우리는 같은 언어를 사용하고 중요한 가치관과 행동 양식이 비슷한 사람들과 생활의 기본적인 법칙을 함께 공유하며 살아간다. 우리가 네모난 문화 안에서 성장했다면 우리는 모든 것을 네모난 틀 안에서 바라 볼 것이다. 반면에 우리가 둥근 문화 안에서 자라났다면 우리는 모든 것을 원형의 틀 안에서 바라 보게 될 것이다.

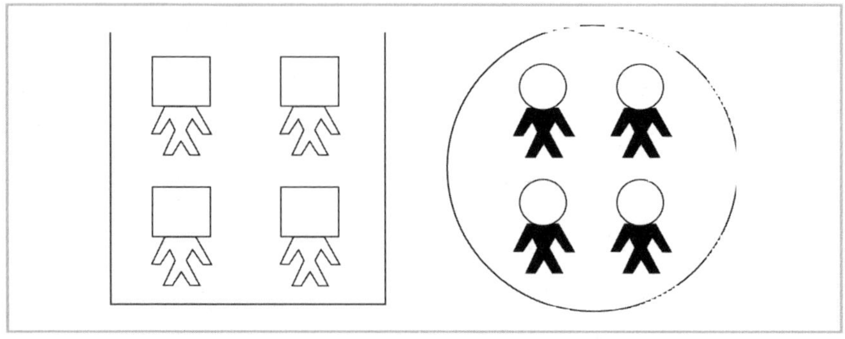

표 7.1. 네모난 문화와 둥근 문화

우리가 가장 편안하게 느끼는 우리의 문화를 떠나 문화가 다른 곳으로 들어갈 때, 우리는 네모난 사각의 틀을 완전히 벗어 버리고 들어가는 것은 아니다. 오히려 우리 것을 그대로 가지고 다른 문화 안으로 진입하게 된다. 그렇게 되면 우리는 둥글둥글한 원형들의 집단 안에 들어간 이상한 사각 머리의 이방인이 되어 버리는 셈이다. 여기서 우리가 선택할 수 있는 것은 표 7.3의 모습처럼 우리의 사각 머리 정체성을 더욱 공고히 하든지, 아니면 둥근 머리에 적당히 적응해 가면서 모서리의 뾰족한 부분을 조금씩 허물어 점점 둥근 머리처럼 닮아가는 길뿐이다. 우리가 몸담고 살아가는 그 시역의 문화를 조금씩 수용하고 거기에 적응하면서 우리는 성취감을 맛볼 수 있을 것이고, 하나님께서 준비해 놓으신 여러 가지 사명들의 유익을 경험하며 즐길 수도 있을 것이다.

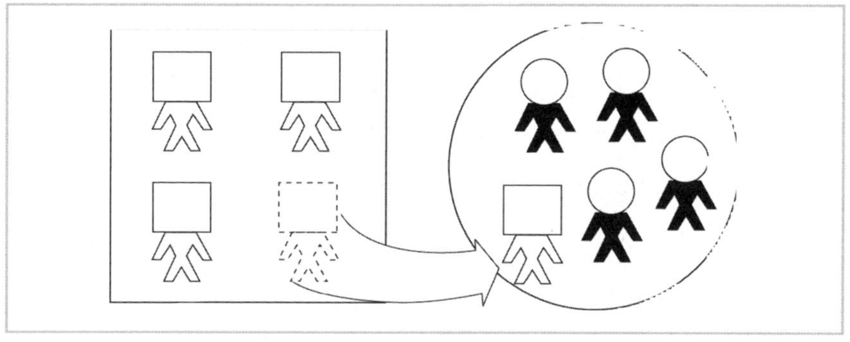

표 7.2. 다른 문화에 맞추어감

사람들은 자기들이 자라난 문화적 배경과 비슷하게 성장한다. 자기들의 문화적 배경이 '네모'라면 네모와 같은 사람이 될 것이고, 자기들의 문화적 배경이 '동그라미'라면 동그랗게 행동할 것이다.

여러분이 익숙한 자기들의 문화를 떠나 다른 문화에 들어간다 하더라도 자기가 자라난 문화의 전통을 완전히 벗어 버릴 수는 없으며 그 문화를 그대로 가지고 간다. 여러분은 네모난 머리를 가지고 원형의 집단 안에 들어간다는 것은 불가능하다는 격언을 기억해야 한다.

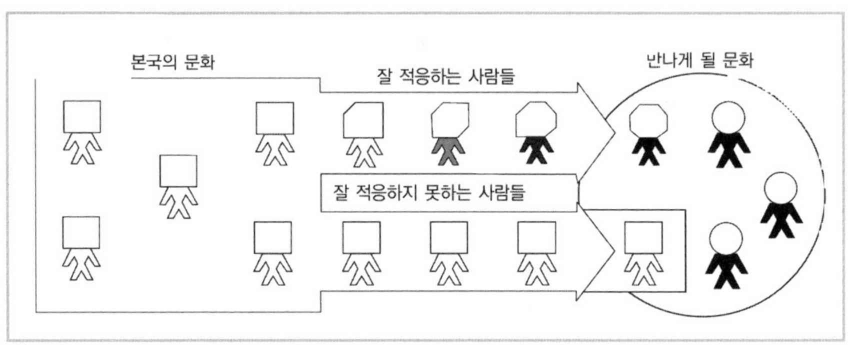

표 7.3. 적응하는 사람들과 적응을 거부하는 사람들

그러나 여러분은 차츰 적응되어 가고 맞추어 질 것이다. 여러분은 그들의 문화를 닮아가서 그곳 현지의 사람들과 점점 비슷해지고 효과적인 변화를 모색하여 마침내 위대한 성취와 보람을 함께 누리게 될 것이다.

표 7.3의 아래쪽에 있는 사람들을 보라. 네모난 머리를 가진 그들은 끝까지 자기들의 사각 머리 지키기를 고집한다. 그런 사람들은 자기들이 새롭게 만난 그 문화에 적응하는 것을 거부하고 자기들의 본국 문화를 그대로 지키기로 마음을 정한 사람들이다. 이 점을 좀 더 깊이 있게 생각해 보자. 변화를 거부하고 자기들의 네모난 모습을 잃지 않으려고 결심한 그들, 곧, 사각 머리를 가진 사람들이 둥근 머리의 사람들에게 보내는 메시지가 있을 것이다. 그렇다면 그 메시지의 의미는 무엇일까? 여러분의 생각을 아래에 적어 보라.

나의 생각은 다음과 같다. 사각의 머리를 가진 사람들은 이렇게 말할 것이다. "나는 당신들의 문화나 이곳의 환경에 상관하지 않을 겁니다. 내가 당신들의 언어를 배우거나 당신들의 살아가는 방식을 경험하더라도 결코 나 자신을 바꾸지는 않을 것입니다. 나는 당신들 보다 더 많이 배운 사람이고, 우리 문화가 당신들의 문화보다 훨씬 우수하고 뛰어나다는 말입니다. 그런데 내가 왜 당신들의 문화를 따라가겠소?" 둥근 머리를 가진 사람들은 이런 생각을 하는 사각머리들을 향해서 고집불통인 이방인이고 교만한 사람들이라고 말할 것이다.

이처럼 사각 머리의 사람들이 둥근 문화를 거부하는 태도를 볼 때, 둥근 머리를 가진 사람들은 어떤 메시지를 받게 될까? 여러분의 생각들을 아래에 적어 보라.

여기에 다시 나의 생각을 적어 본다. 둥근 머리의 사람들은 이렇게 생각할 것이다. "사각머리의 고집쟁이들은 전혀 변화를 수용하지 않는 사람들이야." 둥근 머리의 사람들 중에는 그들과 좋은 관계를 맺기 위해서 자기들의 둥근 정체성을 양보하고 사각의 모습을 인정해야 한다고 생각하며 스스로 사각의 사람처럼 되려는 사람도 있을 것이다. 다른 문화의 현지인들이 우리들 때문에 그런 생각을 한다면 얼마나 불행한 일인가! 의도적으로 계획하고 보내지는 않았지만, 우리가 그런 무례하고 앞뒤가 꽉 막힌 사람들을 다른 나라에 선교사나 봉사자로 보내고 있다면 참 안타깝고 부끄러운 일이다. 그 뿐만 아니라 오히려 둥근 문화의 사람들은 계속해서 다음과 같은 메시지를 우리에게 보낼 것이다. "우리는 언어적 수단과 비언어적 수단을 총동원하여 언제든지 여러분들과 대화를 할 용의가 있답니다. 우리는 언제나 당신들을 관찰하고 있으며 어떻게 여러분과 대화해야 하는지도 알고 있어요."

사각의 머리를 가진 사람이 다른 문화에 들어갈 때 취할 수 있는 보다 나은 선택의 가능성이 표 7.3에 나타나 있다. 사각의 머리를 가진 사람이 자기가 경험한 둥근 문화의 영향으로 약간씩 변해가는 경우이다. 이것은 그 문화에 동화되어 가는 과정을 의미한다. 놀랍게도 그 사람이 잃어버린 사각의 모서리에 해당하는 정체성들은 어쩌면 그렇게 중요한 것들이 아닐 수도 있다.

우리가 문화가 다른 곳에서 지내는 동안 잃어버린 사각의 정체성들은 어떤 것들인가? 여러분이 둥근 문화를 수용하기 위해서 해야 하는 행동 지침 여섯 가지를 아래에 적어보자. 반대로 말하자면, 비록 짧은 기간 동안 거기에 머문다 할지라도 우리의 사각 정체성들을 내려놓기 위해서 해야 할 행동 지침들을 적어 보자는 말이다.

1.

2.

3.

4.

5.

6.

내가 생각한 행동 지침들은 다음과 같다.

- 그 나라 인사말을 배우고 그들의 문화에서 중요한 단어들을 익히기.
- 그들의 의상을 몇 벌 구입해서 입기.
- 자주 미소를 보이며 친근하게 웃어 주기.
- 그 나라 사람들과 그들의 문화에 대해서 부정적인 표현을 하지 않기.
- 자주 묻고 그들이 하는 말에 관심을 가져 주기.
- 가능한 한 그곳 사람들과 많은 시간을 가지기.
- 그 나라 음식을 먹기.

사각의 머리를 가진 사람이 점점 둥근 문화에 익숙해 진다면, 그곳 사람들에게 전달되는 메시지는 무엇일까? 아래에 여러분의 생각을 적어 보라.

이런 행동들을 보면서 둥근 문화권의 사람들이 받는 메시지는 네모난 사람들이 자기들을 좋아한다는 사실과 함께, 자기들이 존중 받는다는 행복감일 것이다.

"우리의 문화와 삶의 방식이 좋은 것임에 틀림없어. 사각 머리의 사람들까지도 우리 삶의 방식과 가치들을 저렇게 받아들이는 것을 보니까 사각 머리의 사람들도 참 겸손한 사람들이로구나! 우리에게 맞추려고 노력하고 심지어 우리에게 배우려고 하는 모습을 보니 참 고맙고 좋다. 저 사람들도 우리를 소중하게 대하고 존중하며 우리와 대화하는 것을 원하고 바라는구나."

이미 여러분들이 느끼고 있듯이, 우리가 그들의 문화에 적응하려고 하는 작은 노력들로 말미암아 그들은 아주 강력한 메시지를 전달 받고 있다. 우리가 그들의 문화를 수용하기 위해서 우리의 본래 문화를 양보하는 정도는 별다른 손해를 보지 않고도 얼마든지 할 수 있는 일들이다. 오히려 별로 중요하지도 않은 것들을 양보하고 우리는 참으로 귀하고 소중한 것들을 얻은 셈이다. 이처럼 작은 노력으로 얻는 큰 결과와 영향력은 하나님께서 우리에게 맡겨 주신 사역을 효과적으로 수행하는데 큰 도움이 된다.

네모난 문화의 사람들이 자기들의 네모난 문화로 다시 되돌아올 날이 있을 터인데, 그 때에 하나님의 영광을 위해서 사각 정체성을 양보했던 사람들은 현지인들로부터 무한한 존경과 사랑을 받으며 그리스도의 아름다운 향기를 그들에게 남기고 돌아오게 된다. 그들의 생애는 주님께서 더하여 주시는 새로운 아름다움과 보람으로 충만하여 지고 넘치는 풍성함을 체험하게 된다. 그러므로 그런 사람들은 자기들이 이전에 양보하고 희생한 것들과 비교할 수 없는 은총을 입을 것이다. 우리보다 앞서 간 믿음의 선진들이 이렇게 수고하고 양보함으로 얻은 유익이 자기들의 희생보다 훨씬 더 크고 위대했음을 우리에게 증거해 준다.

❀ 사업가들과 사각 문화의 정체성

여기에는 또 다른 사례들이 있다. 사업가들의 경우 해외 근무를 마치고 본국으로 돌아오는 사람들은 복귀하면서 해외 근무에서 배우고 경험한 일들을 본부에 보고한다. 한 자동차 회사의 중역은 스페인에서의 삼 년 동안 해외 파견 근무를 마치고 미국으로 돌아와 자기 동료들에게 자기의 경험을 나누기 원했다. 그러나 그의 뜨거운 열정은 직장 동료들로부터 "자네, 문명 세계로 돌아오니 좋지? 축하하네!"[2] 라는 인사를 듣는 순간 그 열정이 냉랭하게 식어 버리고 말았다고 술회했다.

모든 사람들은 자기의 사각 정체성과 싸우고 있다. 누구든지 한 문화에서 다른 문화로 이동하게 되면 사각의 문화와 둥근 문화 사이에서 갈등하게 된다.

사업가들도 마찬가지이다. 현지인들에게 의미 있는 일을 하는 선교사나 자비량 사역자, 단기 사역자들이 겪는 갈등처럼 해외근무자들도 꼭 같은 과정을 겪는다. 오히려 해외 근무자나 사업가들은 더욱 무겁고 막중한 임무에 직면하게 되는데, 왜냐하면 그들은 현지에 도착과 함께 직장에서 부여한 엄청난 책임을 수행해야 하고 동시에 제한된 짧은 시간 안에 현지에도 적응해야 하기 때문이다.

그들은 새로운 환경에서 처신하는 효과적인 훈련이나 교육도 제대로 받지 못한 채 바로 업무에 투입되어야 하는 경우가 허다하다. 이렇게 바로 현장 업무에 투입되는 것이 불가능한 일은 아니지만, 사각의 모난 부분을 갈아내는 아픔을 더 많이 겪을 각오를 해야만 한다.

최근에 내가 들은 이야기가 있다. 그 이야기는 미국에서 남미에 파견되어 사흘 안에 여러 회사들과 엄청난 경쟁을 하며 중요한 입찰 건을 해결하고 돌아와야 하는 책임을 맡은 사업가의 이야기이다. 결국 유럽 회사가 입찰에 성공을 했고 사업 권을 땄는데, 그 이유는 간단했다.

내가 들은 바에 의하면, 유럽에서 온 협상 팀은 열흘 전에 도착해서 남미의 여러 도시를 돌며 현지 회사의 중역들과 함께 여러 날을 보냈다. 처음 일 주일 동안 그들은 서로 사귀며 친분을 쌓으며 시간을 보냈고 함께 교제도 하고 오락도 했다. 그리고 마지막 삼 일 동안 구체적인 입찰 건을 가지고 격렬하게 논의했는데 결정은 유럽 회사 쪽으로 정해졌다. 이 결과를 미국 협상대표가 물었을 때 입찰에 직접 참가한 남미 대표 중 한 사람은 솔직하게 이렇게 표현했다. "미국 대표단이 가지고 온 물건이 사실은 더 좋았어요. 그러나 당신들은 우리와 서로 인간 관계를 맺는 일에 시간을 내지 않았기 때문에 입찰 경쟁에서 진 것이지요."[3]

미국의 문화(사각 문화)에서는 상품의 품질과 가격을 가장 중요한 판단의 기준으로 삼는다. 그리고 이 두 가지가 모든 것을 결정한다고 생각한다. 그러나 그 외에 다른 나라들(둥근 문화)에서는 상품의 품질과 가격도 중요하게 여기지만, 그것만이 유일한 선택의 기준이 아니라는 사실을 알아야 한다. 즉, 인간 관계를 더욱 소중하게 여기는 사람들과 나라들이 세상에 더 많다는 사실을 명심하기 바란다.

사각의 머리를 가진 사람들이 둥근 머리의 사람들처럼 생각이 하루 아침에 바뀌어서 그렇게 행동할 수는 없고, 또 그렇게 된다는 것이 쉬운 일은 아니다. 그리고 그렇게 신속하게 바뀐다면 그건 분명 문제가 있고 오히려 이상하게 보이기도 한다. 둥글게 되어 간다는 것을 옳음이나 틀림의 문제로 접근 할 것이 아니라 서로 다른 차원의 문제로 보아야 할 것이다. 우리는 문화의 차이를 편안하게 접근할 수 있어야 하고 또 지혜로운 사람들은 이러한 다양성을 얼마든지 수용할 수 있어야 한다.

이런 상황은 마치 쌍방 통행과 비슷하다. 빈번하게 둥근 문화의 사람들도 사각의 문화권으로 사업상 혹은 어떤 목적을 가지고 방문한다. 사각 문화의 기준에서 보면, 둥근 문화에서 온 사람들은 엄청난 시간을 쓸데없는 대화에 소모하며 서로를 알아가는데 시간을 낭비하고 인간 관계를 맺는 일에 소모한다. 사각문화에 익숙한 사람들은 이런 일들은 쓸데 없는 시간 낭비요, 비전문적인 일이라고 생각한다. 더욱 심하게 표현하는 사람들은, 언제나 둥근 머리의 사람들은 죽기 직전에 가서야 핵심적인 말을 한다고 비난한다. 그러나 우리는 누구나 본의 아니게 상대방을 함부로 판단해 버리는 어리석음을 범하게 된다는 사실을 인정해야 한다. 그래서 다음 몇 장에서 둥근 머리를 가진 사람들과 사각 머리의 사람들이 가지고 있는 가치관의 차이들을 다루어 보려고 한다.

1. 새로운 다른 문화에 더욱 잘 적응하기 위해서 버려야 하는 기존 문화적 짐들은 어떤 것들인가?

2. 다른 문화권의 사람들을 수용하기 위해서 여러분이 구체적으로 실천해야 하는 일은 무엇인가?

3. 둥근 문화를 찾아 온 이상한 사각 머리의 이방인들을 본 적이 있는가? 언제 그런 사각 머리의 사람들을 처음 보았나? 그리고 그 때 그 이방인들에게 여러분은 어떻게 대했나?

4. 다른 문화권에서 온 사람들로부터 발견한 우리와 다른 점은 무엇이었나? 그리고 그들에게서 우리와 유사한 점을 발견했다면 말해보라.

5. 그런 유사한 점들을 서로의 문화를 이해하는 일에 어떻게 활용하였나?

6. 여러분은 위의 예에서, 미국과 유럽에서 온 두 사업가 중 어떤 사람과 비슷했는가?

8
문화 적응 안내도

우리가 새로운 곳을 처음 여행한다면 지도는 반드시 지참해야 할 물품이다. 새로운 문화권에 들어 갈 때도 역시 그런 지도가 필요하다. 표 8.1에 나타난 문화적응 안내도는 다른 문화권을 여행하거나 거기서 일한 경험이 있는 사람들이 함께 만든 도표이다.[1]

간단하게 설명해 보자. 위의 문화적응 안내도의 위쪽은 개방성과 수용성 그리고 신뢰감을 가지고 출발하는 여행자를 표현하는 반면에, 도표의 아래쪽은 두려움과 의심 그리고 융통성이 없는 자세로 여행을 시작하는 사람을 나타낸다고 볼 수 있다. 대부분의 사람들은 새로운 문화와 접촉할 때 도표에 나타난 둘 중에서 한 편을 선택하게 되지만, 어느 누구도 둘 중에서 100퍼센트 한 쪽만을 선택하고 다른 한 쪽은 완전히 배제한다고는

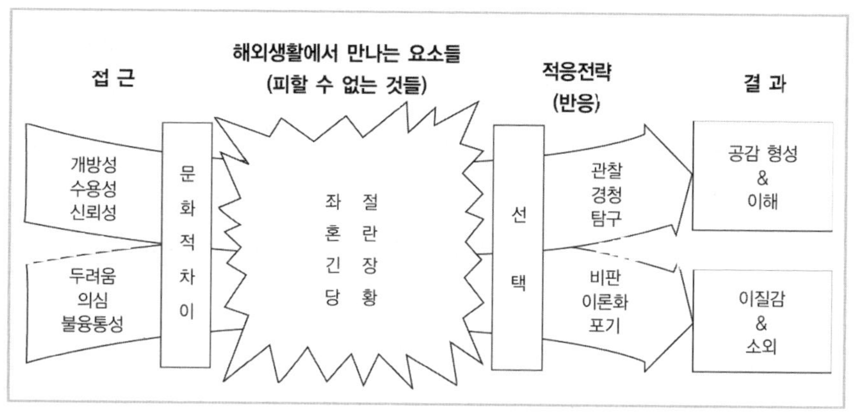

표 8.1. 분화석능 안내노

말할 수 없다. 사실상 우리가 다른 문화에 접촉하는 동안 우리는 위쪽과 아래쪽 둘 사이를 수 없이 빈번하게 오가는 느낌을 받는다.

❀ 피할 수 없는 것들

'해외생활에서 만나는 요소들' 이라는 안내도의 항목에 주목해 보자. 거기를 보면, 사람들은 누구나 일단 다른 문화에 들어가게 되면 혼란이라든지 좌절과 같은 부정적인 감정을 겪게 된다는 사실을 알 수 있다. 그러나 많은 사람들은 이처럼 무서운 부정적인 감정들까지도 대수롭지 않게 여긴다. 그 이유는, 첫째는 하나님께서 자기들을 부르셨다는 투철한 소명의식 때문이고, 둘째는 현지인들을 만나게 되면 너무나 측은하기 때문에 하나님께서 그들을 사랑하도록 자기를 보내셨다는 사명감 때문이다. 이렇게 뜨거운 현지인을 향한 애정과 사명감은 피할 수 없는 부정적인 감정들조차 대수롭지 않게 만들어 버린다.

그러나 새로운 문화에 직접 들어가서 접촉하면서 일정한 기간을 거기서 보내게 되면, 이런 부정적인 감정들이 다양한 강도로 그리고 여러 가지 무서운 모습과 방법으로 다가오는 것을 경험하지 않을 수 없다. 이런 현상은 여러분이 부지런하고 건강하며 살아있다는 증거이고, 또한 지극히 정상적이며 인간적이라는 사실을 반증한다. 그러므로 이럴 때 우리는 다음과 같은 생각을 가져야 한다.

- 부정적인 감정은 우리가 크리스천으로서 미숙하거나 영성이 부족하다는 의미가 아니다.
- 부정적인 감정의 희생물이 된 것처럼 느껴진다고 하나님께서 여러분을 버렸다는 뜻이 아니다. 사도 바울은 주님을 따르는 자에게는 도전과 박해가 있을 것을 분명히 밝혔다.(딤후3:12, 벧전3:8-17)
- 부정적인 감정은 새로운 문화권에서 장기적인 희망이 없음을 뜻하지 않는다.
- 부정적인 감정은 다시 돌아오지 말라는 뜻이 아니다.
- 부정적인 감정은 장래성이 없으니 포기하라는 뜻이 아니다.
- 부정적인 감정은 여러분이 지극히 정상적이며 더욱 열심히 새로운 문화를 배우고 그 속에서 통찰력을 얻으라는 신호이다.

❀ 도표의 위쪽 트랙

더욱 넓게 마음을 열고 개방성과 수용성 그리고 신뢰감을 가지고 접근한다 하더라도 사람들은 누구나 문화적인 갈등과 고민을 겪게 될 것이다. 비록 위쪽 트랙을 선택했다 할지라도 똑 같이 피할 수 없는 감정의 갈등을 느끼게 될 것이고 신중한 결단을 해야 하는 경우를 만나게 될 것이다. 여기서 말하는 신중한 결단이란, 위의 도표 중에서 점점 위쪽에 가까운 도표와 위쪽의 선택을 의미하며 긍정적인 적응 전략을 선택하는 것을 의미한다.

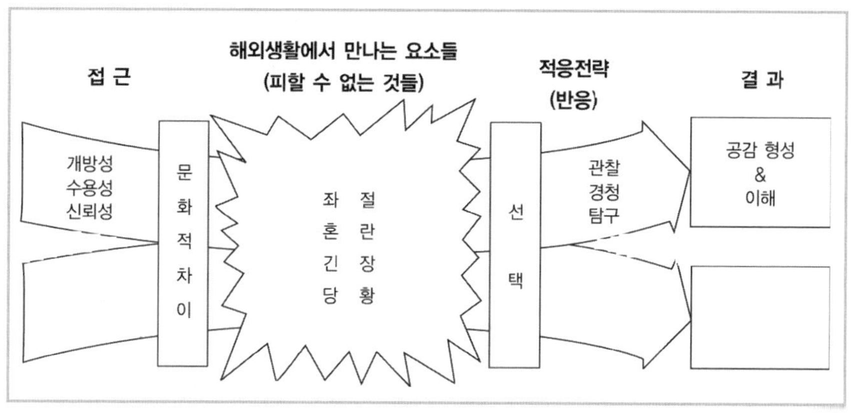

표 8.2. 도표의 위쪽 트랙

관찰. 부정적인 감정이 있음에도 불구하고 재치와 유머감각을 그대로 유지하면서 계속해서 중요한 일들을 추진해 나가도록 스스로를 격려하라. 주변을 돌아보며 어떤 일이 일어나는지를 살펴보라. 어떤 문화에서는 현지인들과 대화를 할 때, 불편할 정도로 그들이 우리 가까이에 다가오는 것을 경험한 적이 있을 것이다. 그때 내가 받은 느낌은 그들이 우리에게 무엇인가를 강요하고 강압적으로 밀어 붙이는 듯하면서도 뻔뻔하고 공격적인 느낌이었다. 그때는 마음이 불편하였고 불안할 정도로 긴장하게 되기도 했다. 그래서 내가 한 걸음 뒤로 물러섰더니 그들은 다시 한 걸음 더 내 코 앞까지 다가왔다. 다시 그들이 불쾌하지 않도록 한 걸음 또 뒤로 물러서면서 적당한 거리를 유지하려고 하면 그들은 또 한 걸음 앞으로 다가오는 경험을 했다. 물론 그들에 대한 긍정적인 생각을 잃지 않으려고 노력했음에도 불구하고, "도대체 어떻게 된 사람들이기에 이렇게 코 앞으로 다가오는가?"라는 생각이 떠나지 않았다. 나는 끝까지 그들을 이해하려고 노력하면서 내 마음을 다스렸던 적이 있었다.결국 얼굴을 코 앞에다

대고 하는 대화를 마치고 나니 겨우 살 것 같았다. 참으로 힘든 일이었고 무엇인가 내가 그들을 좀 더 이해하고 알아야 할 필요를 느꼈던 경험이었다.

그 일이 있은 후, 며칠 동안 나는 유심히 그들의 행동을 관찰하면서 새로운 사실을 알게 되었다. 즉, 그들은 서서 말할 때 서로 얼굴을 가까이 대는 세 가지의 상황이 있다는 사실을 발견하게 되었다. 첫 번째는 화가 났을 때나 심각한 토론을 할 떼, 두 번째는 물건을 흥정할 때, 그리고 마지막으로는 친한 친구끼리 대화할 때였다. 이것이 그들의 전통이었다. 내가 경험한 상황은 친한 친구끼리 나누는 대화의 경우였다. 그제서야 나는 긍정적으로 그들의 실제적인 의도가 무엇이었는지를 이해하게 되었다. 사실상, 중동의 속담 중에 우정이란 서로 상대방의 호흡을 나누는것이라는 말이 있다.

경청. 경청은 다른 문화에 적응하는 또 하나의 중요한 요소이다. 집중적인 경청은 더 많은 질문을 만들어 내고, 그 질문은 다시 계속해서 그 사람의 말을 경청하도록 유도하며, 그 경청은 또 다른 질문을 만들어내는 법이다. 이렇게 질문과 경청은 꼬리에 꼬리를 물고 이어진다. 많은 사람들은 좋은 질문을 해 놓고도 그 대답을 자세히 듣는 경청을 하지 않는 경우가 있다. 남의 말을 귀담아 잘 들어 주는 것이야 말로 진정한 사랑이다. 다른 사람을 존중한다는 말은 그 사람의 말을 잘 들어 주고 그 사람의 생각을 깊이 인정해 준다는 말이다.

질문. 질문은 물음을 던지는 하나의 예술이라고 표현할 수 있다. 하나의 작은 궁금증을 해결하는 방법이다. 나에게는 질문을 던지는 것이 습관화

되어 있다. 왜 그런 결론에 이르게 되었는지? 왜 그런 일들이 생겼는지? 왜 사람들이 그렇게 행동하는지?에 대한 질문들로 가득한 생애를 나는 살아 왔다. 이렇게 많은 질문들을 던지는 습관이 바로 나로 하여금 다른 문화에 잘 적응하도록 도와 준 것도 사실이다. 그러나 질문을 던지는 방법에도 여러 가지가 있다는 사실을 명심하기 바란다.

우리는 때때로 어리석은 질문을 던지기도 하는데, 그런 어리석은 질문이란, 조잡한 질문, 비난하는 질문, 혹은 말도 되지 않는 궤변과 같은 질문들이다. 예를 들지면 "당신들은 왜 자동차를 우리와 반대 방향으로 운전합니까?"라는 질문을 던진다면, 운전은 우리처럼 좌측에 앉아서 우측으로 달리는 것이 옳다는 전제를 가지고 던진 질문이다. 그런 표현보다는 "여러분의 나라에서는 차들이 왜 도로의 좌측에서 달리는지 그 역사적 배경에 대해서 알고 싶습니다. 나는 여기에 익숙하지 않아요. 왜 우리 인류는 서로 다른 방향으로 운전하는 전통을 가지게 되었는지 궁금하군요."라고 묻는 편이 나을 것이다.

식민지 통치의 영향으로 자동차들이 좌측으로 달리는 경우들이 많이 있음을 안다. 이처럼 현지의 사람들과 더 많은 신뢰를 쌓으면 쌓을수록 우리의 질문은 더욱 부드럽고 풍성해질 수 있을 것이다.

질문을 하지 않으면 엉뚱한 문제가 생길 수도 있다. 미국 정부산하 기관이 아시아에서 건물 외부에 화장실을 짓는 프로젝트를 시작하였는데, 이것은 가난한 지역의 공공위생 증진을 위한 프로젝트였다. 아시아의 모슬렘 지역을 선정하여 이 프로젝트를 대대적으로 전개했다. 이 프로젝트가 거의 마무리 지어 갈 즈음에 이 외국인들은 그 지역 주민들의 공중위생과 건강을 위해서 자기들의 공헌과 수고의 결과를 보면서 자랑스러워 했다.

그러나 어떤 일이 일어났을까? 얼마 지나지 않아 현지인들 중에는 아무도 그 화장실을 사용하지 않는다는 사실을 알게 되었다. 현지인들은 그 화장실을 창고로 사용하고 있었던 것이다. 왜 그럴까? 몇 가지 이유들이 나중에 밝혀졌는데, 그 중 하나는 그 화장실이 정확히 메카를 향하고 있었던 것이다. 경건한 이슬람교도들은 건축을 할 때 자기들의 거룩한 도성 메카를 향하는 시설을 짓지 않는다. 이 프로젝트를 시작하기 전에 해외 원조 기관이 이러한 간단한 질문만 던졌더라면 이처럼 어처구니 없는 일은 시작도 하지 않았을 것이다.

도표의 위쪽, 문화 적응을 강조하는 트랙을 따르는 사람들은 언제나 만족스러운 결과를 얻게 된다. 그 이유는 상호이해와 공감대 형성이라는 두 가지 사실에 근거해 있기 때문이다. 여기서 말하는 상호이해란, 문화의 작은 조각들을 하나로 연결하여 피차에 도움이 되도록 만드는 능력을 말한다. 이렇게 현지 문화의 작은 조각들을 전체적으로 폭넓게 이해하게 되면, 그들은 여러분들에게 감사를 표현할 뿐만 아니라 여러분들을 존경하게 될 것이다. 공감대 형성이란 인간 관계에 있어서 사람과 가치를 같이 결속시켜 줌을 의미한다. 물론 이 두 가지 일들이 항상 같이 일어나는 것은 아니다. 그러나 비록 여러 가지 어려움이 있겠지만 지속적으로 노력하면 통찰력을 얻을 수가 있다.

여전히 인생에서 가장 큰 즐거움 중 하나는 전혀 모르는 새로운 문화를 접하는 것과 그 문화가 어떻게 형성되었는지, 그리고 그 문화권 안에서 살아가는 사람들의 삶의 모습이 어떠한지를 배우는 즐거움이다. 이 말은 여러분 자신들이 가지고 있던 문화를 완전히 버려야 한다는 말도 아니고, 새로운 문화를 무조건 다 수용해야 한다는 뜻도 아니다. 다르게 표현하자면, 여러분 자신들이 새로운 문화의 리듬을 즐기며 함께 즐겁게 춤을 추는 것, 그렇게 함으로 우리 인생의 목표를 향해서 나아가면서 행복과 보람을 누리는 것을 의미한다.

새로운 문화의 리듬을 즐기게 되려면 적어도 위쪽 트랙을 놓치지 않고 꾸준히 따라가야만 한다. 물론 힘이 드는 일이기도 하겠지만 계속해서 이 길을 따라가면 훌륭한 개방성과 수용성 그리고 신뢰감을 얻게 될 것이다. 다음 장에서는 이 세 가지 중요한 개념들을 다루어 보려고 한다. 이제 우리는 아래쪽 트랙에 대해서도 생각해 보기로 하자. 나는 아래쪽 트랙에 더 머물며 거기에 익숙했던 사람이고 이런 실수와 부끄러움을 많이 범했던 사람이 있음을 고백한다.

❀ 도표의 아래쪽 트랙

만일 여러분이 새로운 문화에 대해서 두려움과 의심 그리고 유연하지 못한 마음을 가진다면, 문화의 차이는 점점 더 심각한 좌절과 혼란을 가져다 줄 것이고 동시에 여러분 스스로가 새로운 문화에 대한 부정적인 생각을 가지게 될 것이다. 대부분 이런 일들은 무의식 중에 일어나지만 그 피해는 여러 부분에서 나타나게 된다. 여러분에게 이런 일들이 일어날 때 어느 트랙을 선택할 것인가의 문제는 전적으로 여러분의 결정에 달려 있다. 새로운 문화에도 접하기 전에 미리 환경과 상황을 탓하고 비난하거나 부정적인 결과들을 미리 염려할 필요는 없다.

두려움. 여러분이 새로운 문화나 환경으로 들어가게 될 때 또는 거기서 일하게 될 때 예상되는 두려움에 대한 목록을 만들어 보라. 이렇게 목록에 순번을 매기는 작업은 대단히 중요하다. 왜냐하면 그렇게 함으로써 무의식 중에 이런 것들로부터 공격을 당하게 될 위험을 미연에 방지할 수 있기 때문이다.

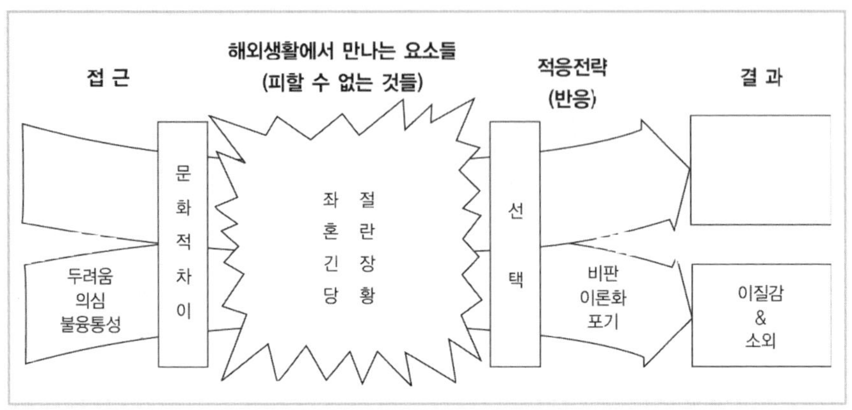

표 8.3. 도표의 아래쪽 트랙

예상되는 두려움들 중에서 가장 큰 두려움으로부터 작고 사소한 것들까지 순서를 매겨보자. 정직하게 그리고 구체적으로 답하는 것이 정확한 두려움의 정체를 파악하는데 도움이 될 것이다.

가장 큰 두려움은 어디에서 찾아오는가? 그 두려움의 근원은 어디인가? 그 두려움은 여러분의 과거와도 연관이 있을 수 있고, 여러분이 들어갈 나라에 대한 정보나 뉴스와도 관련이 있을 수 있다. 어떤 두려움은 다른 사람의 이야기만 듣고 생겼을 수도 있고, 또 어떤 두려움은 여러분 스스로 만들었을 수도 있다.

한 가지 두려움을 구체적으로 생각해 보기로 하자. 대학에서 가르치는 나에게는 여러 나라에서 온 다양한 학생들이 있고 때로는 그들을 통해서 배우게 되는 새로운 지식에 대한 기대와 행복이 크다. 그들과 더 깊이 사귀게 되면 그들은 자기 마음 속에 있는 이야기를 털어 놓는데, 그들이 말하는 공통점은 자기들이 미국에 처음 왔을 때 대단히 두려웠고 많은 겁을 먹었다고 이야기하는 것이었다. 나는 놀라서 "겁을 먹었다고? 무엇 때문에… 왜?"라고 물으면 그들은 수줍어하면서 이렇게 대답했다. "미국에 와서 죽을까봐 두려웠어요." 그들의 생각이 너무나 황당하고 바보 같아서 나는 큰 소리로 웃음을 터뜨리고 말았다. 그러나 나는 이것이 바로 미국에 처음 오는 사람들이 갖는 공통적인 두려움이라는 사실을 알게 되었다. 그 두려움은 미국이 발전해 갈 때 어느 한 도시의 살인 강도 범죄율이 세계에서 가장 높았던 적이 있었는데, 지금도 세계적으로 가장 많은 살인이 일어나는 도시가 미국에 있다는 고정관념을 갖게 한 것이다. 텔레비전이 이런 뉴스를 진 세계 모든 사람들에게 그대로 전달해 준 것이다.

비슷한 일은 우리 가족들이 살던 남아프리카공화국에서도 일어 났었다. 남아공은 폭력과 범죄 그리고 살인 사건이 심심치 않게 일어나는 곳이다. 미국에 있는 나의 가족들과 친지들은 항상 우리의 안전을 염려했고, 매일 우리를 보호해 주시기를 하나님께 특별히 기도 드렸다고 한다. 나는 우리가 안전하다는 사실을 수없이 가족과 친지들에게 확인시켜 드렸다. 실제로 우리는 거기에 있는 동안 신체적인 위협이나 두려움을 느꼈던 적은 한번도 없었다. 우리가 남아프리카공화국에 있는 동안 아내와 나는 함께 혹은 각자 많은 곳을 여행했지만 두려움을 느낀 적은 거의 없었다. 오히려 현지인들은 항상 우리들에게 우호적이었고 친절했다. 나는 여러분도 그런 경험을 가지고 있으리라 확신한다.

나의 이 말이 여러분은 언제 어디를 가서 무엇을 하든지 아무런 위험이나 문제가 없다는 뜻이 아니다. 이 세상에는 악한 세력도 많이 있고 고의로 악을 행하는 사람들도 있기 때문에 항상 경계하고 조심해야 한다. 미국뿐만 아니라 세계 여러 나라에서는 어두워진 후에는 가급적 외출을 삼가해야 하는 도시들이 많이 있다. 그래서 우리는 현지인들 중에서 신뢰할 수 있는 사람들에게 조언을 구하고 그들의 말을 귀담아 들어야 한다. 만일 우리가 새로운 문화권에 들어가게 되면 일단 모든 일에 조심스럽게 행동하는 것이 현명하다.

의심. 신뢰의 반대말이다. 의심은 다른 사람을 나쁘게 생각하는 것이고, 아무리 좋게 표현한다 하더라도, 다른 사람을 수상하고 미심쩍게 생각한다는 뜻이다. 여러분이 의심하게 되는 데는 그럴만한 이유가 있을 것이다. 그러나 크게 마음을 넓혀 생각하고 의심을 한번 뛰어 넘어보라.

예를 들면, 물건을 파는 사람들은 여러분이 현지인이 아니라는 점을 알게 되면 즉시 값을 올려서 바가지를 씌우려고 할 것이다. 그러면 여러분도 즉시 그들이 우리를 이용해 먹으려고 한다는 눈치를 챌 것이다. 언제나 어디서나 이런 일들은 예사롭게 일어나는 일들이다. 현지인들이 생각하기를 서양사람들은 모두 부자들이라고 생각한다. 현지인들과 비교하면 일반적으로 맞는 말이고 그렇다고 인정할 수도 있다. 우리 외국인들은 현지인들이 우리를 이용하려고 한다고 생각하지만, 그들의 생각은 서양 사람들이 자기들을 이용해서 재산을 비축했다고 생각한다.

나는 이제 아래의 현실을 제안하려고 한다. 여러분이 사는 그곳에서 마음껏 물건 값을 흥정하고 그렇게 흥정하는것 까지도 즐기라고 말하고 싶다. 자유롭게 흥정하라. 그러나 아무리 흥정을 잘 해도 여러분은 현지인들이 그 물건을 구입하는 가격으로는 사지 못한다. 그러나 만약 여러분이 현지인들과의 좋은 관계를 더욱 중요하게 생각한다면, 물건 값을 조금 더 지불하라. 그래도 여러분은 두 가지 측면에서 승리자가 될 수 있을 것이다. 즉, 여러분은 친구를 얻을 것이고, 그 친구는 여러분에게 지나치게 바가지를 씌우지는 않을 것이다. 그리고 더 나아가서는 이 아름다운 관계는 더욱 의미 있는 나눔으로 이어질 수 있지 않겠는가.

융통성 없음. 융통성이 없다는 말은 무엇이든지 자기와 생각이 같지 않으면 받아들이려고 하지 않는 경향을 지칭하는 말이다. 이것은 받아들임 혹은 수용의 반대 말이다. 융통성 없음은 거절의 한 표현이고 사각의 머리를 가진 사람이 둥근 문화에 들어가서 결코 변화나 적응을 하지 않으려고 끝까지 버티는 것을 말한다. 이런 사람들은 거의 모든 경우에 자기들이 옳다고 강하게 주장한다. 이런 부류의 사람들은 다름의 영역을 아주 좁게 가지고 있으며 자기와 같은 것은 옳은 것이고, 자기와 다른 것은 무조건 틀렸다고 말한다. 현지인들이 이런 외국인들을 만나면 우월감으로 똘똘 뭉친 이상한 사람들이라고 치부해 버릴지도 모를 일이다.

우리에게 우월감이라니! 이렇게 말하며 놀라는 사람들도 있을 것이다. 우리는 다른 나라에 가서 한번도 스스로를 우월하다고 생각해 본 적은 없다고 말할 수도 있기 때문이다. 사실, 북미 사회에서 평등은 높은 가치기준이다. 그럼에도 불구하고 북미인들은 우월감이 가득한 사람들이라고 평가된다. 이 또한 부인할 수 없는 사실이다. 그러나 여러 측면에서 미국보다 우수한 나라들이 세계에는 많이 있다. 우리는 그런 이야기를 자주 듣지 못했고 만일 우리가 그런 주장을 듣는다 하더라도 그 말을 그렇게 심각하게 생각하지 않았다.

어떤 미국인 회사가 사훈을 겸손이라고 선택하였다. 그러자 해외에 있는 고객들이 어떻게 미국 사람들이 겸손할 수 있단 말인가 하고 의문을 제기 했다. "미국 사람들은 겸손할 수 없다"는 것이 그들의 대답이었다. 그러나 분명히 미국 사람들 중에도 참으로 겸손한 사람들이 많이 있다.

일반적으로 미국이 여러 측면에서 우월감을 가지고 있다는 말을 듣게 되는 또 다른 이유는 문화 차이 때문이기도 하고, 동시에 문화의 차이에 대한 오해 때문이기도 하다.

대부분의 미국 사람들은 솔직하게 자기를 표현하고, 업무중심적이고 목표지향적이며 모든 일에 적극적이다. 그래서 많은 사람들은 이런 미국인들의 기질이 오늘과 같이 미국을 강력한 국가로 만들었으며 그 결과 오늘의 보상과 상급이 주어졌다고 믿는다. 그러나 대부분의 비-서구 세계에서 사는 사람들은[2] 이런 가치들을 그렇게 중요하게 생각하지 않는다. 그래서 미국인들이 자기들의 경험을 따라 오라고 제안하면 현지인들은 마지 못해서 따라주는 척은 하지만 선뜻 마음이 내켜하지 않는 것도 사실이다. 그런 제안을 한 사람을 부끄럽지 않게 해 주려고 혹은 그 사람의 체면을 세워주려고 그저 따르는 척 시늉만 할 뿐이다.

그러나 미국인들은 자기들이 한 일에 대해서 감사하다는 인사를 받으면 정말 그런 줄 알고 계속해서 자기 주장을 하게 된다. 결과적으로 이런 관계는 현지인들로 하여금 곧 흥미를 잃게 만들어서 미국인들과 함께 하는 일에 싫증을 느끼게 만들 것이다. 왜냐하면 그들은 계속해서 자기들의 문화를 양보하기만 했고 그 똑똑한 미국 사람들에게 주도권을 빼앗기기만 했기 때문이다.

일반적으로 미국 사람들은 자기들이 잘못하는 일이 있으면 현지인들 중에 자기들에게 그 잘못을 지적해 주는 사람이 있을 것이라고 생각한다. 그러나 고객이나 손님의 잘못을 지적하는 것은 현지인의 문화에서는 아주 무례한 행동으로 여겨지기 때문에, 아무도 미국인의 체면을 망가지게 하고 수치심을 느끼게 할 충고를 하는 사람은 없다. 현지인들은 어떻게 해서라도 그런 말을 하지 않으려고 한다. 다음에 이 문제를 다시 언급하기로 하자.

미국인들은 몇 가지 변화들, 즉, 현지인들로 하여금 자기들의 의견을 직접 말할 수 있도록 하고, 때로는 반대의견을 제시하도록 할 수도 있다.

그렇지만 그런 것이 가난한 시골 사람들 혹은 서양사람과 몇 번 만난 사람들에게 일어날 수 있는 진정한 변화라고 말하기는 어렵다. 외국인들은 자기들의 생각을 서슴없이 말하고 불쑥 어떤 일을 하자고 제안하기 보다는, 현지인들이 그들의 방식대로 일하면서 오히려 요구할 수 있도록 용기를 주는 것이 더 중요하다.

현지인들은 우리가 더 많은 교육을 받았고 기술이 발달한 나라에서 왔기 때문에 당연히 우리가 자기들 보다 더 많이 안다고 생각할 것이다. 그러나 이렇게 예의상 하는 말이 문화적 겸손이지, 진심이 아니라는 사실도 알아야 한다. 이 말은 다른 문화에서는 여전히 문화적인 처세술이 필요하다는 진리가 담겨 있다. 이 문화적 겸양과 처세술을 미리 알고 보조를 맞출 필요가 있다.

만일 여러분이 다른 문화에 대해서 아주 부정적인 극도의 두려움과 의심과 우월감을 가지고 있고 또 거기에 더하여 복잡하고 미묘한 문화적 차이를 겪게 된다면, 아마도 큰 실망과 혼란, 좌절뿐만 아니라 당혹감을 느끼게 될 것이다. 이런 일이 가중되면 여러분이 현지에서 어떤 중요한 일을 계획하고 판단해야 할 때 말도 되지 않는 어리석은 결정을 하게 될 수도 있다. 그래서 그들과의 관계가 가장 나쁘게 끝나 버리고 그들의 문화에 대해서 극도의 부정적인 비판만을 초래할 수 있다. 우리에게도 이런 일들이 일어날 수 있는데, 정말로 조심하지 않으면 우리도 모르는 사이에 이런 일들에 휩싸여서 현장에서의 모든 일을 비생산적인 것으로 만들어 버리고 말 것이다.

- 비교: "나 같으면 두 번은 했겠다: 집에 가지고 가서 30분이면 다 끝냈을 텐데…"
- 비난: "저런 사람들이 나를 좌절시키는 장본인들이야."

- 비평: "저런 사람들은 정말 바보 같은 사람들이야."
- 이성화: "저런 사람들과 저런 문화를 이해하는 것은 정말 불가능해."
- 포기: "나는 저런 사람들과 교류하지는 않을꺼야."

⸿ "저런 사람들"?

그런 표현이 등장하는 배경에는 주로 비난이나 비평하는 표현들이 자리잡고 있기 마련이다. 이런 표현이 자주 여러분의 대화와 사고에 등장한다는 것은 여러분 속에 있는 '우리'라는 표현이 갖는 강한 연대감과 결속력이 그들과의 관계에는 없기 때문이다. 그리고 여러분이 저런 사람들이라고 표현하고 그렇게 말하는 것은, 여러분 스스로가 그들에게 아무런 책임감을 가지지 않겠다는 뜻이며 그쪽이 더 편하다는 뜻이 담겨있다. 만약 여러분의 좌절의 원인을 우리가 아닌 다른 사람에게 전가한다면, 우리에게는 책임도 없고 스스로 변화될 필요도 없기 때문에 편할 수는 있다. 그러나 이런 사고 방식으로 자신을 도피시키면 여러분의 관찰력과 탐구력 그리고 경청하는 능력은 점차 무디어질 것이고, 결국에는 어떤 새로운 것도 수용하거나 이해하려는 마음은 사라지고 말 것이다.

⸿ 문화적응 안내도 사용하기

여러분 스스로가 부정적인 느낌들 때문에 힘들고 어려운 시간들을 보내야 했고 여러분 스스로가 행복하지 않았던 때가 있었는지 기억을 더듬어 보라.

또한 여러분이 이런 부정적인 감정들 때문에 스스로 바보같은 어리석은 결정을 했던 적도 있었을 것이다. 표 8.1에 있는 문화적응 안내도를 살펴보면서 다음의 질문들에 대답해 보자.

1. 어떤 문화적 차이가 부정적인 감정들을 자극하였는가?

2. 어떤 부정적인 감정들을 느꼈는가?

3. 그런 부정적인 감정들을 가졌을 때, 여러분의 마음에 무슨 생각이 들었는가?

4. 부정적인 감정들을 가지게 한 행동들이 있었다면 말해 보라. 지금은 그런 행동들을 부끄러워하고 있는가?

여러분의 대답들은 도표의 아래쪽 트랙에서 일어나는 상황들을 설명하는데 도움이 될 것이다. 그렇다면 이제 앞으로 이와 비슷한 문제가 또 다시 발생한다면, 어떻게 이 문제들을 다룰지 자신들에게 질문을 던져보라.

5. 만약 여러분이 이런 상황을 다시 만난다면 어떻게 다르게 행동할 수 있을까? 도표의 위쪽 트랙을 살펴보라. 구체적으로 어떤 부분을 다르게 해야 할지를 생각해 보라.

6. 위의 네가지 질문에 대한 여러분의 대답을 살펴보라. 그 중에 다른 사람들과의 신뢰감을 갖지 못하도록 하는 여러분의 행동은 없었는가? 그 신뢰감을 회복하기 위해서 여러분이 해야 하는 일은 무엇인가?

7. 도표의 위쪽 트랙을 살펴보면서 앞으로 일어날 수 있는 부정적인 감정들을 예상할 때 여러분은 무엇을 선택할 것인가? 혹은 앞으로의 상황을 고려하면서 여러분이 선택하기 원하는 것은 어떤 행동인가?

이런 간단한 질문들은 우리를 되돌아 보게 하며 우리 자신을 평가하고 앞으로의 행동을 준비하게 만든다. 이런 질문들을 자주 우리 자신에게 적용해 봄으로써 우리는 더욱 현명한 판단을 하게 될 것이다. 그리고 지속적으로 위쪽 트랙에 머물도록 격려해 주며 더욱 든든한 인간 관계를 유지하도록 도와 준다. 그래서 결국 우리가 여러 문화의 벽을 넘나들면서 살아가는 인생의 여정에서 품위와 격조를 유지하게 될 것이다.

❀ 다시 조율된 기대들

앞 장에서 우리는 기대치에 대해서 생각해 보았다. 얼마나 긍정적인 기대들이 우리 속에 많았는지 아니면 반대로 얼마나 부정적인 기대들이 많았는지를 생각해 보았다. 많은 기대들이 긍정적일수록 우리는 개방성과 수용성 그리고 신뢰감을 가지게 되었고, 그 문화에 가까이 접근했던 것을 알 수 있다.

반대로 우리의 기대들이 부정적이었다면, 아마도 두려움과 의심 그리고 융통성 없었던 경향이 우리 자신에게 있었음도 깨닫게 되었다. 이런 경우에 우리는 현지인들과 그들의 문화에 대한 부정적인 결과들로 혼란과 좌절을 느꼈고 자괴감도 느끼게 되었다. 그래서 우리가 장차 만나게 될 문화에 대한 두려움과 의심 같은 좋지 않은 선입견들을 가지고 현지에 간다면, 우리 속에는 점점 더 부정적인 감정들이 강화될 것이고 결국 우리의 행동도 역시 부정적으로 나타날 것이다. 그렇게 되면 현지인들은 우리를 행복하지 않은 사람들로 간주하여 현지의 문화에 잘 적응하지도 못하는 불평 불만투성이로 여기게 될지도 모른다.

이 장의 목적은 우리에게 문화적응 안내도를 제시함으로 해서 새로운 문화에 대한 부정적 방향이 변하도록 돕는 데 있다. 만일 우리가 그런 수렁에서 빠져 나온 경험이 있거나 잘못된 길에서 방향을 바꾼 적이 있다면, 이 문화적응 안내도는 우리에게 어디에서부터 잘못이 시작되었고, 올바른 길로 가려면 어떻게 해야 하는지를 가르쳐 줄 것이다. 또한 이 안내도는 우리 앞에 전개될 새로운 인간관계의 도전뿐만 아니라 기쁨이라는 두 가지 미래를 모두 다 보여줄 것이다. 이런 일들이 우리의 일생을 통해서 계속 이루어 지기를 바란다.

토론을 위한 질문들

1. 다른 문화권에서 피할 수 없는 감정들, 좌절, 혼란, 긴장, 그리고 당황 스러운 일들을 겪었을 때, 여러분의 느낌은 어떠했나? 왜 그런 느낌을 가졌는가?

2. 새로운 문화권에 들어가기 전에 개방성과 수용성 그리고 신뢰감을 쌓기 위해서 여러분이 준비할 수 있는 일들은 어떤 것들이 있을까? 어떻게 하면 일반적으로 느끼는 걱정과 의심을 줄이고 마음이 열린 따뜻한 사람이 될 수 있을까?

3. 여러분이 다른 문화와 접촉하게 될 때 보이는 전형적인 방법은 무엇인가? 이 단원을 통해서 여러분 자신이 깨달은 바는 무엇인가? 다른 문화를 경험하면서 여러분이 거기에 적응하기 위해서 바뀌어야 한다면 어떤 것들이 있는가?

4. 다른 사람을 화나게 했을 때, 먼저 사과하고 우정을 회복하는 일이 여러분에게 쉬운가 아니면 어려운가? 만약 다른 문화에서 그곳의 현지인을 화나게 했다면 어떤 방법으로 대화를 할 수 있을까? 그 대화가 여러분의 문화에서와 현지의 문화에서 같다고 생각하는가?

5. 여러분은 문화적응 안내도가 하나님과 우리들과의 관계를 설명하는데도 도움이 된다고 생각하는가?

문화적응을 위한 자세와 능력

9
개방성 :
어떻게 다가갈 수 있을까?

얼굴이나 생김새에 상관없이
그 사람을 하나의 인격으로 바라보고 대하지 않는다면
아직도 여러분은 사람을 판단하고 있는 것이다.

〈 글래디스 드프리 〉

여러분의 생애에 꼭 만나기를 원하는 그런 사람이 있는가? 가까이만 있어도 기분이 좋아지는 그런 사람이 있다면 그 이유는 무엇일까? 내 경험으로 말하자면, 그것은 바로 그 사람이 풍기는 관계의 개방성과 수용성 그리고 신뢰감이라고 말할 수 있다. 이런 주제들을 앞으로 세 장에서 다루게 될 것이다. 이러한 개방성과 수용성, 신뢰감을 실천하는 일은 새로운 문화에서 훌륭한 관계를 형성하는데 절대적으로 중요하고 도움이 된다. 그리고 어디에서 살아가더라도 우리의 인생을 풍성하게 해 주는 요소들임이 분명하다.

바로 앞 장에서 다룬 문화적응 안내도를 기억하는가? 거기에서 언급한 개방성과 수용성 그리고 신뢰감은 새로운 문화에 들어갈 때 우리가 가져야 하는 세 가지 덕목들이다. 이 덕목들은 우리를 올바른 방향으로 인도해 주고, 우리들로 하여금 도표의 위쪽 트랙을 걸을 수 있도록 도와 줄 것이며 비록 우리와 다르다 하더라도 현지에서 만나는 사람들과 긍정적인 관계를 맺도록 도움을 줄 것이다.

❀ 개방성

개방성은 다른 사람들을 여러분에게로 편하게 다가오도록 환영하고 사람들의 마음을 평안하게 만들어 주는 기술이다. 동의어로는 접근하기 쉬운(approachable) 이라는 말이 있다. 사람들이 우리에게 다가올 때 자기가 환영받고 있다는 감정은 어떤 느낌일까? 그것은 '개방성' 혹은 '다가가기 쉬운' 이라는 간단한 표현이면 충분하지만, 사실 사람들은 이 간단한 행동을 잘 표현하지 못하며 살아간다. 나 역시도 그런 사람 중 하나라는 사실을 잘 알고 있다. 그래서 나는 항상 사람들이 다가오기 편한 사람이 되려고 부단히 노력하고 있다.

개방성도 하나의 태도라고 할 수 있고 눈에 보이도록 스스로를 표현하는 기술이기는 하지만 손으로는 만질 수 있는 것은 아니다. 개방성이란 구체적인 행동과 태도로 표현되어야 비로소 볼 수 있다. 개방적인 사람들이 하는 행동들을 우리가 안다면, 그런 행동들을 잘 관찰하고 따라 함으로써 우리도 역시 개방적인 사람이라는 사실을 다른 사람들에게 보여 줄 수 있다.

내 생애에서 만난 사람 가운데 이런 개방적인 성품을 가장 멋있게 간직한 사람은 내 아내의 양 어머니인 헬렌 여사이다. 내 아내 뮤리엘은 선교사의 딸이었고 아버지는 그녀가 갓 두 살이 지났을 때 선교지인 짐바브웨에서 세상을 떠나셨다. 그러나 그녀의 어머니는 선교지를 떠나지 않고 여전히 짐바브웨의 시골 마을에서 사역을 계속하셨다. 내 아내의 나이가 일곱 살이 되었을 때, 그녀는 도시에 있는 선교사 자녀들의 학교로 보내졌고 줄곧 선교사 자녀들을 돌보는 집에서 지내게 되었다. 그곳에서 지내는 동안 선교사 자녀들을 위한 집을 운영하는 선교사 부부가 뮤리엘을 자기들의 양녀로 삼았고 그 관계는 지난 50년 동안 지속되었다.

뮤리엘과 내가 서로 결혼을 위해서 사귈 때, 그 선교사 부부는 안식년을 맞이하여 짐바브웨를 떠나 미국으로 돌아와 있었는데, 그들은 나를 만나자마자 나에게 자기들의 양자가 되어 주면 좋겠다고 했고 그래서 나는 그 가정의 양자가 되었다. 나는 처음에는 그것이 무엇을 의미하는지를 몰랐다. 내가 그 의미를 알게 되었을 때는 이미 나는 그들 가족의 일원이 되어 깊은 사랑을 받고 있었을 때였다.

이 놀랍고 아름다운 사람들이 바로 개방성을 가장 멋지게 발휘한 사람들이다. 어떻게 그들이 이런 삶을 살 수 있었는지를 좀 더 깊이 생각해 보려고 한다.

나에게도 개방성과 관련된 아름다운 추억들이 많이 있다. 그 동안 나는 약 75개 나라들을 다니며 강의를 했는데 그런 다양한 경험들이 나로 하여금 개방성을 생각하게 만들었다.

이 장에서는 다른 문화권에서 아주 성공적으로 살아남을 수 있었던 나의 경험과 의견들을 가감 없이 나누려고 한다. 여러분이 꼭 기억해 주기 바라는 것은 개방성과 수용성 그리고 신뢰가 어느 문화에서나 동일하게 중요한 가치라는 사실이다. 예를 들자면, 상대방의 눈을 바라보며 주목하는 것은 서구 사회에서는 수용과 동등함을 의미하지만, 다른 문화에서는 교만함이나 심지어는 오만한 행동으로 해석되기도 한다. 특별히 젊은 사람이 나이든 사람의 눈을 똑바로 쳐다보는 것은 건방진 행동이다. 젊은 사람은 눈을 내리고 바닥을 쳐다 보든지 아니면 적어도 상대방의 눈 아래부분을 바라보아야 정중하고 예의 바른 행동이라고 여기는 나라들이 세상에는 많다. 또 어떤 문화에서는 남자와 여자가 서로 눈을 쳐다 보는 것은 애정이나 성적인 의미를 담고 있다고 한다. 이런 문화에서는 남자들이 다가 오면 여자들은 의례히 눈을 내리고 아래쪽을 바라보아야 한다. 그래서 우리가 앞으로 가게 될 새로운 문화를 미리 알고 있는 것은 중요하며 사전에 그곳의 문화에 적응하는 교육과 훈련을 받을 필요가 있다.

부드럽게 미소 짓기. 우리가 헬렌 어머니의 집을 방문하면 헬렌 어머니는 항상 사랑이 가득한 큰 미소로 우리를 맞아 주셨다. 우리는 헬렌 어머니 집 근처에 살았는데, 그 작고 평범한 집에는 거의 매 주일 점심부터 저녁 때까지 10~20명의 사람들이 함께 모여 식사를 하곤 했다. 그 중의 절반은 혈연으로 맺어진 가족들이었고 나머지는 모두 친구들이었다.

그 자리에 가면 항상 새로운 사람들을 만날 수 있었으며, 만일 가까이 산다면, 그들은 곧 모두 허물 없는 '가족'이 될 사람들이었다. 자연스러운 웃음 소리는 끊이지 않았고, 이 집을 통해서 사람들은 서로서로 연결되었다. 거기 있던 사람들은 그곳을 세상에서 몇 안 되는 천국 혹은 평화로운 낙원이라고 부르기를 주저하지 않았다.

그렇다고 거기에서는 좋은 이야기만 해야 하는 것은 아니다. 사실 거기에 모인 사람들은 살아오면서 겪은 힘든 이야기도 서로 나누고 슬픈 이야기도 나누었다. 많은 이야기들이 오가기는 했지만 거기는 더할 나위 없이 마음이 편한 곳이었다. 헬렌 어머니는 항상 잔잔한 미소로 모든 이야기를 들어 주셨고, 그 집에 모인 사람들의 마음을 평화롭게 해 주셨으며, 고향 같은 따뜻함을 느끼게 해 주셨다. 이런 시간들을 통해서 우리가 누구인지를 깨닫게 해 주셨고 회복과 자신감을 얻게 해 주셨다.

손을 잡아 줌. 헬렌 어머니는 적극적으로 사람들에게 손을 내미는 분이셨다. 그 분은 사람들이 지나가는 모습을 보면 문을 열고 들어오라고 초대해 주시는 분이시다. 일단 문 안으로 들어 오기만 하면 항상 껴안아 줄 준비가 되어 있으셨고, 팔을 잡으며 따뜻하고 부드러운 목소리로 "이렇게 들어와 주니 내가 얼마나 좋은지!" 하며 잊을 수 없는 독특한 미소로 행복을 느끼게 해 주신다. 물론 여러분이 바로 그런 환영을 받아본 사람이라면 특별한 행복감과 존중감을 느낄 것이다. 어머니는 우리의 기분이 어떤지, 어떻게 하면 우리를 더 기분 좋게 해 줄지를 위해서 항상 배려하신다. 언제든지 우리들을 위하시지만 그래도 혹시라도 우리들이 강요 당하는 느낌을 받지나 않을까 하고 늘 신경 쓰시는 분이셨다.

질문 하기. 사람들이 내 삶이나 내가 하는 일에 대해서, 그리고 나의 활동에 대해서 물으면 나에게 관심을 가져 주는 것 같아서 우리는 행복해진다. 헬렌 어머니는 우리를 친 자녀들처럼 대해 주셨다. 우리에게 묻는 그녀의 물음에는 항상 깊은 관심과 애정이 담겨 있었고, 우리의 대답을 진지하게 들으시고 또 다른 궁금한 점들을 자상하게 물어보아 주셨다. 이런 대화는 자연히 우리의 마음을 열게 해 주었고 그러면서 생활 전반에 대한 편안한 대화가 오가게 되었다. 대화 중에 그녀의 사랑과 마음이 우리에게 전해졌고 자연스럽게 마치 부모와 자녀 같이 하나로 결속되는 경험을 하게 되었다.

사람들과 사귐. 만약 헬렌 어머니께서 우리를 대화로 이끌기 어렵다고 생각하시면, 우리가 좋아할 만한 게임이나 오락으로 자연스럽게 우리를 유도하시거나 혹은 자기가 최근에 시작한 새로운 일들에 대해서 본인의 이야기를 들려 주시며 대화의 주제를 바꾸셨다. 또 어떤 때는 우리가 그 이야기조차도 싫어하는 것을 느끼시면 곧바로 우리가 좋아하는 쪽으로 분위기를 바꾸셨다. 그것이 조용히 책을 읽는 것이건 신문을 보거나 TV를 보다가 꾸뻑꾸뻑 조는 것이건 무엇이든지 가장 편안하도록 우리를 배려해 주셨다. 어머니의 집은 마치 우리 집과 같이 편했다. 헬렌 어머니 앞에서 우리는 모두 특별한 사람이며 언제나 환영 받는 느낌과 편안한 느낌을 받았다. 어머니는 이런 능력을 가진 분이셨다.

판단 보류. 내가 처음 헬렌 어머니를 만났을 때, 그녀는 쉽게 남을 판단하지 않으시고 모든 사람들에게 다시 한번 생각함으로 더 많은 유익을 얻도록 도와 주시는 특별한 분이라는 느낌을 받았다. 사람을 판단하고 정죄하기 전, 그 사람과 우리 사이에 일어난 일의 진실을 객관적으로 바라 보는 눈으로 다른 사람을 배려하는 자세를 잊지 않도록 지혜를 주셨다. 어머니에게는 사람을 부정적으로 보는 관점이 없는 분처럼 보였다. 그러나 상황을 판단을 해야 할 때는 최선을 다해서 자비로운 마음으로 자기의 의견을 표현하셨지만, 그 사람을 위해서 계속 기도하셨다. 어쩌면 이것이 바로 그녀의 집을 따뜻한 사랑의 공동체로 기억하게 만드는 가장 중요한 비결이었다는 생각이 든다.

표현. 그러면 여러분들은 헬렌 어머니가 자기 의견이나 주장이 없는 사람, 혹은 우유부단한 사람이라고 생각하기 쉬울 것이다. 그러나 사실 그녀는 분명한 자기 주장과 가치관을 가진 분이셨고 자기 감정과 연결된 일에는 자유롭게 의견을 말씀하시는 분이셨다. 정말 놀라운 점은, 그녀는 예민한 문제에 대해서도 서슴없이 자기 의견을 표현하면서도 어쩌면 그렇게 열린 마음을 견지하고 모든 의견을 수용할 수 있는가 하는 점이다.

내가 오랜 동안 어머니를 가까이서 관찰한 다음, 나는 그 분에게서 두 가지의 능력을 발견하게 되었다. 첫째는 그녀는 서슴없이 물음을 던지는 형식으로 의견을 표하신다는 사실이다. 어머니의 질문은 판단하고 정죄하는 질문과는 정반대였다. 그녀는 자기의 의견을 표현하기 전, 충분히 다른 사람의 생각과 의견을 이해하려고 노력하셨다. 두 번째는 동일한 한 인간으로서 상대방에게 진정한 애정과 사랑을 보이셨고 다른 사람과 관계를 존중하는 것을 사명으로 여기셨다는 사실이다. 그래서 그녀가 서슴없이 자기 의견을 표현하면서도 거기에는 깊은 사랑과 관심이 함축되어 있음으로 언제든지 분위기는 긍정적이고 화기애애 했다. 그런 경우 비록 정반대의 의견이 나온다 하더라도 항상 희망적인 결론으로 마무리 되는 것을 경험하게 되었다.

그녀의 열린 마음에서 나오는 건강한 결론은 항상 밝은 인상을 남겼고 부정적인 부분은 찾아 볼 수가 없었다. 그래서 그녀와 함께 있으면 우리가 어떤 존재인지, 얼마나 소중한 사람들인지 느끼게 해 주셨다.

관용. 헬렌 어머니는 자주 음식이나 음료, 사탕이나 작은 선물들을 주셨는데 이를 통해서 자기가 우리를 얼마나 사랑하며 생각하고 있는지, 그리고 얼마나 우리를 귀하게 여기시는지를 느끼게 해 주셨다. 그녀는우리들의 생일과 기념일을 기억하고 계셨으며 특별한 날과 크리스마스뿐만 아니라, 자기기 원할 때 작은 선물들을 준비해서 보내곤 하셨다. 그녀는 다른 사람들의 유익과 행복을 위해서 자기의 모든 것을 바치는 분이셨다. 이처럼 분명한 사랑의 표현들은 그녀가 우리를 얼마나 사랑하시는지를 느끼기에 충분했다.

작별은 천천히. 나는 많은 사람들이 우리 집에 와서 한바탕 파티를 마치고 돌아가면, 그 때 일종의 안도감을 느낀다는 사실을 고백하지 않을 수 없다. 그러나 우리가 헬렌 어머니의 집을 떠날 때, 그녀는 우리에게 전혀 그런 느낌을 주지 않았다. 우리가 그 집에서 네 시간, 혹은 그 이상 더 오랜 시간을 보냈음에도 불구하고 그녀의 얼굴과 표정은 항상 우리에게 정말 "이렇게 빨리 떠날꺼야?" 하는 아쉬움으로 가득했다. 아내와 내가 이제는 집으로 돌아가야 할 시간이라고 눈짓하면, 그녀는 언제나 "조금만 더 있다 가면 안돼?"라고 말씀하셨다.

다시 오라는 초대. 헬렌 어머니는 종종 주일 오후나 저녁 때에 놀러 오라는 전화를 잊지 않으셨다. 초대 중에는 식사초대도 있었지만, 대부분은 함께 시간을 보내자는 교제의 초청이 더 많았다. 우리가 보고 싶다는 말씀은 언제나 듣기 좋았다. 우리는 항상 따뜻한 사랑을 받으며 환영 받는다는 느낌을 받았으며 다른 나라와 다른 문화에서 온 사람들에게도 같은 열린 마음으로 환대와 사랑을 베푸셨다.

내가 아는 이런 가치는 헬렌 어머니에게서 뿐만 아니라 세계 도처에서 열린 마음으로 교제하는 모든 사람들로 부터 공통적으로 느끼는 감동이었다. 이렇게 서로 주고 받는 사랑의 관계는 참으로 위대한 것이다.

1. 여러분이 아는 사람들 중에 또 다른 방법으로 개방성을 보여주는 사람
을 만난 경험이 있었나?

2. 이 장에서 언급한 개방성의 표현 가운데서, 여러분이 더욱 열린 마음
의 소유자가 되기 위해서 더 노력하고 발전시켜 나가야 하는 점이 있
다면 어떤 부분인가?

3. 여러분 자신의 열린 행동들에 점수를 주라. 아래 항목에 여러분 자신
이 1~10점을 주라. (1 = 매우 낮음 10 = 아주 높음)
   - 부드러운 환영의 미소 ································ (   )
   - 다른 사람의 손을 잡아 줌 ···························· (   )
   - 질문하기 ·· (   )
   - 적극적인 경청 ···································· (   )
   - 대화로 사람들과 사귀기 ···························· (   )
   - 판단을 보류하기 ·································· (   )
   - 여러분 자신을 표현하기 ···························· (   )
   - 관용하기 ·· (   )
   - 모임의 마무리는 천천히 ···························· (   )
   - 다음에 또 만나자는 초대 ···························· (   )
   여러분의 점수가 여러분 스스로를 열린 마음의 소유자라는 것을 증명
   하는가?

4. 여러분의 평가 중에서 어느 부분이 더욱 계발되어야 할까? 그러려면 어떻게 하면 좋을까? 여러분이 앞으로 들어가려고 하는 문화를 생각하면 어떤 것들은 그곳에서 문화적으로 수용될 수 없는 항목들도 있을 것이다. 어떤 것들이 그런 항목들인가? 왜 그런가? 어떻게 그렇다는 사실을 알게 되었나?

5. 때때로 우리가 우리 자신을 평가한 그대로 다른 사람들이 우리를 본다면 그것은 오히려 다행이고 좋은 일이다. 위에 있는 항목들을 세 명이나 다섯 명의 다른 사람들에게 보여주고 자세히 설명한 다음, 그들의 관점에서 그들이 여러분에 대해서 점수를 매기도록 해 보라. 그들의 이름을 익명으로 하기로 하고 부탁하면 여러분에 대한 객관적이고 정직한 평가를 받을 수 있을 것이다. 그런 다음 그들이 여러분에게 준 점수와 여러분 스스로의 점수를 비교해 보라.

10

수용성 :
어떻게 긍정적일 수 있을까?

나는 불과 몇 년 전, 저명한 성서 신학자의 강의를 듣기 전까지 수용성이 그렇게 중요한지를 깨닫지 못했다. 그 성서학 교수는 "요한복음 3장 16절은 크리스천이 아닌 세상 사람들을 위해서 하나님이 주신 말씀이라면, 이미 크리스천이 된 사람들에게 주시는 말씀은 로마서 15장 7절 말씀이다."라고 강조했다. 우리들 대다수는 요한복음 3장 16절은 모두 암송한다. 나는 신학교를 졸업한 사람이고 신학사 학위를 받은 사람이지만, 로마서 15장 7절에 무슨 말씀이 있는지 알지 못했다. 그래서 나는 나의 어리석음을 드러내지 않으려고 그 말씀을 찾아 읽으며 통찰력을 얻기 위해 오랫동안 묵상했던 적이 있었다. 그 날도 성경을 펴놓고 말씀을 천천히 읽고 있었다. "그러므로 그리스도께서 하나님의 영광을 드러내시려고 여러분을 받아들이신 것과 같이, 여러분도 서로 받아들이십시오." 아마 여러분

중에도 이 말씀이 특별히 크리스천이 된 우리들에게 주신 말씀이라고 강조한 이유를 알지 못해서 의아해 하는 사람들이 있을 것이다. 여기에 나오는 "받아들이십시오"라는 단어를 완전히 이해하기 전, 나 역시도 그런 사람 중에 하나였음을 고백하지 않을 수 없다. 그 날 이후 나는 왜 그 교수가 이 말씀을 그렇게 강조했는지 그 의미를 충분하게 깨닫게 되었다.

❀ 받아들이십시오

받아들인다는 말은 가치를 인정하고, 존중하며, 귀히 여기고, 다른 사람을 존경하라는 의미를 담고 있다. 이 말을 사람들에게 적용하면, 상대방을 귀중히 여기고 존경하며 그 분을 높여 드린다는 말이다. 받아들인다는 표현이 마치 참고 인내한다는 말과 같이 수동적인 개념으로 나타나지만, 사실 여기서 받아들인다는 말은 수동형이 아니라 미리 사전에 대처한다는 의미의 능동형으로 사용되었다. 이 말은 의도적으로 다른 사람을 배려하고 넓은 마음으로 존중하고 높여준다는 의미이다.

받아들임이라는 짧은 한 단어가 왜 이 책의 한 장을 차지하게 되는지, 그리고 이것이 왜 우리의 삶에 그렇게 중요한지에는 여러 가지 이유가 있다. 첫 번째는, 바울은 로마의 크리스천 공동체에게 보낸 서신에서 문화가 서로 다르다는 점 때문에 분열의 위기에 처한 그들에게 피차에 받아들일 것을 부탁하며 강조하였기 때문이다. 두 번째는, 사도 바울이 받아들이는 모범을 보이신 모델로 그리스도를 우리에게 소개하며 그 분을 본 받으라고 가르쳤기 때문이다. 세 번째는, 우리도 모든 사람들에게 이와 같이 받아들임을 실천해야 하기 때문이다. 모든 인류에게는 하나님의 거룩한 성품이 담겨 있다. 하나님께서는 당신의 형상을 우리 인간들에게 심어주셨기 때문에 우리 속에는 이미 그 분의 성품이 담겨 있다. (창세기 1:27)

✿ 바울과 로마의 크리스천들

로마에 있는 교회는 교인들의 분열로 인해 둘로 나누어질 위기에 처해 있었다. 그 이유는 자기들이 자라난 각각의 문화 전통에 따른 양심의 문제 때문이었다. 바울은 이 두 그룹을 '믿음이 약한 사람' 과 '믿음이 강한 사람' 이라고 나누어 부른다(롬 14:1-4, 15:1). 이 구분은 두 그룹에 대한 영적인 특징을 말하는 것이 아니라, 어떤 예민한 전통, 즉, 우상 제단에 바쳐진 음식을 먹어야 하는가 먹지 말아야 하는가(롬15:1)에 대한 양심과 전통의 문제였다. 믿음이 약한 사람들은 대부분 유대 크리스천들이었다. 그들은 유대 전통과 절차에 따라 마련되고 장만된 음식만 먹을 수 있었다. 그들은 로마의 달력을 사용하기는 했지만 유대인의 절기를 지켜야 했고, 양심의 문제에 대단히 예민했고, 전통으로 내려온 정결 규례를 범하지 않으려고 노력했다.

반면에 믿음이 강한 사람들은 이방의 문화 전통을 따르던 크리스천들이었다. 그들은 음식 규정이나 절기에 대해서 그다지 예민할 이유가 없었다. 그들은 그런 규범을 지키는 일에 예민하거나 큰 관심을 가질 필요를 느끼지 못하는 그런 부류의 사람들이었다.

사도 바울은 이렇게 첨예하게 대립된 서로 다른 견해 때문에 "시비거리로 삼지 마십시오"(롬 14:1)라고 당부했다. 사도 바울은 문제가 되는 이 두 그룹의 차이를 지적하면서, 이것은 심각한 교리의 문제가 아니며 그렇게 예민한 도덕의 문제도 아니라고 설명하였다. 다만 다를 뿐이며 이런 문제로 교회가 나누어지고 그리스도의 몸이 분열된다면 그건 정말 어리석은 일이라고 강조했던 것이다. 그러나 여기서 우리가 주목할 것은 당시 세계의 중심이었던 로마에서 교회를 분열 직전까지 몰고 갔던 심각한 문제는 다름 아닌 문화의 차이였다는 점이다.

⌗ 받아들임은 사랑이다

다른 사람을 받아들인다는 말은 다른 사람을 사랑한다는 말이다. 로마서 12장부터 15장까지를 보면, 사랑의 중심은 관계에 있다고 강조한다. 바울은 유대인 크리스천과 이방인 크리스천 모두에게 똑같이 사랑으로 서로를 받아들이기를 실천하되, 절대로 서로 비판하거나 판단하지 말라고 당부했다(14:1, 10, 13). 어느 쪽도 상대방을 열등하다고 말하거나 판단하지 말아야 한다. 왜냐하면 하나님께서 그들을 모두 받아 주셨기 때문이다(14:3).

바울은 "그러므로 우리는 서로 평화를 도모하는 일과 서로 덕을 세우는 일을 힘씁시다. 음식 때문에 하나님의 일을 무너뜨리지 마십시오."(14:19-20)라는 말로 결론을 맺는다. 마지막 구절은 이렇게 바꾸어 읽을 수도 있다. "우리 인간들의 전통이나 문화 때문에 하나님의 일을 무너뜨리지 마십시오."

교훈들

우리는 로마에 있는 크리스천들로부터 몇 가지 교훈을 얻을 수 있다.

1. 사람들은 일이나 사물을 서로 다른 관점에서 바라 볼 수 있는데 그것은 문화적 차이 때문에 오는 것이다.

2. 다르다는 이유로 주님의 몸의 한 구성원을 소외시킬 수 있는데 이것은 하나님의 역사를 분열시키는 잘못이다. 우리는 이런 일이 일어나지 않도록 노력해야 한다.(엡4:3)

3. 받아들이라는 말은 사랑의 강력한 표현이다. 하나님께서는 생각이 전혀 다른 사람들까지도 받아들이셨다. 이런 모범을 우리 주님께서

먼저 보이셨으므로 우리도 그들을 사랑해야 하는 것이다.

4. 만일 무엇인가 우리와 다른 문화나 사람들 때문에 화가 난다면, "여러분 각자가 가지고 있는 신념을 하나님 앞에서 간직하시오."(롬 14:22) 라는 말씀을 기억하라.

5. 만약 어떤 사람들의 다른 점이 성서의 가르침과 상반되는 것이 아니고 문화의 문제라고 한다면, 우리는 그 사람들을 받아들이고 존귀하게 여겨야 한다. 그리고 오히려 그들로부터 배우는 자세를 가져야 한다. 왜냐하면 하나님께서 그들을 이미 용납하셨기 때문이다.

6. 그리스도께서 아직 우리가 죄인 되었을 때 이미 우리를 용납하셨고 받아주셨기 때문에, 우리도 아직 그리스도의 주 되심을 인정하지 않고 죄 가운데 있는 사람들까지 받아들이도록 노력해야 한다.(롬15:7)

❀ 그리스도: 받아들임의 모범

가장 강력한 받아들임이 무엇인지를 깨닫기 위해서는 그 반대의 개념인 거부나 거절이 무엇인지를 살펴보면 그 뜻이 더욱 분명해 진다. 거부 혹은 거절이란 인간의 언어 가운데 가장 고통스러운 언어 중 하나이다. 신체적인 상처도 아픔이겠지만, 감정적인 상처는 인간들에게 남는 가장 큰 아픔이다. 여러 가지 감정적인 상처들은 흔히 친구, 부모, 배우자, 친척 등 가장 가까운 사람들로부터 받은 거절이나 거부이기 때문이다. 거부감이란 너무나 가혹한 것이다. 이런 감정의 상처는 치유되고 회복되려면 오랜 시간이 걸린다.

한번 생각해 보자. 그리스도는 얼마든지 우리를 거부하실 수 있으신 분이시다. 다음에 나오는 표현들의 의미를 생각해 보라.

사람들에게 거부 당하는 것은 고통스러운 일이다. 그러나 만일 우리가 그리스도로부터 거부를 당했다면 그것이야 말로 가장 비참한 일이다. 왜 냐하면 그 결과와 형벌은 영원하기 때문이다. 그렇게 된다면 우리는 그분의 사랑 밖에 버려진 존재로 전락하고 정죄를 받으며 아무런 희망도 없는 존재로 사라져 버리게 될 것이다.

우리 모두 거부 당할 수 밖에 없는 처지라는 사실을 상기하게 되면 그리스도께서 아무런 전제 없이 우리를 전적으로 받아주셨다는 성서의 구절은 정말 아름다운 구절임을 알게 될 것이다. "그러므로 그리스도께서 하나님의 영광을 드러내시려고 여러분을 받아들이신 것과 같이, 여러분도 서로 받아들이십시오."(롬15:7).

그리스도께서는 우리를 받아 주셨을 뿐만 아니라 우리를 높여 주셨다. 그것은 우리가 훌륭하거나 그럴만한 가치가 있어서가 아니라, 하나님께서 당신의 형상을 우리 안에 심어 주셨기 때문이고 당신의 거룩함을 우리를 부어 주셨기 때문이다. 아버지의 거룩하심 때문에 그리스도께서도 우리를 용납하시는 것이다.

그러면 주님께서는 어떻게 어떤 조건으로 우리를 받아 주셨는가? 아무런 조건 없이 사랑으로 우리를 있는 모습 그대로 받아주셨다. 그러므로 우리도 그 분이 보여 주신 모범을 다른 사람들에게 적용하고 실천해야 한다. "그러므로 여러분도 서로 받아 들이십시오…. 그리스도께서 여러분을 받아들이신 것과 같이……"

우리들의 상황을 고려하여 볼 때 – 사무실, 학교, 집, 이웃 사이에 – 우리 주변에서 누가 가장 수용하기 어려운 사람인가?

- 왜 그렇게 되었는지 생각해 보라.
- 하나님께서는 그 관계를 어떻게 느끼실지 생각해 보라.
- 하나님께서는 그 사람을 어떻게 보실까 생각해 보라.
- 그 사람 속에 있는 하나님의 형상은 과연 무엇인지 생각해 보라.
- 그 사람과의 관계가 하나님과 여러분의 관계에 어떤 영향을 미칠까 생각해 보라.
- 그 사람과 어떻게 하면 새로운 관계를 시작할 수 있을지 생각해 보라.

우리들의 현실 속에서 그리스도께서 여러분을 받아들이셨듯이 서로를 받아들이는 삶을 실천하게 되면, 여러분은 올바른 생각과 태도를 가지고 올바른 행동을 실천하며 살아가게 될 것이다. 그런 태도는 곧 문화가 다른 곳에서도 그대로 적용될 수 있는 태도이다.

1. 여러분은 어떤 모습으로 다른 사람들을 받아들이는가? 그리고 또 다른 사람들은 어떤 모습으로 여러분을 받아들이고 환영하는가?

2. 여러분이 앞으로 만나게 될 문화에서 그 사람들이 여러분을 받아들이는 방법은 어떤 것일까? 여러분의 문화에서 받아들이는 모습과 방법이 앞으로 가게 될 문화에서도 그대로 적용될 것이라고 생각하는가? 여러분의 대답에 대해서 설명해 보라.

3. 어떤 종류의 사람들이 여러분에게 가장 받아들이기 어려운 사람들인가? 왜 그렇게 되었나?

4. 그리스도께서 여러분 한 사람 한 사람을 받아주셨다는 사실이 여러분 개인에게는 어떤 의미가 있는가?

11

신뢰성 :
어떻게 깊은 관계를 형성할 수 있을까?

이 장에서는 신뢰에 대해서 다루게 될 것이다. 신뢰란 이 책이 말하고자 하는 가장 중요한 개념 중 하나이다. 아래의 문장을 잘 음미해 보라. "인간들 사이에 신뢰감이 없다면 인생에 의미 있는 일은 하나도 일어나지 않을 것이다."

여러분은 이 말에 동의하는가? 절친한 친구들 사이의 우정을 만드는 중요한 비결들을 여러가지로 말할 수 있지만, 최고의 덕목은 서로 간의 신뢰라고 말할 수 있지 않을까? 만일 의사가 "이 약을 드십시오"라고 말한다면 여러분은 그 의사의 처방을 따를 것이다. 왜냐하면 여러분이 그 의사의 전문적인 지식과 능력을 신뢰하기 때문이다. 신뢰의 범주에는 능력(자격증)이나 진실성(믿을 가치가 있는)이라는 측면이 있으며, 동시에 이 두 측면 모두를 포함하기도 한다. 어쨌든 신뢰는 모든 좋은 관계를 심화시켜주는 중요한 요소이다.

만일 우리가 다른 사람을 신뢰하지 않는다면, 그 사람의 말을 경청하고, 그의 말을 따르고, 모든 노력을 투자하여 그 사람과의 관계를 발전시켜 나갈 필요가 없다. 신뢰는 관계의 가치를 더욱 높은 차원으로 인도한다. 예를 들자면 예수님을 따르는 것 같은 중요한 결단은 믿음과 신뢰가 없이는 불가능하다.

사람들이 여러분을 신뢰할 때 그들은 여러분을 존중하게 된다. 만일 우리기 사람들과 깊은 신뢰를 먼저 형성한다면 그들은 우리 말을 듣고 따르고 우리가 전하는 메시지를 소중하게 여길 것이다. 우리가 다른 사람들과 만나 신뢰나 믿음을 쌓는 노력을 전혀 하지 않는다면 그들은 우리의 말을 경청하지 않을 것이다. 잘 알지도 못하는 사람이 어느 날 불쑥 나타나서 우리에게 살아가는 방식을 바꾸라고 요구 한다면, 대다수의 사람들은 그들의 말을 듣지도 않고 자기들의 생활 방식을 바꾸지도 않을 것이다.

❀ 신뢰보다 우선 되는 질문

신뢰보다 우선되는 질문은 어떻게 우리가 사람이나 공동체와 신뢰의 관계를 만들어 갈 수 있는가 라는 질문이다.[1] 내가 아내에게 결혼 1주년 기념 선물로 준 스노타이어를 기억하는가? 나는 스스로에게 무엇으로 신뢰를 쌓을 것인가에 대해서 물었다. 그것은 참 중요한 질문이었다. 그러나 거기에 한가지 빠진 것이 있었는데, 그것은 바로 '내 아내와의 관계에서' 라는 말을 넣어서 질문 했어야만 했었다는 사실이다. 만일 우리가 위의 질문에서 첫 번째 부분만을 묻는다면 – 무엇으로 신뢰를 쌓을 것인가? – 우리 자신의 기준에서 출발하는 대답을 찾게 되고 그렇게 되면 우리는 첫 장에서 소개한 원숭이와 같은 행동을 저지르고 말 것이다.

내가 아내를 위해서 선물을 준비할 때에도 나는 당연히 '어떻게 내 아내와 신뢰를 쌓을 것인가' 라는 물음을 던졌어야 했다. 이처럼 우리가 좋은 관계를 맺고 싶은 사람을 만나게 되면, 우리는 더욱 계획적이고도 의도적으로 어떻게 그 사람과의 신뢰를 만들어 갈 것인가를 물어야 한다. 만일 그가 다른 문화에서 온 사람이라면 더욱 중요하게 그 점을 염두에 두고 질문해야 한다. 나는 여기서 '계획적이고 의도적으로' 라는 표현을 사용했는데, 그 이유는 우리가 너무나도 쉽게 이 점을 간과하거나 잊어버리기 때문이다.

우리는 아래와 같은 물음을 모두에게 꼭 같이 던질 필요가 있다. "어떻게 그 사람들과 신뢰를 쌓아 갈 것인가? 그리고 그들의 문화적 기준에서 어떻게 신뢰를 만들어 갈 것인가?" 이런 물음을 심각하게 하루에도 여러 번씩 자기 자신에게 던져보라. 만일 우리가 이런 노력을 의도적으로 하지 않는다면, 우리는 모두 자신들의 문화적 기준에 안주해 버리는 사람들이 될 것이다.

아내를 위해서 좋은 향수나 꽃과 같이 받는 사람이 원하는 선물을 준비하지 않고, 스노타이어와 같이 주는 사람 본위의 선물을 준비하는 그런 사람들이 된다는 말이다. 특히 우리가 익숙하지 않은 문화권에 들어가게 될 때 이런 일은 더욱 자주 일어난다. 원숭이가 물고기를 도와 주려고 했지만 오히려 물고기를 죽인 것과 같은 치명적인 실수도 바로 이런 맥락에서 이해해야 한다.

✣ 신뢰는 문화적으로 정의된다

다른 문화에서는 내가 주장하는 방식대로 신뢰를 쌓는 일이 적용되지 않을 수도 있다. 오히려 어떤 때는 그와 정반대로 적용되는 경우도 있다.

다양한 상황에서 들은 이야기들을 예로 들어 설명해 보기로 하자.

메리와 조 스미스 부부는 다른 문화권에서 일하며 그곳의 사람들과 좋은 관계를 맺기를 원했다. 조 스미스 씨는 함께 일하는 동료인 코코 씨와도 좋은 우정을 나누기를 기대했다.

그래서 조 스미스 부부는 코코 씨 부부를 자기 집으로 초대해 저녁 식사를 대접했다. 그날 저녁은 두 부부 모두에게 아주 즐거운 시간이었다. 이제 스미스 씨 부부는 현지인, 코코 씨 부부가 무엇인가를 제안하기를 기대했다. 서로이 사귐과 좋은 우정을 위해서 — 예를 들자면 코코 씨 내외가 답례로 자기들을 초청해 주는 것, 혹은 그와 비슷한 어떤 일을 기대했다. 그러나 몇 주가 지나도 아무런 초대가 없었다.

스미스 씨 부부는 또 다른 현지인 부부를 초대하여 식사를 대접했다. 그 현지인들도 스미스 씨 댁에 와서 식사도 하고 즐거운 시간을 보내고 돌아갔다. 그러나 그들도 역시 아무런 답례나 스미스 씨 부부를 자기 집으로 초대하는 일을 하지 않았다. 이런 일이 여러 차례 계속되자 스미스 씨 부부는 적지 않은 실망과 함께 이곳의 현지인들은 감사할 줄 모르는 사람들이라고 부정적인 판단을 해 버리고 말았다. 바로 여기에 문화가 서로 다른 곳에서 그 현지인들과 관계를 맺을 때 알아야 하는 중요한 교훈이 감추어져 있다.

잘못된 의사소통. 우리가 알아야 하는 중요한 점은 여기에 등장한 모든 부부들이 똑 같이 좋은 우정을 원했다는 사실이다. 그러나 더 중요한 점은 서로 상대방을 향한 행동은 그와는 정반대로 했다는 점이다. 무슨 말인가? 여러분은 왜 현지인 부부가 스미스 씨 부부를 향하여 '저 사람들은 우리와 좋은 우정을 만들고 싶어하지 않는다'고 생각했는지를 짐작할 수 있는가? 만약 짐작할 수 있다면 해답은 너무나도 간단하고 분명하다. 만약 여러분이 스미스 씨 부부라면 어떻게 행동했을까?

아프리카와 스패니쉬 여러 문화권에서, 그리고 아시아의 여러 나라들에서도 시간과 장소를 정해서 어떤 목적을 가지고 저녁식사를 초대하는 것은 서로의 우정을 돈독하게 하자는 의미가 아니라, 어떤 공식적인 협상을 하자는 뜻으로 이해된다.

그런 문화에서 진정한 우정을 원한다면, 약속없이 지나가는 길에 불쑥 방문하고, 아무런 예고 없이 찾아와 교제를 나누거나 밥도 먹고 가야 정말 좋은 친구를 원한다는 뜻이다. 만약 시간을 정해 놓고 초대하고 그렇게 초청에 응하는 것은 "나는 당신과 우정을 원하지 않습니다"라는 뜻이다. 그러나 불쑥 찾아와서는 "지나가는 길에 그냥 들렀네"하고 말하는게 가장 좋은 우정을 쌓는 방법이고, 특별히 그 시간이 식사 시간이어서 숟가락을 하나 더 놓고 함께 밥을 먹을 수 있다면, 그 자리야 말로 가장 좋은 만남이요, 이들은 가장 가까운 친구라는 뜻이다. 그들의 문화에서는 이런 태도가 가장 친한 친구를 만드는 방법인 것이다.

그러나 이런 방식의 방문을 북미의 사람들이 겪게 된다면 이보다 더 당황스러운 일이 또 있을까! 서양 사람들이게 이런 행동은 예의에도 어긋나는 큰 실례이고 절대로 하지 말아야 하는 일로 여긴다. 우리 서양 사람들은 이렇게 예정 없이 방문하는 것을 매우 싫어한다. 왜냐하면, 손님을 초대할 때는 집을 깨끗이 하고 특별한 음식을 준비하는 것을 기본으로 생각하기 때문이다. 예고 없이 손님이 불쑥 찾아올 경우 여분의 음식을 어떻게 준비하겠는가?

대부분의 서구 가정에서의 저녁식사 시간은 가족들만의 시간으로 간주된다. 구조적이고 조직화된 사회에 살다 보면 저녁식사 시간이 되어야 온 가족이 함께 만나게 되고 한 식탁에 둘러 앉을 수 있기 때문이다. 그래서 일반적으로 서구인들은 누구나 이 저녁 시간만큼은 가족들만의 시간으로 생각하고 이 시간에 다른 사람들이 끼어들거나 방해 하는 것을 싫어하며, 동시에 다른 사람들의 가족 시간도 침범하지 않으려고 한다.

그러나 여전히 세계의 여러 문화권에서는 불쑥 찾아오는 사람들이 있기 때문에 음식을 넉넉히 준비하는 풍습이 남아 있는 곳이 많이 있다. 혹시 음식이 부족하면 어린 아이들은 나중에 먹게 하거나 이웃에 있는 친척 집으로 보내어 거기서 얻어 먹게 하는 경우도 있다. 그 집에 손님을 받을 준비가 되어 있는지 아닌지는 중요하지 않다. 그냥 그렇게 편하게 예정 없이 들릴 수 있는 것이 좋은 일이고, 함께 시간을 보낸다는 것이 더욱 중요하기 때문이다. 그들에게는 집이 잘 정리정돈 되었는지 아닌지에 신경을 쓸 필요가 없다. 오히려 이렇게 찾아올 수 있다는 사실과 그렇게 찾아오는 사람이 있다는 사실이 더 중요하고, 그들과 함께 시간을 가지고 즐길 수 있다는 사실이 중요할 따름이다.

더욱 조심하기. 여러분이 앞으로 들어가게 될 문화에서 그곳의 사람들은 어떤 방법으로 신뢰를 쌓아가는지를 주의해서 살펴보라. 여러분은 여러 가지 측면에서 그들의 행동을 발견할 수 있을 것이다. 사람들의 행동을 관찰하고, 그 문화권에 더 일찍이 들어와 좋은 인간관계를 형성하고 있는 오래된 사람들에게 질문하고, 그 사람들이 나누는 대화를 주의 깊게 듣는 일과 현지인들에게 내가 다른 사람과 좋은 관계나 우정을 만들기 위해서 무엇을 해야 하는지를 질문하는 일 등이 있을 것이다. 나는 여기서 신뢰라는 말 보다 우정이라는 표현을 사용하기를 원하는데, 그 이유는 우정이라는 말이 좀 더 정확한 표현이기 때문이다.

✿ 신뢰는 개개인에 따라 정의된다

　신뢰란 문화적으로도 정의될 수 있지만 동시에 개개인에 따라서 정의될 수도 있다. 스노타이어 이야기는 한 좋은 실례이다. 여기 또 다른 한 남편의 이야기를 소개하려고 한다.

　이 부부도 신혼이었고 남편은 매우 활동적이고 운동을 좋아하는 사람이었다. 남편은 자기 아내의 생일에 공기총을 선물로 준비했다. 이 공기총을 아내에게 선물로 사면서 이처럼 비싸고 소중한 선물에 흠집이 생기지 않도록 고급 상자까지 준비했다. 그리고 선물과 함께 이런 사랑의 메시지도 적어 넣었다: "나는 사랑하는 당신에게 선물로 보내는 이 공기총이 우리들의 만남과 사랑을 더욱 깊게 해 줄 것이라고 믿어요. 이제 우리는 함께 숲 속을 거닐게 될 것이고, 사냥감을 향해서 함께 총을 쏠 것이며, 함께 잡은 고기를 나누어 먹으며 사냥의 추억을 나누게 될 것입니다." 그러나 이 말은 아내를 전혀 행복하게 만들지 못했다.

　남편은 아주 심각하고 진지하게 아내의 생일 선물을 준비했지만, 그는 자기 아내가 집에 있기를 좋아하는 가정적인 사람이었다는 사실을 전혀 이해하지 못했던 것이다. 이 사람은 비싼 선물을 사는데 많은 돈을 썼으며 비록 자기의 의도와 계획은 좋았다고 하더라도, 결국 그 선물은 처절한 실패로 끝나고 말았다.

　그의 아내는 사냥은 고사하고 간단한 운동도 좋아하지 않는 여성이었다. 마치 이 책의 처음에 나오는 원숭이 이야기처럼 그 친구는 자기의 기준으로 모든 것을 판단했고 자기 생각대로 결정했던 것이다. 이 남편도 역시 자기의 사랑을 아내에게 표현하고 싶어 했다. 또 아내와 믿음과 신뢰를 쌓고 싶은 마음은 간절했지만 결과는 허무한 실패로 끝나고 말았다. 왜 그렇게 되었을까? 이유는 간단하다. 신뢰를 쌓으려는 의도와 동기는 좋았지만 '내 아내와의 관계에서' 라는 이 한 마디를 기억하지 못했기 때문이다. 우리들의 문화에 머무는 동안에도 이렇게 상대방을 생각하며 질문을 던지는 훈련과 이런 관계를 고려하여 대답을 찾는 노력을 꾸준히 해 나간다면, 앞으로 다른 문화권에 들어가서도 그렇게 질문하고 대답하는 일이 익숙해지고 쉬워 질 것이다.

신뢰의 유무는 모든 관계를 정의하는데 중요한 요소이다. 더욱 정확하게 표현하자면 다른 사람들에게 억지로 강요한다고 해서 신뢰가 생기는 것은 아니라는 말이다. 그렇게 강제성을 띄면서 요구만 한다면 정말 소중한 사랑의 메시지를 전달하기보다는 스노타이어를 선물하는 것 같은 어리석음만 범하게 된다. 그렇게 된다면 마치 바울이 말한 것처럼, 참 사랑이 아닌 '요란한 꽹과리' 가 되고 말 것이다(고전13:1).

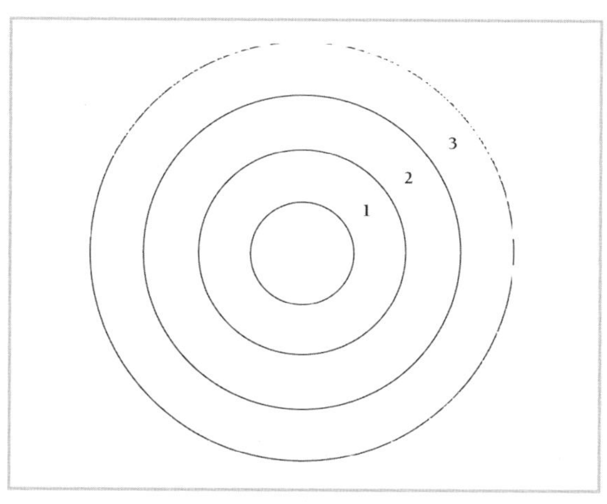

표 11.1. 신뢰의 원형

신뢰의 서클. 신뢰는 매일매일 모든 사람들과의 관계에서 필요한 것이다. 우리는 날마다 우리 주변에 있는 사람들, 비록 신뢰가 깨어진 사람들

이라 하더라도, 그들과 함께 신뢰 쌓기를 계속하며 살아가야 한다. 그럼에도 불구하고 우리가 신뢰의 문제를 생각할 때는 구체적인 한 사람과의 관계를 생각하며 집중하는 것이 좋은 방법이다.

표 11.1은 동심원이다. 여러분의 이름 알파벳 머리글자 이니셜을 가장 작은 원에 적어보라. 그리고 여러분에게 가장 가까운 사람들이나 혹은 여러분이 가장 신뢰하는 사람의 이름 이니셜을 동그라미 1 안에 적어보라. 그리고 동그라미 2번 안에는 그 다음으로 신뢰하는 사람의 이름 약자를 적고, 그 다음 3에는 여러분이 조금 신뢰하는 사람, 혹은 신뢰하지 않는 사람 아니면 신뢰가 완전히 깨어진 사람의 머리글자를 적어보라. 지금 바로 이렇게 3~5분 동안 여러분이 생각한 이름들의 약자를 적어 넣는 동안은 더 이상 다음 장을 미리 읽지 않기를 바란다.

이제 다음의 질문들에 대답하라:

1. 여러분의 부모님의 성함은 어디에 적혀 있는가? 형제자매들의 이름은? 삼촌과 숙모? 할아버지 할머니의 성함? 배우자? 동료? 여러분이 원한다면 새로운 이름들의 약자를 지금 적어 넣어도 좋다.

2. 그리스전늘의 이름은 어디에 적혀 있는가? 크리스천이 아닌 사람들은?

3. 여러분의 기대보다 더 멀리 이름이 적혀 있는 사람들이 있는가? 왜 그들이 여러분과 더 가까이 있어야만 한다고 생각하는가? 어떻게 하면 그들의 이름을 더 가까이 둘 수 있을까?

4. 여러분에게 좋지 않은 영향을 준 것이 사실이고 이렇게 가까이 두어서는 안되지만, 그래도 그 이름이 여러분 가까이에 있는 사람이 있는가? 이점에 대해서 어떻게 대처할 수 있을까?

5. 이런 작업을 하면서 여러분은 어떤 생각과 통찰력을 얻을 수 있을까?

적용된 서클. 내가 신뢰에 대한 강의를 바로 마치고 멕시코의 푸에블라 외곽의 산꼭대기에서 따뜻한 태양을 만끽하며 즐기고 있을 때, 대학생처럼 보이는 한 청년이 나에게 다가오며 말을 걸었다. "선생님, 저는 방금 선생님의 신뢰에 대한 강의를 들었습니다." 나는 그가 나에게 무엇인가를 의논하고 싶어하는 느낌을 감지할 수 있었다. 그래서 나는 그에게 "그래, 자네에세 중요한 내용이 있었는가?" 라고 물었다. 그는 자기의 이야기를 이렇게 털어 놓았다. "선생님, 사실 저는 아버지와 지난 3년 동안 아무런 대화 없이 살아왔습니다. 그것이 옳지 않다는 것도 압니다. 처음 있는 일도 아니었어요. 그냥 인사만 하고 날씨에 대한 이야기 정도만 했지요. 그러나 그런 대화조차도 자주하는 편이 아닙니다." 그때 나는 이렇게 물었다. "자네는 아버지와의 그런 관계에 변화가 있기를 원하는가?" 그러자 그는 이렇게 대답하였다. "예, 저는 이제 대학에 갑니다. 곧 집을 떠나겠지요. 그러나 저는 진심으로 아버지와 좀 더 의미 있는 관계를 갖기를 원합니다."

나는 보다 직접적으로 "자네는 그 일을 위해서 어떤 일을 할 수 있다고 생각하는가?"라고 물었다. 왜냐하면 내가 그 젊은이이게 이런 종류의 질문을 여러 각도에서 던졌지만 알맹이가 없이 겉도는 대답만 했기 때문에 나는 단도직입적으로 그에게 마지막 질문을 던졌던 것이다.

"아버지께서 좋아하시는 일이 무엇인가?" 그가 즉각 "아버지께서는 나무를 가지고 일하시는 것을 좋아하셔요. 아버지께서는 무엇인가를 만드는 일을 좋아하시고 또 그런 일을 잘 하세요."라고 대답했다. "그러면 혹시 이 주변에서 자네 눈에 확 들어오는 나무를 본적이 있는가?" 나는 다른 각도에서 질문을 던졌다. 사실 나의 할아버지도 나무를 좋아하셨다.

나도 오래된 가구를 손질하는 것을 좋아하였으므로 주변의 신기한 목재들이 내 눈에 많이 보였다. 이쯤 대화가 진전 되자, 이 청년의 눈빛은 반짝였고 행복한 모습으로 "예, 선생님께서 저에게 기가 막힌 질문을 해 주셨어요. 저도 늘 나무에 대해서 많이 생각했었어요. 그리고 주변에 정말 신기한 목재들이 있는 것을 저도 알지요." 우리의 대화는 점점 신이 났고, "그래, 자네가 여기서 멕시코 산 멋진 목재들을 아버지께 보내드리면, 아버지께서는 어떻게 생각하실까?"(기억하라: 나는 이 청년으로 하여금 자기 아버지의 판단의 기준과 생각을 해 보도록 그의 생각을 열어 주었던 것이다. 그것이 그로 하여금 자기의 아버지와 신뢰감을 갖게 만들어 주었다.) 순간 그에게는 생기가 돌았으며 똑바른 자세로 고쳐 앉으며 상기된 얼굴로 대답했다. "정말 아버지께서 좋아하실 거예요! 제가 그렇게 해 보겠어요!"

그 청년은 항상 자기 아버지는 저 멀리 바깥 서클에 있다고 생각했었다, 그러나 이제 그런 자기의 생각이 바꾸어 지기를 원했던 것이다. 그는 올바른 방향으로 나아가기 위해서는 아버지와 대화가 필요하다는 사실을 기억하게 되었다. 발전적이고 새로운 아버지와 아들과의 관계가 시작되었다. 신뢰를 쌓아가는 일은 어려운 일이 아니라 생각을 조금만 바꾸면 되고 조금만 더 깊이 생각하면 시작될 수 있는 일이다.

❀ 신뢰는 시간을 필요로 한다

두 가지 간단한 교훈이 있다. 첫 번째, 신뢰를 쌓는 데는 시간이 필요하다는 사실이다. 만약 신뢰가 깨어지거나 신뢰에 상처가 생겼다면 그것을 회복하는 데는 훨씬 더 많은 시간이 필요하다. 아무리 사람들이 노력을 하더라도 말이다. 꾸준히 참고 인내해야 한다. 그리고 상처 입은 신뢰를 다시 회복하기 위해서는 나 자신의 판단의 기준으로 신뢰를 쌓겠다고 생각하기 보다는 상대방의 기준으로 생각하기를 계속해야 한다. 여러분이 만나게 될 현지의 사람들은 이미 여러분들 보다 먼저 찾아 온 사람들을 만난 경험이 있을 것이다. 그들의 그러한 사전 경험은 여러분에게 열린 마음과 신뢰를 가져다 주는데 도움이 되기도 하지만, 때로는 오히려 더 조심해야 하는 방해 요소로 작용할 수도 있다.

두 번째는, 신뢰는 아주 느린 발전의 단계를 거친다는 사실이다. 우리는 신뢰를 만들거나 회복할 때 한 순간에 큰 변화와 발전이 있기를 기대한다. 그러니 대부분 그런 일은 불가능하다. 특히 과거에 한번 신뢰가 깨어진 적이 있다면 회복에는 더욱 많은 어려움과 회복의 기간이 필요하다. 새로운 관계를 만들어가는 과정에서도 신뢰는 작은 한 걸음 한 걸음을 통하여 천천히 건강하고 튼튼하게 자란다는 사실을 기억해야 한다. 이처럼 참고 견디는 인내가 절실히 요청된다.

1. 지난 수년 동안 하나님께서는 여러분과 어떻게 신뢰 관계를 만들어 오셨는가? 하나님께서 하신 일들을 생각해 보라. 그리고 그것들을 적어보라.

2. 위에 적은 내용들을 하나하나 살펴보면서 앞으로 우리가 만나게 될 사람들과 혹은 우리가 가게 될 그 문화권에서 만날 친구들과 신뢰를 쌓아갈 때 적용할 수 있는 것은 무엇인지 생각해 보라.

1. 앞으로 우리가 가게 될 문화권을 생각하면서 그곳 사람들이 어떻게 신뢰를 쌓아가는지를 배울 수 있는가?

2. 앞으로 우리가 만나게 될 현지 사람들과의 신뢰를 깨어지게 하거나 무너뜨릴 수 있는 우리들의 행동들은 어떤 것들일까?

3. 이미 알고 있는 사람들과의 관계에서 특별히 여러분이 신뢰를 쌓기가 어려웠던 사람들은 어떤 사람들이었는가? 왜 그들과 어려웠다고 생각하는가? 만약 상대방의 관점에서 본다면 우리가 어떻게 하는 것이 좋은 신뢰감을 만들어 가는 방법이었을까?

4. 여러분과의 신뢰가 깨어졌던 때를 기억할 수 있는가? 그때 여러분은 어떤 느낌이었나? 그 무너진 신뢰를 회복하기 위해서 여러분은 어떤 노력을 했는가?

5. 다른 사람이 여러분과 신뢰를 쌓으려고 노력하며 다가오는 것이 왜 여러분의 기분을 그렇게 좋게 만들었는가?

12

문화의 벽을 효과적으로 뛰어넘는 능력

깜짝 놀라고 이상해서 질문을 하는 것,
그것이 바로 이미 이해하기 시작했다는 뜻이다

〈 호세 오르테가 이 가세프 〉

우리는 다른 문화에서의 사역을 계획하고 있으며 준비하는 사람들이며 섬김과 봉사를 실천함으로 현지인들이 더 나은 삶으로 변화되기를 기대하고 있다. 그러나 첫 장에 소개한 원숭이와 물고기의 이야기처럼 동기와 의도는 좋았지만 그것만으로 충분하고 효과적인 사역을 할 수 없다는 것도 알고 있다. 우리의 좋은 의도와 동기를 성취하기 위해서 꼭 필요한 것은 통찰력과 함께 능력이다. 이 책은 그 통찰력과 능력을 가르쳐 주기 위한 책이다. 사역을 잘 감당하기 위해서 지혜와 능력을 공급받고 그 일들을 잘 감당하게 되면, 그들은 우리에게 자기들과 함께 오랫 동안 있어 주기를 바랄 것이다.

이 장에서는 두 가지를 시도하려고 한다. 첫째, 우리가 이미 말한 어떤 능력들을 또 다른 방법으로 강화하고 보충하려는 것이고, 둘째, 여러분에게 도움이 될 만한 새롭고 유익한 능력과 지혜를 소개하기 위함이다. 여러분이 어떻게 해결해야 좋을지 알 수 없는 일들을 만나게 될 때, 이런 통찰력들이 그 상황을 정확히 파악하고 어려움을 해결하는데 도움이 되기를 바란다. 중요한 개념들의 첫 머리글자들을 암기해 두면 오랫동안 기억하게 될 것이다.

⊛ 시간을 필요로 한다(It Takes Time - ITT)

문화 적응은 즉각적으로 일어나는 것이 아니다. 그러므로 지나치게 억지로 강요할 수는 없다. 새로운 문화에 들어가려면 여러 가지 장애물들이 있을 수밖에 없다. 그러나 잊지 말아야 할 점은 우리보다 먼저 그 문화에 들어간 수천, 수만의 사람들도 이미 우리와 꼭 같은 그런 장애물들을 만났다는 사실이다. 그러나 그들도 그리스도를 위하여 그 모든 어려움들을 긍정적으로 받아들였으며 선한 영향력을 행사하였다. 이미 그들이 잘 감당했던 일들임으로 우리도 그 문제들을 넉넉히 이겨 낼 것이다. 그러므로 절대로 포기하지 말라.

포기는 우리를 유혹하는 사단의 방법이다. 하나님께서는 우리가 있는 바로 그곳에서 우리를 통하여 위대한 일을 이루실 계획을 가지고 계신다. 하나님께서는 우리뿐만 아니라, 우리가 가게 될 그 나라와 그곳의 사람들을 통해서 놀라운 일을 이루려는 계획을 가지고 계신다. 이 사실을 간직하기만 하면 하나님께서 감추어두신 놀랍고 신비한 세계를 발견하게 될 것이다. 무슨 일을 하든지 값지고 귀한 성취의 기쁨과 행복을 누리기 위해서는 남모르는 고통과 수고가 있어야 한다. 이렇게 피나는 노력을 하는 동안에도 만약 중단하거나 포기하지만 않는다면, 그 시간을 통하여 우리는 영과 혼과 육이 더욱 건강해 지고 충만한 지혜를 얻게 될 것이다.

내 친구 중 한 사람은 미국 3대 자동차 회사에서 일하고 있었는데 그는 스페인어를 사용하는 나라에 2년 임기로 발령을 받았다. 그는 간단하게 타 문화에 적응을 위한 오리엔테이션을 받고 곧 바로 현지에 부임하게 되었다. 불행하게도 그는 도착한지 채 몇 주도 되지 않아서 서로 다른 문화적 차이와 문화적 충격을 겪게 되었고 급기야는 이 문제들을 견디고 대처할 능력을 상실하고 말았다. 그 결과 현지에 부임한 지 한 달도 되기 전, 그는 현지생활을 완전히 포기하고 다시 미국으로 돌아와 버렸다.

그 후, 그는 심각한 상실과 좌절감에 빠졌고 완전히 폐인이 된 기분으로 지내야 했다. 그는 점점 심한 혼란에 빠져들어가게 되었다. 무엇이 잘못되었는가? 왜 나는 현지 적응에 실패하였는가? 다른 사람들은 문화적 차이를 잘 견디어 냈는데 나에게는 무슨 문제가 있었는가?

나의 분석으로는, 그가 문화 적응 훈련을 충분히 받지 못했다는 사실과 새로운 임지에 도착했을 때 충분한 시간을 가지고 현지 회사와 사무실에 대한 현황과 정확한 정보 등을 미리 파악할 시간이 없었다는 점이 문제였다. 이러한 현지에 대한 사전 준비 없이 너무 일찍 업무에 뛰어 들었고, 그곳에서의 일상 생활에 적응하기도 전에 성급하게 너무나 많은 일들을 처리하려고 덤벼들었기 때문이다. 이처럼 새로운 환경에 적응하는데 소요되는 시간을 과소평가하거나 무시하게 되면 이렇게 엄청난 대가를 치르게 될 수도 있다.

✵ 확인하고 체크하고 점검하라(Monitor, Monitor, Monitor - MMM)

그러면 무엇을 확인하고 체크하고 점검하라는 말인가? 우리의 감정들을 확인하고 체크하는 일이 중요하다. 왜 그렇게 하는 것이 필요한가? 왜냐하면 이런 일들을 소홀히 하게 되면 신속하게 모든 관계들을 망쳐버리거나 전혀 생각하지 못했던 일들 때문에 관계가 깨어져 버리게 되기 때문이다. 그러므로 우리의 감정들을 확인하고 체크하는 단계는 대단히 중요하다.

첫째 단계. 여러분의 느낌을 확인하라. 만약 여러분 속에 어떤 부정적인 느낌이 감지되거든 스스로 경고하라. 나중에 후회하지 않도록 지금 여러분 자신을 자제시켜라. 특별히 부정적인 생각이 마음에 들어오면 스스로 자기 자신의 감정을 점검하라.

둘째 단계. 부정적인 감정에 이름을 붙여라. 분노, 좌절, 혼란, 당황, 두려움, 긴장, 짜증, 시기심, 질투, 잘난 체, 또는 정확하지는 않지만 분명히 무언가에 대한 불편한 마음이 들면 이런 것들에 이름을 붙여라. 우리의 마음을 불편하게 하는 그 무엇을 그대로 가지고 평안한 마음으로 살아갈 수 없다. 만일 그 문제들의 정체를 정확하게 밝혀내지 못한 채 덮어두고 적당하게 살아간다면, 언제가는 그 일로 인하여 반드시 실수하게 마련이다. 그런 어중간한 행동은 또 다른 반작용을 낳게 되고 결국은 통제불능의 사태를 맞이 하게 될 것이다. 이런 일이 거듭 일어난다면 많은 사람들에게 손해와 아픔을 주게 된다. 정체가 분명하지 않은 일을 밝혀 내지 못하고 부정적인 감정들을 잘 통제하지 못한다면, 그 동안 우리가 가꾸어 온 노력들이 한 순간에 물거품이 되고 붕괴될 것이다.

세 번째 단계. 무엇이 부정적인 감정을 만드는 원인인지를 스스로에게 물어보라. 두 번째 단계에서 우리가 느끼는 감정들에 이름을 붙였다면, 세 번째 단계에서는 우리에게 그런 감정을 유발하는 뿌리에 대해서 이름을 붙여보자. 우리의 마음 속에 그런 상황을 추적하고 찾아 보는 것은 여러 가지로 유익이 될 것이다. 이렇게 하는 동안 우리의 마음은 자연스럽게 정리되고 격한 감정들은 잠잠해 질 것이다. 이런 시간을 통해서 우리의 그런 감정들이 과연 정당한 것인지 아닌지를 분별할 수 있으며, 약 1~2초 동안만 더 조용히 생각하는 여유를 가진다면 결과는 전혀 달라질 것이다. 만약 이런 과정을 통과하면서 급하고 반사적인 행동을 취하는 대신에 조절되고 통제된 반응들을 보이게 된다면, 우리는 보다 긍정적인 결론에 이를 수 있다.

만약 우리가 순간적으로 신체의 위협을 느낀다면, 그 때 우리는 다른 사람을 향한 공격적인 행동을 하기 쉽다. 순간적으로 위협과 공격을 당하면 사람들은 보통 방어를 하지만 곧 반격을 하는 부정적인 반응을 보이는 것이 자연스러운 일이라고 응답할 것이다. 그러나 우리가 다른 문화에서 만나게 될 갑작스러운 일들은 바로 공격하거나 부정적으로 대답할 일이 아니라, 조금 더 신중하게 생각하고 사려 깊게 대처하면 다 해결 될 일들이다.

네 번째 단계. 어떤 방법을 선택할 것인가? 선택은 여러 범주로 나누어질 수 있다.

- 생각 – 긍정적이고 바람직하며 건설적이지만, 다름 사람을 비난하거나 콕콕 찌르는 말이나 남의 행동을 지적하는 것을 좋아하지 않는 생각.
- 말투 – 은혜로우면서도 세련된 언어를 사용하는 말투, 남을 정죄하는 경향이 없는 말투.
- 행동 – 부드럽고 친절하며 다른 사람들과 마찰을 일으킬 만큼 모나

지 않는 사랑스러운 행동.

다섯 번째 단계. 아무리 큰 좌절이 다가오고 큰 실망감을 안겨 주는 상황일지라도, 여러분은 스스로의 마음을 다스려 높은 이상과 품격 있는 언어를 입술에 간직하며 고상한 행동으로 나아갈 방향을 선택하라. 주먹으로 한방 날려 버리고 싶은 생각이 간절하더라도 결코 폭력은 쓰지 말라.

❀ 신뢰에 우선이 되는 질문(Prior Question of Trust – PQT)

마지막 장에서 신뢰에 대해서 집중적으로 다루겠지만, 나는 여기서 다시 한번 신뢰라는 주제를 다루려고 한다. 왜냐하면 신뢰는 참으로 중요하기 때문이다. 마지막 장에서는 태도라는 측면에서 신뢰를 다룰 것이지만, 여기서는 신뢰를 하나의 능력으로 설명해 보려고 한다.

우리는 대개 스트레스를 받거나 크게 실망하면 어떤 독특한 행동을 보이는데, 그 행동들은 각각 자기들의 문화와 민족 안에서는 이해가 되고 문제가 되지 않을 수 있지만 다른 문화권에서는 오해를 낳기도 하고 다른 사람에게 큰 상처를 주기도 한다. 나의 경험으로 볼 때 우리가 다른 문화권에 살면서 어떤 사람에게 상처를 주게 되면, 그들은 그 상처를 우리에게 직접 말하지 않는다는 점이다. 만약 그런 이야기를 우리 앞에서 하게 되면 우리를 부끄럽게 만들고 수치스럽게 하는 행동이라고 생각하며 그렇게 되면 우리가 얼굴을 들지 못할 것임으로 그들은 우리 앞에서 그런 이야기를 하지 않는 것이다.

앞에서 이미 밝혔듯이 신뢰를 쌓는 일은 문화에 따라서 다르게 나타나고 정의될 수 있다. 이렇게 설명하여 보자.

미국의 대표적인 자동차 회사의 한 임원이 해외에서 온 바이어들을 자기 공장으로 초청하여 그들에게 신기술을 가르치고 훈련을 시키고 있었다. 15개월 이상 그들과 함께 생활하면서 미국 기업의 임원은 해외에서 온 사람들이 아주 예의가 없고 경솔한 사람들이라고 생각하게 되었고 실망했다. 왜냐하면, 그 해외에서 온 사람들은 업무와 관계가 없는 너무나도 개인적인 질문들을 많이 던졌던 것이다. 즉, 그들은 이 미국 기업가의 가족 관계나 취미와 같은 개인적인 일에만 관심을 갖는 것 같았기 때문이다.

그리니 그외는 반대로 해외에서 온 사람들은 미국 대표가 아주 인간적인 사랑이 없는 몰인정한 사람이라고 생각하게 되었다. 왜냐하면 이 미국 사람은 온통 일밖에 모르고 업무 이야기만 했으며 해외에서 온 자기들을 하나의 인격체로 보지 않는다고 느꼈던 것이다. 자기들이 지금 가족과 멀리 떨어져 해외에 나와 있고 미국에서 외로운 나그네라는 생각은 추호도 해 주지 않는 이기적인 사람이라고 평가했던 것이다.

그들은 서로를 향해서 아주 경솔하고 몰상식한 사람 혹은 인정머리 없는 사람이라고 판단했던 것이다. 그 이유는 각자가 가지고 있는 서로 다른 문화의 기준으로 상대방을 판단했기 때문이다. 말할 필요도 없이, 그 프로젝트의 성과는 처음 기대에 훨씬 미치지 못했고 형편없는 결과만 남기게 되었다.

여러분의 문화에서 신뢰를 쌓는 것이 다른 문화에서 신뢰를 쌓아가는 방법과 다를 수 있다. 사실 그런 차이는 신뢰를 쌓기보다 신뢰를 망쳐 버릴 수도 있다.

이처럼 서로 다른 문화에서 어떻게 신뢰를 쌓아갈 것인가에 대해서 가르쳐 주는 많은 책들이 있다. 대부분의 경우, 우리는 잘 알지도 못하면서도 우리의 문화적 관점에서 다른 사람을 판단해 버리고 직관적으로 결론을 내리는 경우가 많았다. 만약 우리에게 그 동안 어떻게 신뢰를 쌓아왔냐고 묻는다면 우리는 어깨를 움츠리며 "글쎄… 잘 모르겠는데요, 대충 다른 사람들이 하는 그런 방법 아니겠어요?"라고 얼버무리고 말 것이다.

그렇다면 정말 우리는 어떻게 신뢰를 쌓아가는 방법을 배워야 할까? 세계 어디서나 동일하게 통하는 방법이 있다. 어떤 것들일까? 미소 짓기, 사람들을 만날 때 반가운 친구를 만난 듯이 자주 웃기, 긍정적으로 말하기, 현지의 문화와 그들의 가족과 그 나라에 대해서 칭찬을 아끼지 않기, 여러분과 좋은 관계를 맺게 되어 행복하다고 말하기, 친절하고 따뜻한 언행과 사랑의 선물을 교환하기, 기꺼이 현지인들과 함께 시간을 보내기 등이다.

어떤 문화에서 신뢰란 행동의 실천을 통해서만 드러나고 보일 수 있다. 여러분이 약속한 말이나 언어가 행동으로 나타나게 될 때 그래서 그 약속이 완성되었다고 말할 수 있을 때, 그때 비로소 신뢰는 싹트고 자라기 시작한다. 그러나 어떤 문화에서는 약속이 지켜지고 계획이 진행되는 것보다는 먼저 끈끈한 인간 관계가 전제 되고 진지한 인간 관계를 바탕으로 거기서 비로소 신뢰가 생겨나는 곳도 있다.

그러므로 우리는 꾸준하게 그 지역에 맞는 방식으로 신뢰를 쌓아가는 방법들을 찾아야 한다. 그러면 어떻게 하는 것이 가장 좋은 방법인가? 기본적으로는 관찰을 통해서 배울 수 있다. 좋은 친구들 사이에서 서로의 우정을 키워가는 방법들을 관찰해 보라. 어느 정도의 간격을 두고 두 사람이 서서 대화를 나누는지 여러 다양한 문화에서 자세히 살펴보면, 친한 사람들끼리는 미국 사람들보다 더 가까이 서서 이야기를 하는 광경을 발견할 수 있을 것이다. 어떤 문화권에서는 보통 다른 곳보다 훨씬 더 자주 피부를 접촉하는 곳이 있다.

또 어떤 문화권에서는 친한 사람은 서로 팔짱을 끼는 것을 볼 수 있다. 남자끼리 혹은 여자끼리도 팔짱을 끼고 자연스럽게 손을 잡고 걷는다. 그 문화권에서는 그런 행동이 성적이거나 이상한 의미를 전혀 내포하지 않고 있으며, 오히려 서로 간의 깊은 신뢰와 우정을 나타내는 것이다. 만약 그런 문화에 간다면 그들이 여러분의 손을 잡는다거나 팔짱을 끼는 행동에 대해서 전혀 놀랄 이유가 없다. 그러나 서구에서 자란 사람이라면 아마도 그린 경우에 너무나 놀라고 당황하여 손이나 팔을 뿌리칠 수도 있을 것이다. 그러나 그때 여러분은 앞에서 배운 대로 감정을 점검하고 모니터링 하는 자세가 필요하다.

내 친구 중에 한 사람은 현지인 친구와 함께 어느 지방의 가난한 지역을 걷고 있었다. 갑자기 그녀는 현지인 친구가 자기 옆에 바로 딱 붙어서 걸으며 바로 코 앞에 얼굴을 대고 말하는 것을 느꼈다. 그녀는 그것이 불편했고 자기도 모르는 사이에 그 사람과 적당한 간격을 유지하기 위해서 물러서려는 자신을 발견했다. 그러면서 그녀는 지금 자기가 빈민가의 좁은 길을 걷고 있다는 사실을 다시 기억하게 되었다. 그녀는 즉시 상황을 모니터링 하였고 지금 자기에게 일어났던 일을 오히려 한결 더 깊이 이해하게 되었다. 그러자 그녀는 좁은 길 위에 코를 맞대고 서서 대화하는 상황까지도 즐길 수 있게 되었다고 한다. 그렇게 상황을 파악하게 되자, 비로소 그녀는 현지인 친구를 더 이상 떠밀지 않아도 되고 마음이 편해지는 느낌을 경험하게 되었다.

✿ 전략적인 철수 작전(Strategic Withdrawal Strategy – SWS)

때때로 우리 주변에서 일어나는 일들 때문에 피곤하고 지칠 때가 있다. 우리에게도 쉼이 필요하고 앞으로 나아갈 방향을 새롭게 정비하는 시간과 새로운 마음으로 다시 시작하기 위한 충전의 시간이 필요하다. 이것들을 전략적인 철수 혹은 작전상 후퇴라고 말할 수 있다. 작전상 후퇴가 최상의 방법은 아니지만, 이런 후퇴까지도 전략으로 잘 사용하면 폭발해서 터져버리거나 현장에서 비참하게 쓰러지는 것 보다는 훨씬 낫다.

전략적인 철수는 냉정을 찾기 위해서 하나부터 열까지 헤아리는 것과 같은 인내의 시간이며, 압박이 점점 심해져서 도저히 견딜 수 없을 때 선택할 수 있는 대안이다. 그래서 전략이라는 표현을 사용했는데, 너무 일에 빠져 중독되어 있거나 곧 폭발해 버릴 것 같은 느낌, 울음이 터지거나 분노가 분출될 것 같은 상황에서 물러나서 조용한 쉼과 안식의 시간을 갖는 것을 의미한다. 육체적으로 견딜 수 없는 과중한 스트레스와 과로를 없애기 위해서 우리 자신을 스스로 돌아보는 것은 중요하고 필요하다.

오랜 동안 계속적으로 가중되어 온 압박에 비교하면 오히려 이런 시간은 짧은 기간에 지나지 않는다. 예를 들면 여러분이 파티에 참석하여 그동안 받아 온 스트레스를 한방에 날려 버렸다거나, 목욕탕에서 5분 동안의 여유로운 시간을 가진 후에 새 힘을 얻었다거나, 만나면 마음이 편안한 사람들과 함께 시간을 보낸 다음 마음에 평화를 얻었다는 것 등등이다. 이와같이 전략적인 철수작전이란 일정한 기간의 쉼을 통하여 정신적, 육체적 안정을 찾고 다시 현장으로 돌아가는 것을 말한다.

이것이 바로 하나님께서 우리에게 하루의 안식과 쉼을 주신 이유이다. 일 주일 중에 하루는 하나님께 예배 드리는 날이면서 동시에 일상의 업무와 과중한 책임에서부터 전략적으로 철수하는 날이며 자유로워 지는 날이기도 하다. 하나님께서도 스스로 창조의 과업을 마치신 다음 쉬셨다는 사실을 기억하라. 우리가 한 주간에 하루나 이틀을 쉬는 것과 해마다 좀 더 긴 휴가의 기간을 가지는 것은 우리의 육체와 심신 그리고 정서의 건강을 지키는 비결이다.

내 아내와 나는 해외에 있는 동안에도 조용한 저녁 우리 부부만의 시간을 가졌었다. 아주 가끔 있는 일이었지만 우리 부부는 분위기 좋은 식당을 찾아 함께 저녁을 먹는 여유의 시간도 가졌고, 어떤 주말에는 좋은 호텔에서 하루를 지내기도 했다. 이처럼 좋은 환경은 우리에게 기분을 전환시켜 주는 정도가 아니라, 새 힘과 영감을 충전시켜 주었다.

그러나 이런 전략적인 철수의 기회를 너무 자주 가지거나 혹은 필요 이상으로 오랫 동안 가지는 것은 현명한 일이 아니다. 필요 이상으로 이런 시간을 오래 가지면 오히려 문화 충격을 악화시키는 결과를 낳을 수도 있다.

만일 어떤 사람이 현지인을 싫어하고 그들과 가까이 있지 않으려고 의식적으로 점점 멀리하며 스스로 자신을 고립시키고 혼자서 잡지나 읽고 음악을 듣거나 아니면 계속해서 잠만 자면서 현지인의 접근을 막는다면, 그건 스스로 문화 충격을 강화시키고 상태를 더욱 악화시키는 어리석음을 범하는 일이다. 이런 일들은 즉각 중단되어야만 한다.

만약 여러분이 이런 자발적인 철수의 기간을 더 오래 연장하고 싶다면, 비슷한 경험을 한 친구나 동료 혹은 경험이 더 많은 선배들의 조언과 도움을 받아 보라. 그들은 여러분의 연약함을 회복시키는데 도움을 줄 것이다. 또한 그들은 여러분에게 적절한 경험을 들려 주고 여러분 자신을 객관적으로 바라볼 수 있는 안목을 제공하며 도움을 줄 것이다.

❀ 자신을 만족해 하고, 인생을 감사하라
(Laugh At Yourself, Laugh At Life - LAY LAL)

유머 감각을 유지한다는 것은 우리에게 인생의 역경을 이기게 하는 또 하나의 힘이다. 유머는 긴장을 해소시킨다. 그리고 상황을 긍정적으로 바라보게 통찰력을 제공한다. 유머는 밖으로 화를 버럭 내거나, 안으로 화를 눌러 참으면서 자기를 파괴시키는 스트레스로 부터 우리를 보호해 준다. 유머는 잘못될 수 있는 순간에 자기 자신을 되돌아 봄으로 그 길로 빠지지 않게 보호하며, 방향을 바꾸어 건설적이고 발전적인 방향으로 나아가도록 붙잡아 주는 원동력을 제공한다.

그러나 유머가 갖는 위험성에 대해서도 미리 알고 있어야 한다. 우리에게는 통쾌하게 웃을 수 있는 재미있는 일이지만, 그것이 다른 사람에게는 아픔이 될 수도 있다. 만약 그 유머가 문화적으로 이해되지 않고 진의가 분명해 지지 않는다면, 그 웃음의 의미는 건강하지 않고 아슬아슬한 위험의 요소가 될 수도 있다.

여러 사람이 있는 곳에서 재미있는 조크를 하여 모두를 즐겁게 했다 하더라도 그 자리에 있는 현지인들이 그 의미를 알지 못해서 웃고 있는 사람들을 멀뚱멀뚱 쳐다 보게 된다면, 그리고 그들이 생각하기를 저 사람들이 자신들 때문에 웃는 것이라고 생각하게 된다면 그건 정말 바람직한 일이 아니다. 특별히 우리들이 큰 소리로 웃고 어떤 사람이나 현지의 어떤 사건을 빗대어서 웃음을 만드는 행동은 조심해야 한다.

유머가 다른 문화에서 그대로 잘 번역되기는 어렵다. 그러기 위해서는 누군가가 그 유머의 뜻과 상황을 쉽고 친절하게 잘 설명해 주어야 한다. 만약 어떤 곳에 우리 문화에 속한 사람이 여러 명 있고 또 현지 문화에 익숙한 사람들도 비슷한 숫자가 함께 있는데, 그런 자리에서 누군가가 유머를 던져 거기 있는 모든 사람들을 함께 웃도록 만든다는 것은 참으로 어려운 일이다. 만약 그 중에 일부의 사람들이 왜 그 유머가 다른 사람들을 그렇게 웃도록 만들었는지를 이해하지 못한다면, 나머지 다른 사람들을 위해서 간단하게라도 설명하는 것이 좋다. 그 이유는 두 가지이다. 첫 째는 그 자리에 있는 현지인들에게 여러분들이 우스개 소리의 대상이나 웃음거리가 아니었다는 사실을 분명하게 알려 주는 것이고, 두 번째는 유머를 통하여 서로 상대방의 문화를 더욱 잘 이해할 수 있도록 하기 위함이다.

✿ 다를 뿐이다(It's Different - IT)

"다를 뿐이다"라는 말은 우선적으로 신뢰라는 물음을 던질 때 우리가 꼭 기억해야 하는 중요한 개념이다. 다음 장에서 우리는 문화의 다름 때문에 초래되는 혼란에 대해서 생각해 보려고 한다. 일반적으로 예기치 못한 당혹스러운 일을 만나면 우리는 그 이유와 책임을 다른 사람에게 전가하려는 경향이 있다.

유니스의 경우를 기억하는가? 그녀는 수동태 동사와 진술형의 단어를 사용함으로 해서 나를 당황스럽게 만들었다. 그리고 나는 그렇게 혼란스럽게 만든 이유를 그녀에게 돌렸다. 무엇인가 그녀에게 문제가 있다고 생각했고, 그 잘못된 것을 똑바로 가르쳐야 한다는 생각만 했던 것이다. 나는 표현의 차이라든가 다른 표현이라는 사실은 고려할 생각을 전혀 하지 못했던 것이다. 나는 항상 옳았고 문제는 다른 사람에게 있었으며 그 사람이 틀렸으므로 내가 그를 가르쳐야 한다고 생각했다. 이런 생각과 태도는 우선적으로는 자랑이나 교만이라고 말할 수 있겠지만, 더 나아가서는 모든 관계를 허무는 단절과 장애물이 될 수도 있다.

이 모든 잘못을 극복할 수 있는 가장 강력한 방법은 참으로 간단하고 쉬운데, 그것은 한 마디로 이렇게 표현될 수 있다. "이것은 옳고 그름의 문제가 아니라 다름의 문제일 뿐이야!"

우리는 너무나 자주 성급하게 판단하기를 좋아한다. 어떤 일을 겪으면 옳고 그름을 바로바로 판단하고 말해야 지혜롭고 똑똑한 사람인 것 같아 보이지만, 내가 지금까지 살아오면서 터득한 지혜는, 우리가 일생 동안 경험하는 많은 일들은 옳고 그름보다는 다름이라는 범주로 설명하는 것이 더 바람직하다는 것이다.

만일 우리가 겪은 많은 사건들을 다름이라는 범주에 넣고 해석하면 쉽게 설명이 되어지고, 다른 사람을 판단하거나 정죄하지 않아도 될 것을 우리는 그 동안 얼마나 실수하며 어리석은 일들을 만들었던가!

이처럼 우리가 모든 상황을 조금만 더 열린 자세로 보고 조금만 더 넓게 바라보았더라면 얼마나 좋았을까! 그랬더라면 우리는 모든 사람들과 더 좋은 관계를 유지했을 것이고 그들의 문화에도 더 빠르게 적응했을 것이다. 그뿐만 아니라 우리 자신들이 훨씬 더 행복한 인생을 살게 되었을 것이다.

1. 아래의 질문 중에서 여러분 자신이 해당되는 숫자에 동그라미로 표시하라.

   a) 시간을 필요로 한다 (It Take Time - ITT)
   • 나는 참을성이 있는 사람이다.
   매우 많이 1 2 3 4 5 6 매우 약함

- 나는 끈기가 있는 사람이다.

  매우 많이　1　2　3　4　5　6　매우 약함

b) 확인하고 체크하고 점검하라(Monitor, Monitor, Monitor – MMM)

- 나는 내 생각을 확인할 수 있다.

  매우 많이　1　2　3　4　5　6　매우 적게

- 나는 내 감정을 점검할 수 있다.

  매우 많이　1　2　3　4　5　6　매우 적게

c) 신뢰에 우선이 되는 질문(Prior Question of Trust – PQT)

- 나는 신뢰감을 쉽게 쌓는 편이다.

  매우 사실이다　1　2　3　4　5　6　사실이 아니다

- 나는 내 행동이 다른 사람에게 어떤 영향을 미칠지를 생각한다.

  매우 사실이다　1　2　3　4　5　6　사실이 아니다

d) 전략적인 철수 작전(Strategic Withdrawal Strategy – SWS)

- 나는 일반적으로 새로운 상황을 긍정적으로 받아들인다.

  매우 사실이다　1　2　3　4　5　6　사실이 아니다

- 나는 일들이 내 생각대로 되지 않으면 화를 잘 내는 편이다.

  매우 사실이다　1　2　3　4　5　6　사실이 아니다

e) 자기 자신과 인생을 만족해 하라

(Laugh At Yourself, Laugh At Life – LAY LAL)

- 나는 내 실수에도 웃을 수 있다.

  매우 사실이다 1 2 3 4 5 6 사실이 아니다

- 나는 인생을 아주 심각하게 생각한다.

  매우 사실이다 1 2 3 4 5 6 사실이 아니다

f) 다를 뿐이다 (It's Different – IT)

- 다른 사람들이 하는 일과 사건들이 나의 흥미를 돋운다.

  매우 사실이다 1 2 3 4 5 6 사실이 아니다

- 나는 경험한 모든 일들을 옳음과 틀림으로 나누는 경향이 있다.

  사실이다 1 2 3 4 5 6 사실이 아니다

2. 여러분이 표시한 동그라미를 보면서 무엇을 발견할 수 있는가? 자신 있게 대답한 분야는 어떤 분야인가? 어떤 분야에 좀 더 노력을 경주해야 하는가?

3. 가장 낮은 점수에 동그라미를 한 분야가 어디인지 주목해 보라. 여러분이 새로운 문화에 들어가서 사역할 때, 그 부분이 여러분의 사역에 어떤 영향을 미칠까? 그 분야에 능력을 더욱 향상시키고 강화하기 위해서는 어떤 노력을 기울여야 할까?

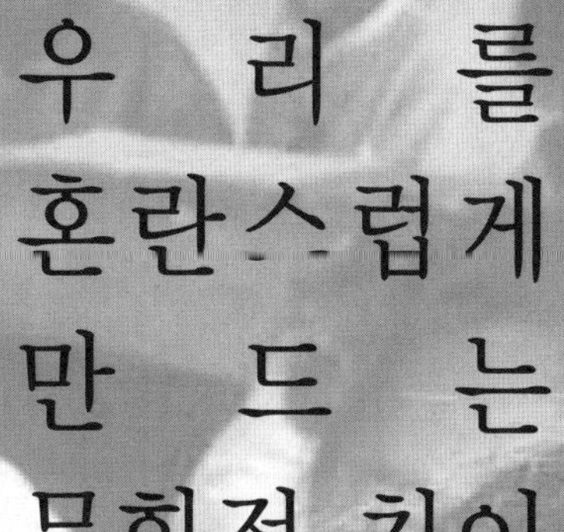

우 리 를
혼란스럽게
만 드 는
문화적 차이

13

시간과 사건

이 장에서는 문화권에 따라서 다르게 표현되는 몇 가지 가치들을 설명해 보려고 한다. 서구인들이 미리 알았다는 사실 때문에 거기서 유익을 취하게 된 몇 가지 가치들이 있다. 이런 지식과 지혜는 서구인들로 하여금 문화 적응을 쉽게 해 주었고, 사람들과의 관계를 맺는 일이나 혹은 문화를 즐기는데 도움이 되었다.

❀ 중요한 전망

내가 설명하는 이 용어들은 이미 셔우드 린젠펠터와 마빈 메이어가 '시간 vs 사건'이라고 정의한 바 있다.[1] 또 다른 사람들은 공시적(共時的) 문화라고도 하고 다시적(多時的) 문화라고도 표현했다.[2] 이 장을 읽으면서 다음의 내용들을 주목해 보기 바란다.

1. 어떠한 한 가치 – 시간 혹은 사건 – 가 다른 가치보다 더 값지다고 말할 수 없다. 즉, 어떤 가치가 더 귀하다거나 덜 귀하다고 말할 수 없다. 서로 다른 가치를 우열로 나눌 수 없다.

2. 문화권에 따라서 어떤 한 가치가 다른 가치보다 더 중요하게 생각할 수는 있지만, 그것은 시간의 흐름에 따라서 바뀌고 변동될 수 있다.

3. 우리들의 시간 중심의 욕구가 충족되고 나면 사건 중심의 사람들도 쉽게 수용하고 용납할 수 있다. 그와는 반대의 경우도 가능하다. 좌절은 시간 중심의 사람들에게 욕구가 채워지지 않았을 때 찾아오기도 하고, 또는 사건 중심의 사람들에게 자기들의 가치가 무시당하거나 대수롭지 않게 여겨질 때 찾아오기도 한다.

4. 예를 들면, 만약 사건 중심의 사람들과 대화를 하면서 관심을 계속해서 다른 곳에 두면, 그 사람들은 우리를 센스가 없는 사람으로 간주하고 답답하고 무관심한 사람으로 취급하게 될 것이며 관계가 악화 될 수 있다.

5. 다른 사람을 섬기려는 사람은 상대방이 어떤 문화적 차이를 가지고 있는지를 조심스럽게 살펴보게 될 것이고, 그들과의 관계를 발전시켜 나가기 위해서도 노력할 것이다.

6. 대부분의 경우 이러한 가치관의 차이는 옳고 그름의 문제가 아니므로 우리와 다른 가치관을 가진 사람들까지도 개방성, 수용성, 신뢰성을 가지고 열린 마음으로 대해야 할 것이다.

7. 내가 관찰한 바에 의하면, 비-서구 세계 사람들은 점점 더 서구화되어가고 있는 반면에 서구 세계의 사람들은 점점 더 비-서구화 되어가고 있다. 예를 들자면, 젊은 세대의 미국인들은 점점 더 시간 중심적 사고에서 사건 중심적 사고로 옮겨가고 있으며, 이와는 반대로

서구 문화의 영향을 받은 비-서구권 사람들은 점점 더 시간 중심적인 사고로 변해가고 있다는 말이다. 이러한 추세는 이 장을 공부하는 동안 더욱 분명하게 드러날 것이다. 그러므로 우리는 이 장을 읽는 동안 문화적 가치가 점점 멀어지고 차이가 더 확대되어지는 것이 아니라, 문화가 점점 더 접근하고 닮아가는 문화의 얽힘 현상을 목격하게 된다.

사람들은 누구나 하루에 24시간을 가지고 살아간다. 그렇지만 여기서 생각하려는 중요한 포인드는 사람들마다 각자 그 시간을 다르게 느낄 뿐만 아니라, 모든 사람들이 이 같은 시간을 각각 다르게 활용한다는 점이다. 본 장에서는 서로 다른 문화에서 살아가는 사람들이 시간을 얼마나 다르게 생각하는지를 설명하면서 여러분에게 실제적인 이해를 도우려고 한다. 이것이 여러분의 기대치를 조정하는 데에 도움이 되기 바란다.[3]

❈ 산업 경제

서구와 산업이 고도로 발전한 나라들에서 시간은 매우 중요한 문화적 가치이다. 미국에 산업혁명의 바람이 불어오자 헨리 포드는 미국 전역에서 모든 제품을 생산해 내는 하나의 거대한 조립 라인을 만드는 이상을 갖게 되었다. 자동차 산업에서부터 의류 산업의 직물 공장까지 모든 영역은 조립 라인 체제로 바뀌게 되었다. 사람들은 정시에 도착하여 출근카드를 펀치기계에 넣고 찍어야 했다. 이런 시스템은 누가 정시에 왔고, 누가 지각을 했는지를 한 눈에 볼 수 있게 해 주었다. 시간이 모든 것을 결정했다. 몇 시에 휴식이 시작되고 언제 휴가가 끝나는지를 즉시에 알 수 있게 되었다. 시간은 임금, 생산성, 그리고 이윤과 직결되었으며 시간이 곧 돈이었다. 만약 누군가가 정해진 시간에 자기 자리에 나타나지 않거나 아예 출근을 하지 않는 경우에는, 그 빈 자리를 다른 누군가가 메우기까지는 전체 작업 라인은 멈출 수밖에 없었다. 학교에서 교회에서 직장에서, 어디든 간에 제 시간에 출근을 하면 보상을 받고 늦거나 결석하면 벌을 받았다. 현장 근로자가 지각하거나 결석하면 그의 급료는 삭감되었다. 우리는 학창시절부터 개근하는 학생들이 상을 받는 광경을 보면서 자라왔다.

이런 환경에서 다음과 같이 시간과 관련된 용어들이 생겨났다. 정시, 병가, 질병으로 인한 지가, 조퇴, 결근, 시간 낭비, 시간 만들기, 시간을 산다, 시간을 찾는다, 시간을 절약한다, 또는 시간을 허비하지 않는다, 등등의 용어들 말이다. 이런 용어들은 생산성을 염두에 둔 노동 시간을 표현하는 단어들이다. 효율, 관리, 목표 설정, 예측과 같은 단어들이 산업사회의 중요한 개념들로 자리 잡게 되었다.

시간의 양은 삶과 노동을 측정하는 도구가 되었다. 이렇게 몇 초, 몇 분, 그리고 몇 시간이라는 개념들이 중요한 의미를 갖게 되자, 삶은 곧 시간이라는 개념으로 계량화 되었다. 그리고 모임이나 약속에 늦지 않는 것이 에티켓이며 미덕으로 꼽히게 되었다. 중 고등학교를 졸업할 때에 선물하는 손목시계는 시간에 의하여 통제되는 냉혹한 세상 속으로 뛰어 들어갈 젊은이들에게 주는 가장 좋은 선물이 되었다.

우리들 대부분은 주변에서 흔하게 일어나는 한바탕의 난리를 기억할 것이다. 교회의 예배 시간에 맞추어 도착하려고 주일 아침 집에서 벌이는 소동이나 혹은 어떤 행사에 늦지 않으려고 한 차례 난리를 피우던 일들 말이다. 우리들은 그런 난리, 고함, 긴장 덕분에 그럭저럭 예배 시간에 늦지 않고 도착하곤 했던 기억을 갖고 있다. 아마도 이런 일들은 지금도 우리들의 가정에서 주일마다 일어나고 있는 일들일 것이다.

그럼에도 불구하고 이러한 시간 위주의 생활 습관이 우리들 국민총생산의 증대, 비상 상황의 극복, 과학의 발전에 기여했다는 사실은 아무도 부인하지 못할 것이다. 그렇지만 이것이 사람들 사이의 인간관계에 부정적인 영향을 끼쳤던 것 또한 사실이다. 이와 같이 시간 중심의 사고방식은 긍정적인 면도 있었지만 부정적인 측면도 없지 않았다. 시간 중심의 사고가 갖는 이러한 부정적인 점들을 최소화할 수만 있다면 우리 모두에게 유익이 될 수도 있을 것이다.

산업화는 미래지향적일 수밖에 없다. 살아가다 보면 우리에게는 생산계획이나 할당량에 차질을 가져올 수밖에 없는 돌발적인 상황이 생길 수 있다. 이런 이유들을 최소화하여 제품의 공급에 차질이 없도록 하고 인력을 잘 관리하는 것이 현대 과학의 중요한 분야가 되었다. 장기적인 계획을 세우는 일을 하는 기획실은 어느 기업체에서나 아주 중요한 요직이 되었고 모든 공정은 과거보다 미래에 초점을 맞추게 되었다. 그리고 시간에 초점을 맞추고 생산성 향상에 박차를 가하는 일은 기업의 최고 경영자들이나 투자자들로 하여금 노동자를 하나의 인격체로 보거나 인간으로 보지 못하게 했고, 단지 인간을 기계에 딸린 한 개의 부속품으로 간주하도록 만들었다.

산업 혁명이 정보화 시대로 접어들게 되면서 삶의 복잡성은 더 증대되었고 사람들은 더 세밀하고 구체적인 계획을 세우도록 강요 받았다. 나노세컨드, 바우드(데이트처리속도), 메가 헤르츠, 그리고 메가 바이트 같은 단어들이 초, 분, 시간이라는 단어들을 대체해 버렸다. 점점 나누어진 짧은 시간의 단위와 개념이 사회의 여러 분야에서 진보 또는 발전을 정의하는 기본 화폐로 여겨지게 되었다.

그러나 동시에 정반대의 현상들이 일어나는 상황에 우리는 주목하지 않을 수 없다. 그것은 이러한 초(超)현대 사회에서 30대 이하의 많은 젊은 이들이 시간에 얽매여 사는 삶에서 탈피하려는 기이한 현상이다. 실제로 젊은이들이 쇼핑몰이나 주차장에서 내가 시계를 차고 있는 것을 보고는 내게 와서 시간을 물어올 때면 나는 깜짝 놀라곤 한다. 나도 막내 아들에게 손목시계를 세 개나 선물했지만, 지금 그 아들은 시계를 하나도 차고 다니지 않는다!

내가 지금까지 살아온 시간 중심의 역사관에 비추어 볼 때, 어떻게 지금까지 저 아이들이 살아남을 수 있었는지 놀라지 않을 수 없다 사실 내 아들도 스스로 생각하기를, 자기가 좀 더 시간 중심으로 살았더라면 더 좋았을 것이라고 후회하고 있을지도 모른다. 그렇지만 어쨌든 내가 보기에, 그들의 세대는 우리 세대보다 스트레스로부터 훨씬 더 자유로워 보이는 것도 사실이다.

❀ 농업 경제

농업경제에서는 몇 초 혹은 몇 분은 물론 심지어는 몇 시간까지도 그리 중요하지 않았다. 이런 시간의 개념보다 더 중요한 것은 계절이었다. 파종을 하고 추수를 하는데 필요한 계절과 때에 따라 필요한 비와 햇빛이었다. 농경사회의 날짜는 시간이라는 작은 단위로 쪼개어지지 않았다. 그보다는 경작을 하며 이웃과 서로서로 돕고, 쉬고 즐기며, 자기 마을을 방문하는 사람들을 환영하고, 손님을 맞이하는 일과 같은 관계의 증진이나 사람들과의 만남이 훨씬 더 소중한 가치들이었다. 이러한 활동들은 시간 개념 속에 집어 넣을 수 없는 것들이었다. 각각의 일들은 상황에 따라서 더 긴 시간이 필요하기도 했고 간단하게 끝날 수도 있었다. 사람들은 미리 필요한 시간을 정할 수도 없었고 예측할 수도 없었다. 시간은 그 행사가 자연스럽게 진행되면 늘어 날 수도 있고 당겨 질 수도 있는 융통성과 신축성이 있는 개념이었다. 그 일을 사람들이 모두 좋아하는지, 얼마나 끈끈한 관계가 맺어져 있는 일인지에 따라서 몇 분 몇 초로 행사를 나누는 것은 무의미한 일이었다. 그러므로 더욱 건강한 관계를 원하고 더욱 왕성하게 성장하기 위해서는 15분, 30분이라는 단위로 나누는 짓은 소용없는 일이었다. 모든 관계에는 오랜 시간이 필요하고 성숙에는 많은 측정되지 않는 인내와 기다림의 시간이 요구되는 법이다.

비-서구 국가들은 대부분 농업 경제에 기반을 두었으므로, 거기에 사는 사람들 대다수 역시도 엄격한 시간의 틀 속에 자신들의 삶이 구속받기를 싫어한다. 언제 친구가 찾아올지 아무도 예측할 수 없기 때문에 갑작스럽게 찾아온 손님을 대접하는 일은 다른 어떤 일보다 중요하다. 비록 미리 계획된 일이라 하더라도 반가운 손님의 방문은 이전의 계획하고 있던 일을 완전히 무시하고 연기할 수 있으며, 이런 갑작스럽게 방문한 친구와 관계가 중요하기 때문에 그 만남이 끝난 다음에 해도 되는 일로 미루어졌다. 현지인들은 누구나 이러한 전통을 잘 이해하기 때문에 아무도 불평하지 않는다.

그러나 시간 중심의 사고에 길들여진 우리 서구 사람들의 입장에서 본다면, 이런 행동이나 가치관은 이해하기 어려울 뿐만 아니라 전혀 용납이 되지 않는 행동이다. 일의 우선 순위가 상대방과 친하기 때문에 그때 그때마다 뒤바뀌거나 혹은 그 사람이 중요하기 때문에 순서를 어기고 먼저 만나 주는 일은 있을 수 없는 일이다. 만약 여러분이 비-서구사회에서 이런 일을 가지고 문제를 제기한다면, 그들은 또 여러분과 이 문제를 의논하기 위해서 또 다시 자기들이 하던 일을 멈추거나 다른 사람과의 약속을 뒤로 미루게 될 것이다. 바로 이런 일들이 비일비재하게 일어나는 곳이 비-서구사회이다.

비-서구 사회에서는 여러 가지 이유로 버스가 예정된 시간에 오는 경우가 거의 없다. 아마도 버스 운전수는 시장에 내다 팔 어떤 승객의 농산물을 실어 주느라고 늦을 수도 있고, 또는 지나치게 짐을 많이 실어서 차가 고장이 나서 그것을 수리하느라고 늦을 수도 있을 것이다. 어떤 때는, 어린 아이가 먼저 뛰어와서 자기 부모들이 지금 오고 있는데, '곧' 도착할 것임으로 조금만 더 기다려 달라고 하면 그 아이의 부모를 기다리느라고 늦어질 수도 있다. 그 버스 운전수는 다음 버스가 하루나 이틀 후에 온다는 사실을 너무나도 잘 알고 있기에 이렇게 기다려주는 것이 당연하다고 생각한다. 그곳에서는 이런 태도가 미덕이며, 그곳에 사는 사람들에게는 버스가 늦게 오는 것이 관행이 되어 익숙한 일이다. 만약 여러분이 이런 문화에 더 빨리 적응하면 적응할수록 여러분의 마음은 훨씬 더 편안하고 여러분의 인생은 더 행복할 것이다.

✤ 성서 속에서의 시간관

성서에는 세월을 아끼라, 그리고 때를 분별하라는 표현이 나타난다. 맞는 말이다. 우리들은 서구인의 시각으로, 즉, 시간 중심의 사고로 성서를 읽는다. 신약성서에서는 시간과 관련된 두 개의 대비되는 용어, 카이로스(kairos)와 크로노스(chronos)가 사용된다. 크로노스는 일반적인 시간 개념으로서의 연속적인 시간, 즉, 어떤 특정한 시간이나 일정한 기간을 의미한다. 오늘날의 문화로 말하자면 시계나 달력이 의미하는 시간이라고 생각하면 이해가 더 빠를 것이다. 마태복음 2장 7절, 사도행전 7장 17절, 히브리서 4장 7절, 그리고 베드로 전서 4장 3절 등에서 크로노스의 시간을 발견할 수 있다. 서구 사회에서 말하는 시간 개념은 대부분이 이러한 크로노스적인 시간을 말한다.

카이로스는 성서에서 크로노스보다 거의 두 배 이상 더 자주 언급되고 사용되었다. 비-서구 국가의 사람들이 인지하는 시간개념과 매우 흡사하다. 여기에서 말하는 시간은 조각조각 나누어지는 시간이 아니라, 절대 절명의 순간, 절호의 챤스, 의미 있는 순간과 같은 것으로 통칭되는 시간이다. 따라서 카이로스의 사람은 순간의 기회와 어떤 사건이 일어날 절호의 챤스와 같은 가치를 소중하게 생각한다. 이런 순간을 잘 간직해서 잊을 수 없는 사건으로 만드는 사람들이 카이로스의 사람들이다. 그들도 역시 평범한 사람들임으로 시간의 틀이나 계획을 세우는 일을 중요하게 생각하지만, 그런 일이 항상 중요하고 우선되는 것은 아니다.

현대적 언어로 번역된 성서에서는 그 차이를 더욱 분명하게 보여주는데, 예를 들면 같은 에베소서 5장의 말씀에서 개역성서는 "그런즉 너희가 어떻게 행할 것을 자세히 주의하여 지혜 없는 자같이 말고 오직 지혜 있는 자같이 하여 세월을 아끼라[카이로스] 때가 악하니라"고 하신 말씀을, 현대인의 성서는 "그러므로 여러분은 자신의 행실에 늘 주의를 기울여야 합니다. 지금은 악한 시대입니다. 그러니 어리석은 자가 되지 말고 현명한 자가 되십시오. 모든 기회[카이로스]를 충분히 살려서 선한 행동을 하십시오"라고 번역하였다.

❀ 보다 나은 태도를 계발하기

나는 오래 동안 참고 꾸준하게 기다리는 일을 잘 못 하는 사람이다. 그래서 연속적인 시간의 흐름에 따라 움직이는 문화가 아닌 곳, 어떤 일이 돌발적으로 일어나는 곳, 또는 일시에 계획이 전격적으로 취소되는 그런 문화에서는 잘 견디지 못한다. 그러나 이런 일을 극복하고 이겨내기 위해서 스스로 개발한 비결이 있다. 절망의 순간을 오히려 절호의 챤스로 만든 사람들이 있듯이 여기에서 내가 개발한 몇 가지 지혜들을 소개하려고 한다.

읽기: 나는 항상 읽을 거리를 가지고 다닌다. 거기에는 작은 성경책도 있는데 무엇인가를 기다리는 동안 어떤 할 일이 없더라도 편안한 마음을 유지하며 시간을 보낼 수 있다.

기도: 기도를 하면서 기다리는 시간을 보내는 것은 그 시간을 효과적으로 보내는 또 하나의 좋은 방법이다.

관찰: 요가 수행자인 베라(Berra)는 이렇게 말했다. "단지 주변을 둘러보기만 해도 많은 것들을 볼 수 있다는 사실은 정말 놀랍고 감사한 일이다." 그것을 즐겨라. 그리고 여러분의 머릿속에 입력시켜 두어라. 보이는 것 중에서 여러분이 살던 곳과 다른 것은 무엇이고, 같은 것은 무엇인지를 비교할 수 있는가? 하나 하나 세밀히 관찰하면서 여러분이 보고 있는 것의 의미를 찾아보라.

경청: 여러분의 주변 사람들이 무슨 이야기를 하고 있는가? 그들과의 대화를 들으면서 배우게 되는 그들의 삶은 무엇인가? 그들의 문화는 어떤 것이며 그들의 가치관은 어떤 것인가?

관계: 누군가에게 말을 걸어보라. 질문을 던져 보라. 그리고 그들의 대답을 들어 보라. 그 속에서 정보를 얻으라. 무엇을 배웠는가? 그 사람들은 여러분에게 옳은 대답을 해 주려고 열심히 설명할 것이고 여러분은 그들의 대답에서 엄청난 정보들을 얻게 될 것이다.

우리는 지금까지 서로 다른 두 문화에서 본 시간의 개념을 살펴 보았다. 이 장의 마지막 부분과 앞으로 몇 장에서는 여러분들이 스스로를 평가 할 수 있도록 도표를 제시하려고 한다. 시간/일 도표는 우리가 시간을 선호하는 사람인지, 일/업무를 우선하는 사람인지에 따라 1부터 10까지의 등급을 나누어 두었다. 1이나 2는 시간에 대하여 강한 집착을 보이는 것이고, 9나 10은 일/업무를 우선하는 선호도를 나타낸다.

몇 가지 유의해야 할 점들이 있다. 미국의 농촌에 사는 사람들과 직업으로 농업에 종사하는 사람들이라면 도시에 거주하는 미국인들보다는 더욱 일을 중요시하는 경향을 보일 것이다(예를 들면 5, 6 또는 7). 그러나 반면에 날마다 출퇴근 카드를 찍어야 하는 북미의 산업 노동자들이라면 시간 중심의 경향(예를 들면 1, 2 또는 3)에 더 많이 기울어져 있을 것이다. 아프리카계 미국인들에게서는, 그들이 비록 시간 중심의 산업에 종사한다고 하더라도 자신들을 일 중심의 사람이라고 생각하는 경향을 발견할 수 있다. 그러나 또 눈에 띄는 한 가지 특징은, 아프리카계 미국인들 중에도 자기가 맡은 책임의 중요성에 따라서 시간과 일의 중심이 왔다 갔다 하는 현상을 발견하게 될 것이다. 대부분의 아프리카나 라틴 아메리카의 경제는 농업에 의존하기 때문에 일 중심으로 기우는 경향이 있다. 그렇지만 그들이 서구 문화에 오래 살았거나, 지금은 시간 중심의 사회에 적응되어 살고 있다면 시간 중심으로 기우는 사람들이 많을 수도 있다.

아래와 같은 도표를 마지막에 제시하며 여러분이 스스로를 평가하도록 한 것은 여러분의 생각을 억압하거나 변화의 다양성에서 융통성을 없애도록 하려는 의도가 아님을 밝혀둔다. 오히려 다른 문화에서 경험하는 차이를 더 잘 이해하고, 보다 더 현실적인 기대를 갖게 함으로써 결과적으로 현지의 새로운 문화에 더욱 신속하게 적응하도록 돕기 위함이다. 다른 말로 표현하자면, 우리 속에 있는 모난 부분을 자연스럽게 다듬어 줌으로써 다른 문화에 진입하는 것을 도와주려는 의도이다.

아래의 시간/일을 나타내는 표를 잘 살펴보고 거기에 표시하라.

시간	1	2	3	4	5	6	7	8	9	10	사건

1. 시간/일의 도표에서 여러분이 해당하는 위치에 X표를 하라.
   여러분이 생각하기에 여러분의 부모님의 위치에 P라고 표시하라.
   여러분이 생각하기에 여러분의 교회의 위치에 C라고 표시하라.
   여러분에게 의미 있는 사람들의 이니셜을 사용하여 표시하라. 배우자는 S, 친구는 F, 직장상사는 B.

2. 여러분이 생각하기에 여러분이 들어가려고 하는 새로운 문화(New Culture)를 도표에 NC라고 표시하라. 그리고 당신과(X) 새로운 문화(NC) 사이에는 얼마나 큰 간격이 있는가를 살펴보라.

여러분은 이제 시간/일의 도표 1-10에 여러분이 속하는 곳, 그리고 다른 사람들이 속해 있다고 생각하는 곳에 표시를 했다. 그렇지만 내가 강조하려는 한 가지 중요한 사실은, 누구든지 어떤 때는 시간 중심적인 사람이 될 수도 있고 또 다른 때는 일 중심적인 사람이 될 수 있다는 사실이다. 그래서 사람들은 누구나 실제로 1과 10 사이를 왔다 갔다 할 수 있다.

그러므로 위의 도표를 이 장을 공부하는 동안에만 기억하지 말고, 이 책 전체를 읽는 동안 마음 속에 간직해 주기를 바란다.

1. 여러분의 시간에 대한 관점이 새로운 문화에 들어가면 충돌을 일으킬 수 있을까? 아니면 문제없이 잘 적응하겠는가? 적응하기 위해서 얼마나 어려운 과정을 거쳐야 한다고 생각하는가?

2. 여러분은 지금까지 살아온 여러분의 시간 사용이 옳았다고 평가할 수 있는가? 아니면 잘못되었다고 평가하는가? 어떤 어려움이 여러분에게 새로운 문화에 적응하는데 난관으로 작용할 것 같은가?

3. 지금과 다르게 시간을 사용하기 위해서는 어떤 구체적인 실천이 따라야 하는가?

4. 여러분의 시간 관념은 얼마나 여러분의 부모나 전통의 영향을 받았는가? 어떤 점에서 그분들이 여러분의 시간 개념에 영향을 미쳤는가?

14
임무와 관계

디트로이트에서 건축업을 하는 밥(로버트)과 나는 열 두 시간을 운전하여 미시시피 주 잭슨시에 사는 론 목사의 사택 외벽공사를 도와 주기로 했다. 론 목사는 그 도시에 있는 아프리카계 미국인 교회의 부목사였고 도시의 가난한 사람들을 위해서 목회를 하는 귀한 형제이다. 론 목사와 아내는 작고 오래된 낡은 집에서 불편하게 생활하고 있었다. 특별히 론 목사 내외는 막 결혼한 신혼부부였기 때문에, 밥과 나는 론 목사의 사택 외벽을 깨끗하고 새롭게 공사해 주고 그 외 다른 곳도 수리해서 행복하고 편리한 신혼생활을 하도록 도와 주려고 마음을 먹고 먼 길을 운전해서 갔던 것이다.

밥과 나는 사다리 위에 올라가서 외부 판자벽의 크기를 재고 있을 때 론 목사는 아래에서 그 판자를 크기에 따라 톱질하고 있었다. 그런데 론 목사는 자기 집 앞을 지나가는 사람들이 있을 때마다 하던 일을 멈추고 그 사람들과 이야기를 나누는데, 어떤 때는 길거리까지 나가서 그들과 한참 동안 대화를 나누고 돌아 왔다. 그가 동네 사람들과 이야기를 나누는 동안 밥과 나는 사다리 위에서 아무 일도 하지 못한 채 그를 기다리고 있어야만 했다. 잡담과 같은 론의 대화는 때로는 5분 혹은 10분 이상 걸리기도 했다. 처음에 우리는 론 목사의 낙천적인 태도와 이웃과의 좋은 관계에 감명을 받았으며 서로 기분 좋게 보아 넘겼지만, 이런 일이 계속 반복되자 시간이 흐를 수록 밥의 말 수는 줄었고, 한 마디씩 내뱉는 말은 불만과 답답함을 담고 있는 가시 같은 말로 변했다.

밥은 전형적인 일중심의 사람이었다. 그는 한번 목표를 세우면 반드시 이루어 내고 마는 그런 형의 사람이었다. 그런 자질과 능력 덕분에 그는 건축 분야에서 꽤나 성공한 사람으로 알려졌다. 그러나 그는 지금 론 목사가 작업에 집중하지 않고 자주 작업장을 이탈하는 것 때문에 그토록 귀한 시간을 "낭비"하고 있었던 것이다.(여러분들은 앞 장에서 살펴본, '시간 대일' 이라는 주제가 기억나지 않는가?) 밥은 자신이 이렇게 사다리 위에 서서 멍청하게 시간을 낭비할 줄 알았더라면 여기까지 열 두 시간을 걸려서 운전하고 오지 않았을 것이다. 그는 우리 모두가 더욱 일에 집중하도록 독려하기 위해서 "우리가 지금 여기 일하러 온 거야? 아니면 잡담하러 온 거야?"라고 농담을 섞어가며 말하기도 하였다.

솔직히 나 역시 그런 분위기에 약간은 실망했고 마음이 썩 내키지 않은 상태였다. 나는 종종 내가 가르치거나 설교한 내용대로 살지 못했던 사람인 것을 고백하지 않을 수 없다. 그 순간 나는 생각해 보았다. 평소에 내가 가르치던 것을 지금 이 상황에 적용해 본다면 나는 어떻게 해야 할까? 스스로에게 도대체 지금 이런 상황에서 우리가 할 수 있는 일이 무엇일까를 자문해 보았고, 내 속에서 어떤 가치들이 충돌을 일으키고 있는지를 곰곰히 생각하게 되었다. 내가 이런 생각을 하기 시작하자 내 마음에 변화가 오기 시작했다.

론 목사는 대학에서 내가 가르친 제자였다. 나는 그의 대학생활을 떠올렸다. 론은 언제나 사람들과 사귀기를 좋아했던 학생이었고 심지어는 수업에 빠지면서까지도 사람들을 만나기를 좋아했다. 그렇다! 그는 사람들을 만나는 것을 제일 좋아했던, 관계 중심의 사람이었다. 그리고 모든 사람들도 그를 좋아했으며 항상 그의 주변에는 오고 가는 사람들이 끊이지 않았던 사실을 기억하게 되었다.

지금 론 목사에게는 타고난 그의 성격뿐만 아니라, 이웃 사람들을 주님 앞으로 인도하고 싶은 열정까지 가미되어 있었다. 이제 그 지역 공동체에 새로운 일원이 되었으니 오죽 그러했겠는가! 어떻게 해서든지 그 동네 사람들과 관계를 맺고 싶어했고 동네 주민들과 가깝게 지내고 싶은 마음이 발동했던 것이다. 다른 사람들과 좋은 관계를 맺는 것이 론 목사에게는 가장 중요한 가치였고, 그는 자신의 타고난 장점을 살려서 목회를 성공적으로 이끌어가고 있었던 것이다.

그런 생각이 내 마음 속에서 정리되자 론 목사가 지나가는 사람들과 오래 동안 대화하는 광경을 보고 있는 내 마음이 갑자기 편안해졌고, 어떤 환희와 같은 기쁨이 내 속에 찾아왔다. 바로 이런 모습이야말로 내가 지난 수 년 동안 대학에서 가르쳐 왔던 바를 그대로 실천하는 가장 좋은 광경이 아닌가! "언제나 사람이 가장 중요하다. 사람이 어떤 일이나 프로젝트 보다 훨씬 더 소중하다. 관계는 일과 비교할 수 없는 우선적 가치이다. 예수님께서는 그런 사람들을 위해서 자신을 버리시고 십자가에서 죽기까지 사랑을 보이셨던 것이다. 예수님은 결코 건물을 위해서 죽으셨던 것이 아니다!"

그런데, 지금까지 밥과 나는 집이 빨리 수리되도록 집을 고치는 프로젝트에만 온통 정신이 팔려 있었다. 즉, 우리의 생각은 오직 일/임무에만 초점이 맞추어져 있었던 것이다. 그런데 론 목사가 수시로 길거리로 나가서 사람들과 이야기를 하며 시간을 낭비했으니 일은 지연되고 방해를 받을 수밖에 없었고, 그 결과 우리는 목표를 달성하지 못한다는 생각 때문에 좌절을 경험했던 것이다.

나는 내가 이렇게 생각하며 론 목사를 이해하게 된 과정을 밥에게 말해 주었다. 밥도 역시 지혜로운 사람이었고 관계의 중요성을 이해하는 사람이었으므로 곧 내 말에 동의하게 되었다. 그러자 우리 두 사람의 마음도 안정을 되찾게 되었다. 론 목사가 지나가는 사람들과 대화를 나누는 동안 우리도 편하게 이런 저런 이야기를 나누며 시간을 즐겼고 우리가 예정했던 일도 무사히 마칠 수 있었다. 다른 사람을 도우려던 일이 처음에는 실망과 좌절로 끝나는 줄 알았는데 오히려 즐겁고 아름다운 추억으로 마치게 되어 너무나 감사했다.

⚜ 좋은 일은 최선으로 인도된다

어떤 마을을 지나는 도중 예수님과 제자들은 마르다라는 여인의 초대를 받게 되었다.

마르다라고 하는 여자가 예수를 자기 집으로 모셔 들였다. 이 여자에게 마리아라고 하는 동생이 있었는데, 마리아는 주의 발 곁에 앉아서 말씀을 듣고 있었다. 그러나 마르다는 여러 가지 접대하는 일로 분주하였다. 그래서 마르다가 예수께 와서 말하였다. 주님, 내 동생이 나

혼자 일하게 두는 것을 아무렇지 않게 생각하십니까? 가서 거들어 주라고 내 동생에게 말씀해 주십시오. 그러나 주께서는 마르다에게 대답하셨다. 마르다야, 마르다야, 너는 많은 일로 염려하며 들떠 있다. 그러나 필요한 일은 하나뿐이다. 마리아는 좋은 몫을 택하였다. 그러니 그는 그것을 빼앗기지 않을 것이다(눅 10:38 ~ 42).

나는 마르다를 동정하게 된다. 나도 역시 손님을 초대할 때 집안을 깨끗이 정리하고 음식도 보기 좋게 장만하며 모든 것이 가지런히 준비되기를 원하는 사람이다. 그렇게 하는 것은 곧 손님에 대한 존경의 표시이다. 그리고 만약 초대한 손님이 예수님이시라면 모든 것을 완벽하게 준비하는 일이 당연한 일이 아니겠는가? 나는 가끔씩 도대체 마리아의 머릿속에는 무슨 생각이 들어 있었을까를 곰곰히 생각해 보기도 했다.

도대체 마리아는 어떤 생각을 했기에 이렇게 귀한 손님을 초대해 놓고도 무심하게 앉아서 그토록 태연하게 말씀만 듣고 있었다는 말인가? 어떻게 그녀는 언니를 도울 생각은 전혀 하지 않고 그렇게 무책임할 수가 있었을까? 혹시 예수님을 진심으로 공경하는 마음이 없는 것은 아니었을까? 그렇지만 우리들 모두가 잘 알듯이, 마르다의 선택은 꾸지람을 들었고 마리아는 오히려 칭찬을 받았다. 그렇다면 우리들은 도대체 이 상황을 어떻게 해석해야 할까?

밥과 내가 선택한 것은 마르다의 선택과 같은 것이었다. 우리 두 사람은 관계보다 임무에 더 많은 가치를 부여했고, 일/임무를 우선시 하였다. 그러나 론 목사는 그런 실수를 범하지 않았다. 그는 사람을 최우선의 자리에 올려 두었던 것이다. 마르다와 마리아의 이야기를 통해서 예수님께서는 우리에게 동일한 교훈을 주셨다. 우리들은 매일 매일 수많은 선택을 하면서 살고 있다. 물론 마르다의 선택이 잘못된 것이라고는 말할 수 없다. 단지 그녀의 선택은 그 상황에서 최선은 아니었다는 말이다. 그녀는 최선이 아닌 그저 필요한 일, 좋은 일을 선택하는 실수를 범하였고, 그래서 가장 중요한 핵심을 놓쳐 버리고 말았던 것이다.

우리의 선택은 우리가 무엇을 가장 중요하게 생각하는지를 잘 보여준다. 사려 깊은 사람은 상황을 정확하게 파악하며 여러 가지 가치들을 비교하여 가장 올바른 가치를 선택한다. 그러나 나를 포함한 대다수의 사람들은 가장 쉬운 것, 혹은 가장 편리한 것을 선택하는 어리석음을 범한다. 나 자신의 본성을 정확히 평가하자면 나는 마르다에 가까운 사람이다. 그러나 이제 나는 나의 오랜 경험을 통하여 이렇게 말할 수 있게 되었다. 세계의 많은 문화들 중에서 대부분은 일이나 임무보다도 관계를 더 소중히 여기고 중요한 가치로 삼고 있다. 그러므로 나는 이제 여러 문화들을 경험하고 문화의 차이를 가르치는 사람으로서 이 사실을 깨닫게 되었기 때문에 보다 나은 선택과 바른 판단을 하려고 노력하게 되었다.

13년 동안 나와 함께 일한 두 명의 변호사가 있었다. 그들은 자신들이 시간과 일에 대하여 각각 다른 관점과 견해를 가지고 있었다는 사실을 깨닫기 전에 피차의 성격적인 차이로 많은 좌절을 겪었던 사람들이다. 같은 사무실에서 함께 일하던 두 변호사가 서로의 차이점을 인정하고 상대방의 장점을 깨닫게 되기까지는 정말로 오랜 시간이 걸렸다. 말은 쉽지만 그 일은 참으로 힘들고 어려운 과정이었다. 두 변호사가 자신들이 너무나도 달랐다는 사실을 인정하게 되었을 때, 그들은 서로를 희생자로 만들지 않고 오히려 피차의 차이와 다른 점을 두 사람 모두의 자산으로 활용할 수 있게 되었다. 이제 그들은 자신들이 속한 로펌의 연례행사인 등산대회에서 서로 각자의 장점을 살려서 준비하고 각각의 책임과 소임을 나누어

맡게 되었다. 한 변호사는 계획을 세우고, 물품을 구입하고, 산행 과정을 점검하고, 진행하는 일에 책임을 맡았으며, 또 다른 변호사는 사람들과의 관계와 연락을 책임지게 되었다. 이렇게 피차의 장점을 살려 일을 나누게 되니 행사는 즐거웠으며 두 변호사가 모두 선의의 사람이라는 인정을 받게 되었다. 물론 그 해의 등반대회는 아주 성공적이었다. 그러나 그 이전에 그런 행사가 있었을 때는 사사건건 의견이 대립되었고 함께 일하는 직원들까지 부정적인 감정과 긴장으로 살얼음판을 걷는 기분이었다. 두 사람이 이해하고 화해하고 나자 사내 분위기가 바뀐 것은 물론이고 로펌 진 직원들의 사기는 올라갔고 모든 성과와 업적도 급격히 향상되었다.[1]

✿ 목표 −중심의 사람

많은 사람들은 자기 생애의 상당 부분을 목표를 설정하고 성취하는데 투자한다. 그들은 원하던 것이 이루어지면 행복감을 느낀다. 그들은 인간으로서의 자기 정체성이 무엇인가를 성취하는 능력이라고 생각한다. 그들의 가장 친한 친구들은 대개 같은 목적을 추구하고 그 목표를 함께 공유하는 사람들이다. 이런 유형의 사람들은 자신들의 목표를 달성하기 위해서라면 육체적 희생도 감수하고 심지어는 정신적 건강까지도 해치면서 목표를 성취하려고 노력한다. 사실 우리 주변을 살펴보면 많은 성공한 사람들 중에는 가장 친한 사람들과의 우정까지도 희생시키며 자기 목표를 이룬 사람들이 있음을 보게 된다. 결혼이 파탄에 이르는 일이나 부모나 자식 간에도 마치 남남처럼 되어버리는 일들이 일어나곤 한다. 그들에게는 어떤 인간관계보다 일과 목표가 더 중요하기 때문이다.

세계 제2차 대전 이후에 해외에 파송된 선교사들은 예수 그리스도의 복음을 모든 종족과 모든 민족과 언어에 전파할 사명을 가지고 땅끝까지 보내졌다. 그들이 수행해야 하는 임무는 분명했다. 언어 습득, 성경 번역, 복음 전파, 교회 설립, 제자화, 의료사역, 현지인 교육 등이었다. 이러한 모든 과제들은 당연히 좋은 인간관계를 유지하며 진행되어야 하는 사역이었음에도 불구하고, 오로지 사역의 성취에만 초점이 맞추어졌던 것도 사실이다. 모든 사람과의 관계에 중점을 두어야 한다는 것을 잘 알면서도, 일단 관계는 사명이 완성된 다음에나 생각할 일이고, 우리는 일이 더 중요하다고 생각하는 유혹에 빠지고 말았던 것이다.

열심히 사역에 임하는 성공한 사역자라는 호칭은 바로 이런 사람들을 부르는 말이 되고 말았다. 그들은 자신들을 희생하는 일은 물론이고 가족들의 희생까지도 감수하면서도 사명을 수행하는 사람들이었다. 그렇게 될 때 세상 사람들은 그들을 향해서 신뢰할 만한 사람, 전적으로 헌신된 사람, 그리고 자기 희생적인 사람이라고 칭송한다.

나의 장인은 초기에 남 로데시아(지금의 짐바브웨)에서 그리스도의 복음을 전하다가 순교한 분이다. 복음은 모든 사람들을 위한 기쁜 소식이기 때문에 장인은 사명감을 가지고 전염병이 창궐하는 마을 구석구석을 찾아 다니며 복음을 전하는 일에 헌신하셨다. 그러나 선교지에 도착한지 채 3년도 되지 못해서 장인은 말라리아와 황열병의 합병증으로 그곳에서 세상을 떠나셨다. 그렇지만 그분이 뿌린 씨앗들은 아무도 가고 싶어 하지 않던 그 변방의 작은 마을에 사는 사람들의 가슴에서 자라고 있었다.

임무중심의 사람이 사역을 마치고 돌아오거나 죽고 나면, 후세대는 그 선배들의 업적을 듣게 될 것이고, 보다 더 정확히 표현하자면, 그를 통해 역사하신 하나님의 섭리를 눈으로 직접 보게 될 것이다. 쉬는 기간에도 그들의 마음은 항상 선교지에 머물러 있었다.

내 경우를 보더라도, 나의 할아버지는 참 훌륭한 분이셨다. 그러나 그

분은 장손이며 우리 집안 전체를 통틀어서 최초로 대학을 졸업하는 손주
(나)의 대학 졸업식에도 참석하지 못하셨다. 할아버지는 첫 손주의 졸업식
이 있던 바로 그 토요일에도 공장에서 작업을 해야 했고, 그 일이 우선이
었으므로 나의 졸업식에 참석하지 못하신 것이다.

선교의 역사를 통해서 되돌아 보면 현지인들이 이렇게 말하는 것을 종
종 듣게 된다. "초기 선교사님들은 정말로 많은 일을 하셨지요. 그렇지만
그분들이 그렇게 많은 일을 하시는 것보다 좀 더 우리들과 함께 있어주는
시간이 더 많으셨으면 훨씬 더 좋았을텐데요…. 그 분들은 사역 때문에
비빠서 그럴 시간이 없으셨지요".

❀ 관계중심의 사람

전 세계 대부분의 사람들은 관계를 풍부하게 하는데 많은 가치와 의미
를 부여하는 것을 알 수 있다. 대화, 친분 쌓기, 상호 교류, 토론 그리고
함께 있어주는 일이 중요하다는 것을 우리의 경험으로 알 수 있다. 목표
나 계획은 많은 대화가 있은 다음에 따라오는 것이다. 친교는 목표를 달
성하기 위해서 필수불가결한 요소이다. 그렇다고 해서 목표가 잊혀져서
도 안 되겠지만 목표만이 우선되어서는 안 된다는 말이다.

이러한 일들은 사업의 영역에서 더욱 눈에 띄게 나타난다. 라틴 아메리
카의 사업가들은 한 건의 수주를 위해서 몇 시간씩, 심지어 어떤 경우에
는 며칠씩이라도 상대방과의 관계를 돈독히 하며 사귐의 시간을 보내곤
한다. 이러한 사귐의 시간들을 통하여 라틴 아메리카 사업가들은 파트너
회사와 자기들 사이에 사업적인 공통점과 연결고리가 있는지를 면밀히
관찰한다. 만약 그런 공통점을 발견하지 못한다면 계약은 이루어지지 않
을 것이다.

이와 마찬가지로 일본의 사업가들도 비즈니스 건으로 협상을 할 때는 한참 동안 눈을 감고 (사람들은 그들이 잠에 빠진 게 아닌지 착각을 할 정도로) 깊이 생각하며 숙고한다. 그렇지만 그들은 결코 졸고 있는 것이 아니라 자신의 내면의 목소리를 듣고 있는 중이다. 이 계약의 건을 계속 끌고 갈 것인지 아니면 이쯤에서 중단해야 할지를 두고 관계의 본질을 생각하는 시간이라고 한다. 세계 대부분의 국가들에 있어서는 사업의 성공과 실패 여부를 결정짓는 것은 바로 이러한 '관계의 미학'이다.

업무중심적 사고가 전면에 나타나면 관계중심적 측면은 언제나 이차적인 것으로 취급되기 쉽다. 관계중심의 문화에서는 과학이나 기술의 발전에 관심이 적은 것처럼 보이기도 한다. 물론 지나치게 관계중심적으로 되어버리면 상당한 부분에서 발전에 제약이 될 수도 있다. 그럼에도 불구하고, 나는 그들이 자신들의 삶에서 평화를 누리고 스트레스를 해소하는 엄청난 능력을 발휘하는 것을 목격할 수 있었다.

❀ 동 서양의 만남

이러한 두 상반된 가치를 아주 실감나게 설명해 주는 이야기가 있다. 세계 강대국의 지도자들에 얽힌 이야기이다.

로널드 레이건 미국 대통령이 중국을 방문했을 때, 사람들이 그에게 이번 중국 방문의 목적이 무엇인지를 물었다. 그는 대답하기를 "세일즈 외교입니다. 나는 철저하게 세일즈맨으로 중국에 가는 것입니다. 내 가방 위에 'Buy America'라는 스티커를 붙여서 들고 갈 용의가 있습니다."라고 했다.[2]

중국의 지도자 등소평 주석 역시 같은 질문을 받았다. 그는 이렇게 응수했다. "침묵으로 우리의 입장을 대신하는 것이 이해의 증진에 도움이 될 것입니다. 나는 우리 두 지도자들 사이에 우정을 만드는 일부터 시작할 것입니다."[3]

레이건 대통령은 임무중심으로 똘똘뭉쳐 있었던 반면에, 등소평은 관계 증진에 몰두하겠다는 대답이었다.

서로가 조금씩 양보하는 자세를 보인다면, 우리들은 어디에서부터 오해가 생기기 시작했는지를 발견할 수 있을 것이다. 현실적으로, 대다수의 일중심의 사람들도 관계 지향적인 방향으로 자신을 훈련시켜 나갈 수 있으며, 관계지향적인 사람들도 업무 중심의 차원에서도 얼마든지 성공힐 수 있다. 관계중심의 문화에서는 당사자들 간에 우정이나 신뢰가 쌓이기 전에는 어떤 사업이나 업무에 진전이 없다는 점을 명심해야 한다. 그들은 먼저 신뢰감이 형성되지 않은 상태에서 하는 노력은 언제나 쫓기고 허둥거릴 뿐, 아무런 소득이 없다고 생각한다.

이 원리는 복음 전파에도 그대로 적용된다. 그리스도를 소개하기 전에 먼저 우정과 신뢰를 쌓기 위한 관계가 형성되고 진지한 노력을 기울이지 않으면, 우리의 증거는 '요란한 꽹과리'(고전13:1)가 되고 말 것이다.

❀ 예수님은 무엇을 하셨는가?

성경을 읽어보면, 예수님은 사람들과 함께 많은 시간을 보내셨다는 사실을 알 수 있다. 거기에는 개인적인 만남도 있고, 제자들 또는 군중들과의 만남도 있으며, 사람들의 집에서, 동산에서, 길거리에서, 우물가에서, 그리고 마을 어귀에서 때와 장소를 가리지 않고 여러 다양한 계층의 사람들과 수시로 만나셨던 것을 알 수 있다. 어디를 가시든지 예수님께서는 백성들의 구체적인 삶에 깊은 관심을 보이셨다. 물론 가끔 혼자 계실 때도 있으셨고 어떤 때는 말씀을 전하는 일에 열중하실 때도 있으셨지만,

예수님은 본인의 공생애 사역을 중요하게 여기셨다.

예수께서는 열두 살 때 그 부모인 요셉과 마리아와 함께 유월절을 지키기 위해서 예루살렘으로 올라가셨다. 그러나 어린 예수는 혼자 성전에 남아 있었고, 그것도 모른 채 요셉과 마리아는 하루 길을 걸어 고향으로 돌아왔다, 그때서야 예수가 없는 것을 발견하고 예루살렘으로 돌아가서 예수를 만났는데, 그는 성전에서 율법학자들과 함께 앉아 듣기도 하고 묻기도 하고 있었다. 그때 어린 예수는 크게 걱정하고 있던 부모들에게 다음과 같이 말씀사역의 중요성을 말씀하셨다. "내가 아버지의 집에 있어야 할 줄을 알지 못하셨습니까?(눅 2-49)"

예수님께서는 자기의 죽음이 임박한 것을 아시고 더욱 자신의 공생애와 마지막 사역의 중요성을 밝히기도 하셨다. "예수께서 하늘에 올라가실 날이 찼다. 그래서 예수께서는 스스로 예루살렘에 가시기로 마음을 굳히셨다.(눅 9-51)"

예수님께서는 언제나 이 땅에 있는 사람들과의 관계를 중요하게 생각하셨으며 이 사명을 완수하는 것이 하나님 아버지의 뜻이라는 사실을 굳게 믿고 계셨다. 그래서 예수님께서는 사람들과의 관계에 많은 시간과 정성을 기울이셨다. 그럼에도 불구하고, 동시에 그 분은 근본적으로 자신이 보냄을 받은 이유와 사명의 중요성을 결코 잊으신 적이 없는 분이셨다.

나는 사명 중심의 사람들이 마태복음 28장 19절~20절에 나오는 그리스도의 지상명령에 매혹되어 있다는 사실을 잘 안다.

그러므로 너희는 가서 모든 민족을 제자로 삼아서 아버지와 아들과 성령의 이름으로 세례를 주고, 내가 너희에게 명한 모든 것을 그들에게 가르쳐 지키게 하여라. 보아라, 내가 세상 끝 날까지 항상 너희와 함께 있을 것이다.

그러나 이 지상명령은 성경의 다른 곳에 나오는 동일한 계명들과 함께 동시에 강조되어야 한다. 마태복음 22장 36절~40절이 그 중 한 곳인데, 율법 학자와 예수님간에 이런 직설적인 질문과 대답이 이어진다.

"선생님, 율법 가운데 어느 계명이 중요합니까?" 예수께서 그에게 말씀하셨다. "네 마음을 다하고 네 목숨을 다하고, 네 뜻을 다하여, 주 너의 하나님을 사랑하여라 하셨으니, 이것이 가장 중요하고 으뜸 사는 계명이다. 둘째 계명도 이것과 같은데 "네 이웃을 네 몸 같이 사랑하여라."라고 한 것이다. 이 두 계명에 모든 율법과 예언자들의 본 뜻이 달려 있다.

이 계명은 약간 다른 형태로 레위기 19:18, 마가복음 12:28~31, 누가복음 10:27, 요한복음 13:34, 15:12, 로마서 13:9, 갈라디아서 5:14, 야고보서 2:8, 그리고 요한1서 3:23에 등장한다. 내가 여기에 성경 구절들을 열거한 것은 다음과 같은 몇 가지의 이유들 때문이다.
 ⑴ 이렇게 자주 같은 말씀이 반복적으로 언급되었다는 사실에 솔직히 놀랐기 때문이다.
 ⑵ 하나님 사랑과 이웃 사랑의 강력한 증거는 곧 우리들 모두가 예수님의 제자라는 사실을 깨닫게 만들기 때문이다.
 ⑶ 우리의 사명은 일과 사역에 못지 않게 사랑을 가지고 행하라는 것이기 때문이다.
 ⑷ 나는 현대의 젊은 세대가 너무 많이 지상 명령(the Great Commi

ssion)에 도취되어, 오히려 가장 중요하고 으뜸이 되는 지상 계명
(the Great Commandment)은 소홀히 하는 것은 아닌가 하는 염려를
금할 수 없다.

아래의 일(임무)/관계를 나타내는 표를 잘 살펴보고 거기에 표시하라.

일	1	2	3	4	5	6	7	8	9	10	관계

1. 여러분이 속해 있는 일(임무)와 관계의 지점에 X표를 하라.

   여러분이 생각하기에 여러분의 부모님이 속하는 곳에는 P를 표시하라.

   여러분의 교회가 시간 중심의 상황에서 일(사역)에 더 강조점을 두는

   지, 아니면 관계에 더 중점을 두는지를 생각하여 C라고 표시하라.

   여러분에게 중요한 사람들의 이니셜을 표시하라: 배우자 S, 친구 F,

   직장 상사 B.

2. 여러분이 가게 될 새로운 문화권의 사람들이 속할 것 같은 곳에 NC라

   고 표시하라. 여러분(X)과 그 문화권(NC) 사이에는 얼마나 큰 간격이

   있는가를 살펴보라.

⊛ 중요한 관점

그 무엇보다 사람과 사람 사이의 관계가 얼마나 중요한지를 다시 한 번
강조하려고 한다.

우리가 임무 보다는 관계를 더 중요하게 여기는 문화에 들어간다고 가

정해 보자. 이 말은 곧 그 사람들이 일을 등한시 한다거나 임무 성취에 무관심한 사람들이라는 의미가 아니다. 만약 여러분이 목표 달성에만 집착하고 인간관계에 별다른 관심이 없다면, 결과 역시 별로 기대할 것이 없다는 말이다. 그와는 정 반대로, 여러분이 인간관계에 관심을 갖고 그들과 좋은 관계를 맺는 일에 더 많은 시간을 투자한다면 분명히 훌륭한 결실을 얻을 수 있을 것이기 때문이다. 서로 만족스러운 인간관계가 먼저 형성된다면 사람들은 서로의 임무(일)에도 최선을 다하게 될 것이고 결국 좋은 결과도 얻게 될 것이다.

이 장의 첫 부분에 언급한 론 목사와 밥과 내가 경험한 일을 기억하는가? 우리들은 건물 외벽 작업뿐만 아니라 내부 수리도 완전하게 마칠 수 있었다. 처음 가졌던 오해가 풀리고 서로의 관계가 좋아지게 되자 모든 일은 저절로 풀려나갔고, 맨 처음 가졌던 계획 보다 더 많은 결실을 거두게 되었다. 거기에 첨가하여 더 중요한 사실은 우리 모두의 우정이 돈독해졌다는 사실이다.

우리 세 사람은 모두 다 그 일을 통하여 서로에 대한 긍정적이고 아름다운 추억을 간직할 수 있게 되었다. 상대방에 대한 이해가 깊어지면 깊어질수록, 서로에 대한 부정적인 감정들은 정리되어 갔고 서로에 대한 편견이나 판단을 자제할 수 있었으며, 나쁜 방향으로 생각이 발전하는 것을 미연에 방지할 수 있었다. 이것은 우리 모두에게 아주 값지고 훌륭한 경험이었다.

나의 친구 중 한 사람이 언젠가 이런 말을 한 것이 기억난다. 국제 무역을 하는 사람은 항상 두 개의 가방을 가지고 다녀야 한다. 한 가방에는 시간/임무가 들어 있는 가방이고, 또 다른 가방에는 일/관계라는 내용물이 들어 있는 가방이다.

그런데 여기서 중요한 포인트는, 이 둘 중에서 어느 가방을 먼저 열 것인가라는 것이다. 대답은 여러분이 들어가게 되는 문화가 어디인가에 따라 다르다. 그 문화에 전혀 맞지 않는 엉뚱한 가방을 먼저 열게 된다면, 아무리 여러분이 가져간 제품이 훌륭하다 하더라도 성공할 가능성은 없다. 그곳의 문화에 맞는 올바른 가방을 적절할 때 열게 되면 관계와 분위기는 자연스럽게 무르익게 될 것이고 저절로 두 번째 가방도 열리게 되는 좋은 기회가 있을 것이다. 그 친구가 남긴 유명한 말이 있다. "일이 성사되기 전에 먼저 관계를 잘 형성하면 일은 저절로 해결되고 풀린다."[4]

이렇게 말하면 어떤 사람들은 나에게 지나치게 시간/임무 중심의 사람들에게는 가혹하고 일/관계 중심의 사람들에게만 관대하다고 생각할지 모르겠다. 그러나 이렇게 새로운 관점을 가져 봄으로 얻게 되는 유익에 대해서 말해 보자. 우리들이 서구사회 이외의 다른 문화를 이해하게 되면, 우리는 그들을 더욱 긍정적으로 바라 볼 수 있을 것이고 새로운 문화에서도 더욱 쉽게 적응 할 수 있을 것이기 때문이다. 그렇게 되면 우리는 그때마다 필요한 올바른 가방을 열 수 있는 지혜도 얻게 된다.

서구 사회와 비-서구사회의 문화는 모두 다양성을 간직하고 있으므로 서로 연합하여 유익을 얻을 수 있고, 서로의 문화를 이해함으로 함께 성장하고 발전하는 시너지 효과를 얻을 수 있다.

하나님께서는 모든 다양한 문화들을 통하여 당신의 위대하심을 드러내고 마치 훌륭한 오케스트라의 연주와 같이 그리고 대규모의 합창단이 만들어 내는 것 같은 천상의 화음을 만들어 가는 것을 기대하신다고 믿는다. 이런 성악과 관현악의 아름다운 화음은 각각의 악기들이 만들어 내는 소리와는 비교가 되지 않는 웅장함과 다양함 그리고 장엄함이 있다는 사실을 우리는 잘 안다.

1. 다른 문화권에 들어갈 때, 여러분은 얼마나 많은 일/관계의 범위를 조정할 필요가 있다고 느끼는가? 여러분이 현재 만나고 있는 사람들 중에서 여러분과 서로 다른 점 때문에 어려움을 겪고 있지는 않는가? 그것들을 조정하려면 얼마나 더 많은 어려움이 있을 것이라고 예상하는가?

2. 여러분은 일/관계를 옳고 그름의 관점으로 바라보는가? 만약 그렇다면 여러분이 들어가서 만나게 될 문화에서 이것들이 어떤 어려움으로 작용할 것 같은가?

3. 일/관계에 있어서 서로 다른 시각을 조정하기 위하여 여러분이 취할 수 있는 실제적이고 구체적인 일들은 무엇이 있는가?

4. 여러분의 생각이나 관점에 여러분의 부모님이나 조상들이 미친 영향들로는 어떤 것들이 있을까?

15
개인주의와 집단주의

"개인주의는 미국문화의 핵심이다" 이 말은 《Habits of the Hearts》라는 베스트셀러의 공동 저자인 로버트 벨라가 한 말이다.[1] 그는 "개인주의는 사회라는 공동체가 만들어지기 이전부터 있어 왔다"는 위대한 정치 교육 철학자인 존 로크의 말을 인용했다.[2] 이 말은 개인이 사회보다 먼저 존재했음을 강조하는 말이다. 깊이 생각하지 않으면, 서구사회가 아닌 다른 비-서구사회에서는 이 말의 의미조차 이해하기 쉽지 않고 많은 혼란을 야기시킬 수 있는 말이다.

사실 오늘날 서구에서는 개인주의가 모든 것을 지배한다고 해도 과언이 아니다. "네 스스로의 힘으로 성공하라"는 이 말은 스스로의 힘으로 모든 것을 이겨내고 이루어 내야 한다는 말이다. 군대의 슬로건 중에 "최선을 다해서 최고가 되자"는 표현이 있는데 여기에도 개인주의적인 강조가 담겨 있는 것이다. 그리고 프랭크 시나트라의 노래 가운데는 I've Got ta Be Me 라든가 My Way 같은 유명한 노래 제목들도 있고, 잔소리를 할 때에 흔히 쓰는 말 "다른 사람을 간섭하지 말고, 네 일이나 잘 하라."는 표현도 개인주의를 강조하는 말이다.

이 모든 말들은 미국인들에게 스스로의 힘으로 한다는 게 얼마나 아름다운 미덕인지를 잘 보여주는 표현들이다. 비록 부모 형제 가족 친구들을 소중한 가치기준으로 생각하기는 하지만, 그들은 여전히 다른 사람들의 생각이나 선택과 무관하게 본인이 스스로 결정하는 것을 중요한 덕목으로 생각한다는 의미이다. 그들은 이것을 절대적인 가치라고 말하지는 않지만, 강력하고 중요한 가르침으로 생각하고 있다. 개인주의는 포스트모더니즘의 영향 때문에 미국의 30대 이하 젊은 세대들에게 가장 부각되는 사회적 가치로 인정되어 버렸다.

❀ 나는 우리다

세계의 여러 곳에서는 사람을 하나의 개인으로 보지 않고 전체 사회를 구성하는 한 부분으로, 혹은 전체 공동체를 이루는 한 요소로 생각하는 사회들이 많이 있다. 학자들은 이런 사회를 가리켜 집단주의(공동체 사회)라고 부른다.

공동체 사회에 속한 사람들은 자신들이 해야 하는 중요한 문제를 스스로 결정하지 못한다. 그들은 어떤 일을 결정하려면 부모로부터 시작하여 삼촌 또는 숙모 같은 다른 가족들과 함께 의논하고 결정을 하게 된다. 어느 누구도 독자적인 결정에 따라 행동하지 못한다. 만약 그렇게 한다면 그것은 전체 사회에 대한 모독이며 그룹 전체의 조화를 깨는 위험한 행동으로 간주된다.

각 사람은 한 사회를 이루는 구성원이고 그 공동체에 소속되어 있기 때문에, 공동체 전체의 가치나 전통에 따라 살아야 한다. 개인은 공동체의 기대에 맞게 행동하고 그렇게 순응하며 살아가야 한다는 말이다. 개인의 희망이나 욕구는 그 집단의 요구에 따라야 한다. 즉, 한 개인의 정체성은 그가 속한 공동체의 정체성 속에서 발견되어지고 그 공동체의 기대 안에서 성취되어야 한다는 생각이다.

일본의 속담 가운데 "튀어나온 손톱은 결국 잘리고 만다" 는 표현은 개인의 가치가 공동체 안에서 어떻게 녹아 있어야 되는지를 잘 보여준다. 에콰도르에도 비슷한 속담이 있는데 "가장 키가 큰 잔디는 제일 먼저 잘린다"는 것이다. 이 말은 눈에 띄게 독특하거나 독자적으로 행동하는 것은 허용되지 않으며, 만약 그런 일이 있다면 곧바로 원 위치로 되돌아 가도록 압력을 받는다는 말이다. 그런 사회에서는 누구든지 공동체의 기준에 순응하도록 요구되고 때로는 강요되기도 한다. 대부분의 세계에서는 상부상조와 상호의존이 일반적인 가치이지만 서구인들에게는 독립이라는 가치가 가장 중요한 가치이다.

한 예로, 미국 기업들은 종종 '이달의 우수사원'을 선정하여 한 사람을 표창하는데 그 목적은 이런 행사를 통하여 전체 직원들의 사기를 북돋우고 다른 사원들로 하여금 분발하도록 하려는 것이다. 그러나 이런 사고는 공동체 사회에서는 허용되지 않는 개념이다. 왜냐하면 집단 사회에서는 이렇게 한 개인을 포상한다는 것이 다른 사람들의 사기를 꺾는 행위로 간주되기 때문이다.

결국 어느 한 사람의 성공이 있기까지는 보이지 않는 수많은 사람들의 희생과 지원이 있다는 것이 공동체 사회의 기본적인 개념이다. 그러므로 이처럼 수고하고 헌신한 수많은 사람들을 기억하지 않고, 눈에 보이는 특정한 한 사람을 앞세운다는 것은 있을 수 없는 일이다. 왜냐하면 공동체 사회에서는 영광이라는 것이 모든 사람들에게 공평하게 돌아가야 하기 때문이다.

지난 십 수년 동안, 나는 석유 탐사와 정유 관련 다국적 기업인 아모코(Amoco)의 해외 업무 분야 종사자들을 훈련시켜 왔다. 나의 동료인 더들리 우드베리는 하버드 대학에서 이슬람 문화로 박사학위를 받은 사람이다. 그는 그 회사의 직원들에게 이슬람 문화를 소개하는 강의를 부탁 받았는데, 그 때 거기서 소개한 '이슬람 문화에서 통용되는 집단주의' 의 한 예화를 우리에게 들려 주었다.[3]

젊은 무슬림들 중에는 석유탐사와 시추에 관련된 최고의 학문과 기술을 갖춘 사람들이 많이 있는데, 그들이 정작 자기들의 직장이나 사업을 결정을 해야 할 때는 자기들의 전공분야에 아무런 지식이 없는 자기 아버지나 할아버지를 찾아가서 그 문제를 설명하고 조언을 들으며 그분들에게 결정을 맡긴다는 것이다. 이런 태도는 젊은 사람들이 웃어른들을 공경한다는 표시이며, 중요한 문제의 결정을 공동체(대가족사회)의 어른들께 여쭙고 그들의 조언을 듣는다는 상징적인 의미를 가지는 것이다.

대부분 그들이 직접 결정을 하거나 문제를 지적하지는 않는다 하더라도, 이런 과정을 통하면서 가문의 연장자들에 대한 존경과 함께 공동체 전체를 하나로 결속시키는 효과를 확인하게 된다. 연장자들은 사업이나 기술적인 문제에 대하여는 잘 모르지만, 그런 결정이 가문이나 지역 공동체 혹은 국가적으로 어떠한 영향을 미칠 것인가 하는 것에는 의견을 제시할 수 있다.

젊은 사람들은 전문가들로서 사업이나 기술에 대해서는 알고 있지만, 마을의 원로들은 조상대대로 내려온 전통을 알고 있음으로 공동체의 중요한 가치들을 지켜나가는 문제에 대해서는 조언을 하여 줄 수도 있다.

이렇게 둘이 서로 조화를 이루면서 가문과 공동체 전체의 결속을 강화시켜 나가는 것이다.

서구 사회에서는 혼자의 힘으로 어떤 큰 일을 이루어 낸 것처럼 뽐내곤 하지만 사실은 그렇지 않다는 것을 알아야 한다.

여러 해 전, 나는 미시간 호수에서 오래 동안 낚시를 해 왔던 친구와 함께 낚시를 할 기회가 있었다. 배 위에 있는 우리들은 돌아가면서 낚싯대를 잡기로 되어 있었는데, 곧 나의 차례가 되었다. 내가 낚싯대를 잡고 얼마 지나지 않아서 낚시대가 심하게 흔들렸다. 배 안의 사람들이 이번에는 정말 큰 고기가 물렸다는 것을 단번에 알아차렸고, 역시 낚아보니 정말로 큰 연어였다. 우리는 한 시간 이상을 씨름한 후에 그 큰 연어를 배 안으로 끌어 올렸다. 나는 정말 자랑하고 싶어서 어쩔 줄 몰랐다. 우리 모두는 연어의 크기를 재고 기념사진을 찍으며 난리를 부렸다.

육지에 도착한 후, 우리는 다른 배의 선장들과 이야기할 기회가 있었다. 나는 자랑할 기회가 오기만 기다렸다가 "오늘 내가 얼마나 큰 고기를 잡았는지 믿지 못할 겁니다"하며 자랑하기 시작했다. 그때 배의 선장이었던 내 친구가 말을 가로 막았고 내가 조금 부풀려서 뽐내려고 막 시작한 말을 중간에서 잘라버렸다.

나는 지금도 그가 한 말을 잊을 수가 없다. "그것은 자네 혼자서 잡은 것이 아니야. 우리들 모두가 잡은 거지. 누군가는 배를 바로 그곳으로 몰았고 그래서 그 위에 자네가 있게 된 것이고, 낚싯줄이 서로 얽히지 않게 도와준 사람이 있었고, 또 다른 사람들은 뒤에서 줄을 함께 잡아당겨 주어서 자네가 그 연어를 배로 끌어 올릴 수 있었던 거야. 우리들 중에는 큰 연어를 떠 올리는 기술을 가진 사람도 있었고, 누군가는 뒤에서 말로 조언을 해 준 사람도 있었고 또 용기를 북돋아 주었던 사람도 있었으니까,

결국에는 우리 모두가 그 고기를 잡은 거라구.”

순간 나는 김이 빠지듯 불쾌한 느낌이 들었지만 곧 그의 말이 옳다는 것을 인정하지 않을 수 없었다. 사실 그 말이 맞았다. 그 날의 그 큰 연어 낚시는 모두가 함께 이루어낸 공동의 성취였다. 전적으로 집단적인 노력의 결과였고 그것을 나 혼자서 해 낸 것처럼 뽐내려 한 것은 나의 짧은 소견이었고 부끄러운 행동이었다.

✵ 문화를 뛰어넘어 그리스도를 공유하기

만약 우리가 서구에서 예수 그리스도에 대한 믿음을 이야기 할 때, 우리는 개인주의의 가치가 허용되는 범위안에서 신앙에 관한 이야기를 할 수 있다. 신앙적인 결단은 부모나 형제자매와 같은 가족의 일원일지라도 간섭할 수 없고, 오로지 본인만이 독자적인 결정을 할 수 있는 것이다.

그렇지만 아시아에 사는 사람들과 그리스도에 관하여 이야기 할 때면, 그들은 자기 부모나 큰 아버지, 혹은 삼촌이나 숙모와 같은 친척들과 상의해 보아야 한다는 대답을 자주하는 것을 들을 수 있다. 이렇게 대답하는 사람들은 그 나이가 18세이든지 30세이든지 무관하다!

그런 대답을 들었을 때, 처음에 나는 그들이 결정을 하지 않으려고 그렇게 핑계를 대는 것이라고 생각했었다. 그러나 공동체 사회를 이해하고 나서는 그들이 중요한 결정을 할 때는 반드시 가문이나 집안의 결정권자나 웃어른과 상의하지 않고 혼자서 결정할 수 없다는 사실을 알게 되었다.

젊은이들이 대도시로 진출하거나 대학교에 진학하여 고향을 떠나게 되면 그들은 가족으로부터 조금은 더 독립적이고 독자적이 된다. 만약 그들이 서구세계로 유학을 떠난다면 훨씬 더 독립적이 되고 얼마간의 결정은 가족들의 동의나 허락 없이 스스로 하기도 한다. 그러나 이런 일이 일어나면, 자유를 누린다는 기쁨과 가족의 일원에서 떨어져 나간다는 일종의 슬픔과 상실감도 함께 느끼게 될 것이다.

지금 우리들은 공동체 안에서만 신앙을 고백하고 나누고 있는것은 아닌가? 아니면 개인적으로 그리스도를 전하는 일을 중단하고 있는 것은 아닌가? 물론 그렇지 않을 수도 있을 것이다. 언제 성령께서 각 사람의 마음에 역사하실지는 아무도 모른다. 그러므로 우리들은 항상 사람들이 예수 그리스도께 반응하도록 도울 준비를 갖추고 있어야 한다.

세계 곳곳의 많은 젊은이들에게 공동체적인 영향은 점점 감소하고 각자가 스스로 결정하는 독자적인 결정권은 점점 더 커지고 있다. 그러나 우리가 모르는 일이 너무나 많기 때문에 우리는 언제든지 성령님의 도우심을 받아 하나님께서 주시는 기회를 잘 사용하여야 한다. 만약 누군가가 어른들과 상의하기 전에는 혼자서 결정을 할 수 없다고 말한다면, 여러분은 그 사람이 집단주의 문화의 전통에 속해 있는 사람이라는 사실을 짐작해야 한다.

그렇다면 거기서 멈추어야 하는가? 그렇지 않다. 만약 여러분에게 시간이 허락된다면 이렇게 의견을 제시해도 좋을 것이다. "그러시군요, 좋습니다. 그러면 제가 함께 가서 집안의 어른들을 만나 뵈어도 될까요? 그분들과도 함께 이야기를 나누고 싶습니다." 만약 이야기가 이렇게 진행된다면 우리는 그 가족 어른들을 만나서 그가 크리스천이 되도록 허락 받는 일을 서두르게 되겠지만, 이런 경우 대답은 거의 부정적일 것이 분명하다. 오히려 그 친구의 가족들은 그 친구로 하여금 여러분과 만나지도 못하게 할 것이다. 이런 경우 현명하게 대처하는 방법은, 여러분이 먼저 그 친구의 친척들과 시간을 가지고 천천히 사귀면서 신뢰를 쌓아가는 것이다. 공동체 문화의 대부분은 관계 중심적이기 때문에 그 곳에서 임무 중심의 태도로 접근하게 된다면 성공할 가능성은 거의 희박하다고 보아야 한다.

그러나 공동체 사회에서는 어떤 가문이나 마을 전체가 집단적으로 개종하는 경우를 보게 된다. 그리스도의 사랑에 대한 이야기를 듣고 공동체 전체가 일시에 집단적으로 신앙을 고백하게 되는 경우도 있다. 이런 일은 예수 그리스도를 영접한지 몇 달, 또는 몇 년 안에 갑자기 일어나기도 한다.

개인주의기 강한 서구 사회에서는 이런 이야기는 너무나 생소한 이야기이고 심지어는 비 성서적인 것처럼 보이기도 하다. 그럼에도 불구하고 사도행전의 여러 곳에서는 이러한 집단적인 개종이 있었음을 기록하고 있다.(행 10:2, 11:14, 16:15, 16:31, 18:8)

이러한 공동체 사회에서는 구성원들이 모두 중요한 일들을 함께 논의한다는 특징을 가지고 있다. 그들은 오랜 기간을 두고 토론을 반복하고 뜸을 들인 다음, 아주 느린 속도로 천천히 하나님 아버지께서 자기들을 찾아오시고 예수 그리스도가 주님이 되심을 고백하게 되기도 한다. 요즈음에도 선교사들은 종종 이런 공동체적인 개종 – 고도의 집단주의 문화에서 일어나는 – 의 이야기를 보고하곤 한다. 하나님께서는 개인주의가 발달한 문화에서도 활동하시지만, 동시에 공동체적인 문화에서도 역사하신다. 이 두 문화의 차이를 알게 되면 우리들은 더 효과적으로 사역에 임할 수 있을 것이다.

✿ 국제결혼과 공동체주의

지난 수년 동안 나는 기독교 전통 위에 설립된 대학의 인문학부에서 학생들을 가르쳤다. 그들 가운데는 미국에서 태어난 한국 학생들도 있었다. 가끔 그들 중에는 다른 민족 그리고 인종이 다른 이성 친구를 사귀어서 서로 사랑에 빠져 결혼을 결정해야 하는 단계에 이른 경우도 있었다. 그렇게 되면 그 학생의 부모들은 마음에 상처를 받고 심각하게 갈등하게 되는데, 대다수 한국인 아버지들은 자녀들의 국제 결혼을 이해하지 못하고 심각하게 반대한다. 그래서 아들이나 딸들에게 당장 교제를 중단하라고 명령하고 관계를 끊으라고 압박한다. 아버지들은 딸의(대개 여학생인 경우가 더 많았다) 결혼식에도 참석하지 않을 것이며, 더 이상 자식으로 생각하지도 않을 것이고, 학비도 끊고 자식에게 주는 유산과 같은 권리도 끊어버리겠다고 위협한다.

때때로 아버지는 자녀들의 친구들까지 동원하여 자기 자녀들을 설득하려고 한다. 그것도 모자라면, 큰 아버지나 큰 어머니, 작은 아버지나 작은 어머니, 혹은 할아버지 할머니까지, 누구든지 영향력 있는 사람을 총동원하여 "제발 제 정신으로 돌아오라"고 하소연 하기도 한다. 어떤 때는 그 아버지가 직접 여학생의 기숙사에 찾아와서 대놓고 모든 사람들이 다 듣도록 소리치는 경우도 있다. 그들은 자기 딸이 나쁜 딸이고 고집쟁이이며, 지금 부모에게 잘못하고 있다고 큰 소리로 떠들면서 딸을 흉보고, 그래서 앞에서 말했던 것처럼 학비도 끊어버리겠다고 큰 소리로 소란을 피운다.

이렇게 딸에게 모욕을 주는 마지막 시도까지 하지만 내가 본 경우에는 대부분 실패로 끝나고 말았다. 이미 그 딸은 개인주의가 극도로 발달한 사회에 물들었고 개인주의 문화에 젖어 있기 때문에, 가족이나 친구들의 어떠한 압박도 그녀를 설득하기에 충분치 않았다. 이렇게 되면 그 아버지는 엄청난 실망과 충격을 받게 된다. 이런 일이 한국 사회에서 일어났다면 통할 수도 있었겠지만 미국에서는 이런 일이 아무런 효과가 없으며 부모에게 유익을 가져다 주지 못했던 것이다.

종종 한국 여성과 타 민족 남성이 함께 나를 찾아와 앞으로 자기들에게 일어날 일과 그 일을 어떻게 대처하면 좋을지를 의논하기도 한다. 나는 그들에게 개인주의 사회와 공동체 사회의 차이점들을 설명해 주면서, 그들은 아직도 자기들의 부모나 친척들이 공동체 사회에 깊은 뿌리를 내리고 있다는 사실을 상기시켜 준다. 또한 부모들의 사고는 아직도 공동체적이라는 사실에 대하여 이해와 통찰력을 갖도록 이야기를 들려준다. 우리는 또 자기 딸이 자기들의 기대와 다르게 결혼하게 될 때 느끼게 되는 부모들의 마음의 상처와 아픔에 대해서도 함께 이야기를 나눈다. 내가 알고 있는 경우 대부분의 부모들은 차츰차츰 자녀들의 결정을 기정사실로 받아들인다. 결혼식에도 참석하며 결국은 온 가족들이 기쁨 속에서 다시 화합하게 된다.

점점 더 많은 젊은이들이 인종과 국경을 넘어서 다문화 가정을 이루는 국제 결혼을 하는 추세임으로 우리도 이러한 가치들을 더 넓게 이해해야 한다. 더욱이 이렇게 결혼한 두 사람은 필연적으로 서로의 뿌리가 너무나 다른 이질적인 두 문화와 전통에 기인하고 있다는 사실을 발견하게 될 것이다. 서로 다른 각자의 문화적 전통의 차이를 성숙되게 이해하지 못한다면, 그들의 결혼생활은 두고두고 스트레스와 갈등을 겪게 될 것이다. 그러므로 이런 갈등을 피하고 최소화하기 위해서 사전에 여기에 대한 통찰력을 갖는 것은 대단히 중요하다.

가족이나 뿌리에 대한 강한 연대의식과 책임감은 때로 개인주의가 강한 서구 사람들에게 심각한 갈등을 야기시키기도 한다. 결혼이나 사업, 학교생활, 그리고 교회뿐만 아니라 가정에서도 이러한 다른 가치 때문에 겪는 갈등들이 불쑥불쑥 표면 위로 드러나고, 긴장과 반목을 불러일으키는 것을 볼 수 있다. 그러나 그러한 문제들이 절대로 정의나 불의의 문제가 아닌 문화의 차이라면, 서로 조금씩 더 이해하고 양보함으로 최악의 사태를 미리 방지하고 피할 수 있을 것이다.

재 점검

아래의 개인주의/집단주의를 나타내는 표를 잘 살펴보고 거기에 표시하라.

개인주의	1	2	3	4	5	6	7	8	9	10	집단주의

1. 개인주의/집단주의 도표에서 여러분이 해당하는 위치에 X표를 하라.
2. 여러분이 생각하기에 여러분의 부모님의 위치에 P라고 표시하라.
3. 여러분이 생각하기에 여러분의 교회가 가지는 개인주의/집단주의에 C라고 표시하라.
4. 여러분이 생각하기에 배우자의 위치에 S, 친구들은 F, 직장 상사는 B라고 표시하라.
5. 여러분이 생각하기에 여러분이 들어가려고 하는 새로운 문화(New Culture)를 도표에 C라고 표시하라. 당신과(X) 새로운 문화(NC) 사이에는 얼마나 큰 간격이 있는가?

1. 다른 문화권에 들어가려면 여러분의 개인주의/집단주의 잣대가 얼마만큼 조정되어야 한다고 느끼는가?

2. 주변의 인간 관계를 고려해 볼 때, 여러분과 가치관이 다른 사람들 때문에 어려움을 겪는 부분이 있는가? 그것을 조정하려면 얼마나 많은 어려움이 따를 것인가?

3. 여러분은 개인주의/집단주의가 옳고/그름의 문제라고 생각하는가? 어떤 어려움들이 여러분과 여러분이 들어 갈 새로운 문화 사이에 문제가 될 것인가?

4. 임무 중심과 관계 중심이라는 측면에서 이런 차이점들을 조정하려면 어떤 구체적인 일들을 준비해야 할까?

5. 여러분의 이런 사고에 여러분의 부모님이나 조상들이 얼마나 많은 영향을 미쳤는가?

분리적 사고와 통합적 사고

인간의 본성은 서로를 끌어 당기는 응집력을 가지지만,
습관과 전통은 서로를 멀어지게 한다

〈 공자 〉

서구인들은 비-서구인들과는 다른 방식으로 삶을 바라보고 또 다른 방법으로 분석한다. 서구인들은 분리적인 방법으로 결론에 도달하는 반면에, 비-서구인들은 통합적인 방법과 접근으로 결론에 이른다. 이런 차이점들을 미리 알고 대처한다면 혼란을 방지할 수 있을 것이고 다른 사람을 오해하는 일도 줄일 수 있을 것이다.

❀ 스케줄에 따르는 인생: 분리적 사고

서구 문화에서 살아 온 사람들은 삶을 대개 흑백으로 나누는 경향이 있다. 그들은 자주 모든 것을 이분법적으로 나눈다. 예를 들자면, 우리와 저 사람들, 선과 악, 도적적인 것과 비도덕적인 것, 옳음과 그름, 나와 너, 교회와 국가, 성(聖)과 속(俗)으로 나누기를 좋아한다. "유리 잔의 물이 아직 절반이나 남았다고 보느냐, 아니면 절반 밖에 없다고 보느냐?"는 속담이 보여주듯이, 서구인들은 삶을 바라볼 때도 이렇게 분석하고 나누고 쪼개기를 좋아한다.

전문화는 이러한 현실을 더욱 가중시킨다. 사람들이 처음 만나면 흔히 서로 묻는 질문이 있는데, 서로의 이름을 알고 나면 첫 번째로 던지는 질문이 "그런데, 어떤 일을 하십니까?"라는 물음이다. 이렇게 묻는 것은 지극히 자연스러운 일처럼 보이지만, 사실은 이 질문을 통하여 우리는 상대방을 어떤 범주에 속한 사람인지 규정짓고 그 사람을 어떤 기준에 집어 넣으려는 의도가 있다. 이것이 가장 중요한 정보교환의 수단이며 절차이다.

이런 방식으로 우리는 사람들을 분석하고 그들을 어떤 일정한 기준으로 분류한다. 마치 물건을 배치하고 정리하듯이 우리는 사람들도 그렇게 배치하려고 한다는 말이다. 만약 내가 여러분을 어떤 틀 속에 배치한다면, 나는 어떤 곳이 가장 적당한 곳인지를 알아야 하고 거기에서부터 서열과 안정감을 발견하게 될 것이다.

이와 같이 분리적이고 이분법적으로 잘 나누는 사람들에게 자기들의 삶을 표현하는 그림을 그려보라고 하면, 그들은 마치 그래프와 같이 오르락 내리락 하는 시간표 모양의 그림을 그려 보일 것이다. 물론 그래프에 올라간 부분은 인생의 전성기를 의미하고 내려간 부분은 어려웠던 시간들을 가리킨다. 그러나 그래프는 전체적으로 상승곡선을 그으며 점점 높이 올라가는 경향을 보일 것이다.

대개의 경우 수평선으로 연결되다가 갑자기 수직으로 상승하는 그래프를 발견하게 된다면 그 때는 그 사람이 크리스천이 되었던 믿음의 사건을 의미하는 시기이다. 만약 크리스천이 아닌 사람의 경우에 그런 급격한 상승곡선이 나타난다면 그것은 대개 결혼이나 이에 준하는 인생의 중대한 전환점을 표시하는 것이다. 우리는 이런 여러 조각들의 시간들을 만나게 되는데, 그 중에는 긍정적인 시기도 있고 부정적인 시기도 있으며, 좋은 일도 있고 나쁜 일도 있다.

그러나 반드시 그런 것만은 아니다. 드물지만, 이렇게 서로 연결되지 않은 사건들도 나타나게 된다. 특별한 인생의 사건들은 다른 것들과 구별되며 독보적으로 드러나기도 하고 분석되며 기억되기도 한다. 일반적으로 우리는 인생의 나쁜 기억들이나 어려웠던 시간들은 애써 잊어 버리려고 하는 경향이 있다.

❀ 삶은 짜집기: 통합적 사고

이와는 대조적으로, 대부분의 비-서구 세계의 문화에서는 삶을 통합적으로 보는 경향이 많다. 그들은 삶을 시간의 연속으로 보지 않고 마치 짜집기(Tapestry)처럼 한 올 한 올의 다양한 색상의 바느질과 같다고 본다. 그것들은 서로 겹치고 엉키면서 상호 보완되며 결국 전체적인 아름다움을 창출한다. 서구인들이 즐겨 사용하는 유리컵에 절반만 담긴 물의 비유는 이들에게 통용되지 않는다.

그들에게 인생이란 한 겹 한 겹 벗겨내도 아직도 속이 보이지 않는 양파처럼 보인다. 삶이란 이렇게 껍질을 벗겨내는 작업이다. 한 겹 한 겹의 껍질들은 그 전에 있던 껍질과 연결되어 있고 또 전체와도 연결되어 있다. 부분을 이해해야지 전체를 볼 수 있고 전체를 보아야만 부분을 이해할 수 있다.

전체에서 분리된 한 부분을 조사했다고 해서 전체를 안다고 말할 수 없다. 예를 들자면, 수년 전 올림픽 위원회는 남아프리카 공화국을 올림픽 경기에 정식으로 초청했었다. 그 당시 남아공화국은 인종차별 정책을 실시하고 있었으며 아주 교활하게 유색인종과 흑인들을 차별하던 때였다. 따라서 유색인종과 흑인들은 권력이나 공직, 경제 행위로부터 철저히 배제되었던 때였으므로 모든 아프리카 국가들이 남아프리카공화국이 올림픽에 참가한다면 자기들은 올림픽에 참가하지 않겠다고 강하게 반발하고 거부했었다.

대부분의 서구 올림픽 위원회들은 아프리카 여러 나라들의 반발을 이해할 수 없었다. 왜냐하면 정치와 스포츠는 다른 문제이고, 스포츠는 스포츠일 뿐이라고 주장했던 것이다. 그렇지만 아프리카 국가들의 생각은 달랐다. "스포츠가 정치이고, 정치가 곧 스포츠이다"라는 견해가 그들 모든 나라들의 공통적인 반응이었다.[1] 이 둘을 어떻게 분리할 수 있는가! 이 둘은 절대로 분리될 수 없다는 것이었다. 이와 마찬가지로, 그들은 생애를 마치 짜집기처럼 아주 밀접하게 연결되어 있는 것으로 이해했고, 결코 어떤 구획이나 구분을 지어 나눌 수 없다고 보았다.

아프가니스탄 전쟁은 더욱 최근에 있었던 아주 좋은 실례이다. 대통령 조지 부시는 말하기를 미국은 오사마 빈 라덴과 알카에다만을 공격할 뿐, 결코 아랍 민족들과 무슬림을 적으로 보지도 않고 공격하지도 않을 것이라는 점을 분명히 밝혔다. 서구인들은 '나'를 '너'와 쉽게 구분하고 분리하며 객관화 할 수 있기 때문에 이런 부시 대통령의 설명을 충분히 이해할 수 있었다.

그렇지만 아랍의 여러 나라 사람들은 '우리'를 전체로 보는 역사관, 우리는 '하나'라는 통합적인 사고에 익숙해 있는 사람들이었으므로, 동시에 반미를 외치고 오사마 빈 라덴을 지지하는 시위를 벌였던 것이다. 이런 행동은 그들의 사고방식으로는 지극히 당연하고 전혀 놀라운 일이 아니었다.

뉴스 보도에 의하면 그 때 미국에서 유학 중이던 아랍계 학생들까지도 오사마 빈 라덴은 자신들의 영웅이라고 자랑스러워 했다고 한다. 또 그 전쟁 기간 중에 나이지리아에서 태어난 남자아이들에게 그 부모들이 오사마라는 이름을 지어 주었다고 한다.

아래의 중동 속담이 아랍 사람들의 생각을 잘 대변해 준다.

나와 내 동생이 싸운다.
나와 내 동생이 사촌과 싸운다.
나와 내 동생과 나의 사촌이 이웃 마을에서 온 소년과 싸운다.[2]

달리 표현하자면, 무슬림 이외의 어떤 세력이라도 무슬림을 공격하면 그 이유를 불문하고 무조건 무슬림 세계의 적이 된다는 말이다. 이것은 당연히 경제 논리와 정치 논리에도 그대로 똑같이 적용된다. 위의 속담은 그들의 공동체 정신을 극명하게 드러내 주는 표현이다. 즉, 우리가 공공의 적을 만나면 우리들은 반드시 하나로 뭉친다는 뜻이다.

전체주의적 통합성은 다른 방식으로도 표현된다. 한번은 서구의 신문 기자가 마하트마 간디에게 "선생님, 무엇이 선생님의 핵심 메시지인지 한 마디로 요약해서 말씀해 주시겠습니까?"라고 물었다.[3] 이 질문은 단정적인 답을 요구하는 질문이다. 왜냐하면 아주 복잡한 문제를 단순화시켜서 간단하게 한 마디로 대답하거나, 아니면, 수긍이나 부정을 유도하는 분리적인 질문이기 때문이다.

이 난해하고 어려운 질문 앞에서 간디는 통합적이고 함축적인 '내 삶이 곧 메시지요.' 라는 한 마디로 응수했다. 결과적으로 "나 자신이 전인격적인 존재이므로 내 삶을 보면 나의 메시지가 무엇인지 알 것이다. 보고도 모르느냐?' 는 뜻이다.

그 대답은 크리스천들인 우리들에게 큰 도전을 주었다. 서구인인 나를 포함한 대부분의 사람들은 대화의 방법이 다분히 분리적이라는 소리를 듣는다. 나는 언어를 중요하게 생각한다. 대화는 우리 인간들이 사용하는 언어 활동이다. 그러므로 대부분 인간들은 가장 기본적인 자신들의 삶을 언어라는 수단을 사용하여 표현한다. 나는 종종 다른 사람들이 우리들의 언어습관을 보면서 저 사람들이 바로 예수 그리스도를 따르는 사람들이로구나 라고 구별할 수 있을지 의문이 든다.

한번은 비-서구 사회에서 온 크리스천과 대화를 나눈 적이 있는데, 그때 나눈 대화가 기억난다. 나는 그에게 이렇게 물었다. "약 6개월 전에, 여러분의 나라에 복음 전도를 위해서 도착한 서양인 부부 한 쌍에 대하여 어떻게 생각하는지요?" 내 질문에 대한 그의 대답은 이랬다. "오, 그 사람들이요! 겨우 여섯 달이 지나고 나서 그 사람들이 어떻다고 말하기는 어렵지요. 그들이 사는 모습을 쭉 지켜봐야지요. 예를 들자면 교회에서의 사역이라든가, 이웃들과의 관계뿐만 아니라 그들의 부부 관계, 아이들을 양육하는 방식, 그리고 문제점들은 어떻게 해결하는지 등등을 더 지켜봐야지요. 여섯 달을 가지고 이렇다 저렇다 말하기는 너무 빨라요."

나는 솔직히 충격을 받았다. 나는 그 동안 사람들을 너무나 짧은 시간에 평가하고 판단해 버리는 건강하지 못한 습관을 가지고 있었던 것을 반성하게 되었다. 이 사람들은 여섯 달이나 지났는데도 사람을 판단하는 것을 보류하고 있지 않은가! 그때부터 나는 통합적인 사고를 하는 사람이 갖고 있는 지혜를 사랑하게 되었다.

서구인들은 시간까지도 분석하는 경향이 있다. 그들은 일하는 시간과 개인적인 시간을 정확히 구분한다. 그들은 이렇게 아주 분명하게 구분되는 시간관념을 가지고 살아가는데 운전을 하거나 출퇴근을 하는 시간은 이 두 시간 사이의 완충지대에 속한다. 직장으로 출근하러 가는 시간이 되면 우리들의 사적인 삶을 뒤에 두고 간다는 뜻이고, 반대로 직장에서 퇴근하여 집으로 돌아오는 시간에는 업무의 세계를 뒤에 남겨두고 가정으로, 즉, 개인적인 시간으로 돌아온다는 뜻이다. 그러나 세상을 살다 보면 이 둘 사이에 분명한 구분이 없이 하나인 것처럼 보이는 경우가 허다하다. 근무시간과 개인적인 시간들은, 마치 짜집기 한 조각처럼 서로 맞물려 구분이 되지 않고 혼란스럽게 섞여있는 것을 보게 된다.

　이와 비슷한 혼란의 양상들이 비즈니스의 세계에서도 일어난다. 협상에 들어가기 전에 간단한 인사와 소개를 통하여 서로를 알아가는 시간이 있는데 서구인들은 이 시간을 사교의 시간, 즉, 비 업무적인 교제와 인사의 시간으로 간주한다. 그러나 많은 비-서구 사회에서 온 사람들은 이 사교 시간과 업무시간을 구분하지 않는다. 이 시간은 짧은 대화를 나누며 서로 서로를 알아가고, 비즈니스 파트너로서 상대방이 적합한지를 '탐색' 하는 시간이다. 비즈니스란 서로를 알게 되고 피차 신뢰할 수 있을 때 시작할 수 있는 것이기 때문이다. 서로 느긋해 질 때까지 좀 더 기다렸다가 본격적인 사업 이야기를 주고받는 이러한 방식보다 더 좋은 방식이 없기 때문이다.

❈ 너의 것, 나의 것, 그리고 우리들의 것

　나의 아들이 말을 배우기 시작했을 때 가장 먼저 배웠던 말은 아마도 '내 것' 이라는 단어였을 것이다. 내 것과 네 것을 구분하는 소유 개념은 이렇듯 인간들이 아주 어릴 때부터 형상된다. 이렇게 구분 짓고 구획하는 습관은 전 생애를 통해서 우리의 의식 속에 스며들게 된다. 명예, 업적,

면허, 특권, 졸업장, 판매 실적, 그리고 굵직한 결과물들은 모두 내 것이든지 아니면 남의 것으로 구분된다.

비-서구 사회나 농경 사회에서는 이와 같은 내 것 또는 네 것의 개념이 상대적으로 약하다. 거기에서는 내 것이 네 것이 되기도 하고, 네 것이 내 것이 되기도 한다. 정확한 구분이 없이 자유롭게 물건들을 공유하고 남에게 빌려주기도 한다. 만약 누군가가 필요 이상으로 많이 가지고 있으면 자기 주변에 있는 필요한 사람에게 나누어 주고, 또 필요한 사람도 더 많이 가진 사람에게 아무런 부담없이 나누어 달라고 말하기도 한다. 그들에게는 '내 것' 또는 '네 것'이라는 분리적인 구분이 엄격하지 않아서 때로 서구인들을 당황스럽게 만들기도 한다.

예를 들면, 비-서구 사회에서 살고 있는 서구인들은 그곳에 사는 현지인들보다 일반적으로 더 많은 물질을 소유하고 있다. 그래서 현지인들은 서구인들이 가지고 있는 것을 달라는 말을 한다. 현지에 살다 보면 돈이나 창고에 처박혀 있는 사용하지 않는 물건들을 현지인들이 달라고 부탁하는 경우가 종종 있다. 서구인들은 그들이 "좀 빌려 주시겠어요?"라고 부탁하면 거절하지 못하고 빌려준다. 그리고 서구인들은 언젠가는 돌려줄 것이라고 기대한다. 그러나 현지인들에게는 빌린다는 개념은 곧 영원히 갖는다는 의미인 것이다. 시간이 지나도 빌려 준 것이 되돌아오지 않고 갚지 않는 것을 여러 번 경험하게 되면, 서구에서 온 사람들은 일종의 배신감과 속은 기분을 느끼게 되고 결국 그들과의 관계는 깨어지고 만다. 서구인들에게는 그들의 그러한 약속과 행동이 매우 무책임한 것으로 비쳐지기 때문이다.

그렇지만 현지인들은 전혀 다른 소유의 개념을 가지고 있기 때문에 그런 것을 문제가 아니라고 생각한다. 그들에게 소유란 곧 나눔을 의미하기 때문이다. 특별히 자기에게 필요한 것 이상을 가지고 있는 사람의 소유는 반드시 나누어야 한다고 생각한다. 만약 누군가 필요한 사람이 있는데 내가 더 많이 가지고 있으면서 돕지 않는다면, 그것은 곧 비도덕적인 행위가 되는 것이다. '내 것'과 '네 것'의 구분은 '우리들의 것'이라는 개념 속에서 별 다른 의미를 갖지 못한다. 나는 비-서구 사회에서 부모가 없는 조카들을 삼촌이나 숙모가 자기 자녀들과 꼭 같이 키우는 것을 종종 보았는데, 이것은 바로 이런 구분이 무색하다는 것을 보여 주는 좋은 실례이다.

만약 내가 이런 요청을 받았다면 적당히 둘러대고 말을 돌려 대답을 회피했을 것이다. 그러나 나는 자주 이런 이야기를 들었다. 즉, 아이의 부모가 가난해서 학교를 보낼 수도 없고 등록금이나 필요한 것도 사줄 수 없어서 그 아이를 친척 집에 보냈는데, 조금 여유 있는 친척이 그 아이를 학교에도 보내고, 옷도 사 입히고, 그 외에 필요한 것들을 다 해주고 나서 공부를 마치자, 다시 자기 부모에게 돌려보냈다는 이야기였다. 형편이 조금 더 나은 삼촌과 숙모는 이런 일을 당연하게 생각하고 또 기쁜 마음으로 이렇게 나누는 일을 실천하는 것을 쉽게 볼 수 있었다.

그러나 내가 이런 이야기와 미담을 좀 자세히 알려고 질문을 하자, 그들은 더 이상 이야기하는 것을 꺼렸고 하지 않으려고 했다. 왜냐하면 그 부모가 가난해서 자기 아이를 학교에 보낼 수 없었던 이야기를 공개하는 것조차 그 부모들에게 모욕이 되는 행동이기 때문이었다. 맞는 말이다. 사실 내가 그 부모가 누구인지를 알게 된다면 그 부모는 얼마나 부끄럽겠는가!

이러한 '복지 제도'가 대가족이라는 제도 하에서 얼마나 기막히게 잘 작동하는지 놀라울 뿐이다. 그들은 자신들의 소유를 내 것이나, 네 것으

로 여기지 않았고, 우리들의 것으로 생각하고 있었기 때문에 가능한 일이
었다.

서구인들에게는 '우리들의 것'이라는 소유 개념이 어색하게 들리는 반
면에, 중동 지방에서 온 사람들에게는 오히려 자연스럽게 받아들여진다.
누가복음 10장25절부터 37절에 나오는 선한 사마리안 인의 비유를 기억
하는가? 강도를 만난 사람을 향한 세 사람들이 보인 서로 다른 태도를 다
시 한 번 생각해 보기 바란다. 이 세 명은 서로 다른 물질관과 소유관을
가진 사람들이었다.

- 강도: 만약 내가 너희들의 것을 빼앗을 수만 있으면 너희들의 것은
  곧 내 것이다.
- 제사장과 레위인: 내 것은 내 것이다. 내게는 그것을 가질 권리가 있
  다.
- 사마리아인: 만약 당신에게 필요하다면 내 것은 모두 당신의 것이다.

위에 나타나는 세 사람의 물질관 중에서 여러분의 물질관은 어느 것과
가장 비슷한지 묻고 싶다. 부끄럽지만, 나의 물질관은 솔직히 제사장과
레위인의 것과 비슷하다고 고백할 수 밖에 없다. 내가 소유한 모든 물질
은 내가 열심히 수고해서 얻은 것들이다. 그러므로 나는 그것들을 누릴
자격도 있고, 사용할 권리도 있으며, 내가 원하는 곳에 나누어 줄 수도 있
다고 생각했다.

이러한 물질관과 소유관은 적어도 내가 이 사마리아인의 비유를 알기
전까지의 나를 지배했던 생각이었다. 그러나 나는 예수님의 이 비유를 듣
고 나서, 모든 물질은 하나님께 속하였으며 하나님께서 기뻐하시는 곳에
그 물질을 사용해야 한다는 사실을 깨닫게 되었다. '내 것' 또는 '네 것'

이라는 분리적인 사고방식은 결단코 "네 이웃을 네 몸같이 사랑하라"(눅 10:27)는 가르침에 적합하지 않다는 말씀은 정말 진리이다.

✿ 퍼즐 맞추기

나는 어려서 긴긴 겨울 밤 동안 조각 그림을 맞추는 게임을 하면서 자랐다. 여기에서 하나 확실하게 배운 것이 있다. 퍼즐을 맞추기 시작하는 사람은 누구든지 먼저 직선 가장자리 조각들을 구분하여서 맞춘 다음에 모퉁이를 찾아서 이어야 한다는 사실이다. 모퉁이로부터 시작해서 가장자리 윤곽들을 맞추는 것이 좋다. 이렇게 하는 것이 조각 그림을 맞추는 기본적이고 가장 논리적인 방법이다. 누구나 이런 방법으로 이 게임을 시작한다.

그러나 몇 년 전, 나는 비-서구에서 온 사람들이 이 게임을 하는 광경을 유심히 관찰하면서 재미있는 사실을 발견했다. 그들은 같은 색깔들끼리 모으는 일부터 시작했다. 그들은 가장자리, 직선들을 찾는 일을 무시하고 색깔이 같은 조각들을 모으고 그것들을 연결하기 시작했다.

그 방법은 그들에게 딱 맞아 떨어지는 방법이었다. 내가 내 방식을 확신하고 고집하듯이 그들은 자기들의 방식에 대한 확신이 있었다. 그러나 생각들은 서로 다르게 작동하고 있었다.

이 둘 중에서 누구의 방식이 더 월등하다고 우열을 말할 수 있을까? 여러분은 어떻게 생각하는가? 두 가지 모두 다 나름대로의 장점이 있지 않은가? 단점은 없을까?

내 방식으로 퍼즐을 맞추는 것은 우리 서구 문화를 반영하는 것이고, 다른 사람들은 자기들의 방식대로 퍼즐을 맞추는 것이고, 그것은 자기들의 문화 전통과 유산을 반영한 것이다. 이 둘 사이에는 정답도 없고 틀린 답도 없다. 다만 서로 다를 뿐이다.

아래의 분리적/통합적 사고를 나타내는 표를 잘 살펴보고 거기에 표시하라.

분리적	1	2	3	4	5	6	7	8	9	10	통합직

1. 분리적/통합적 사고의 도표에서 여러분의 해당 위치에 X표를 하라.

2. 여러분이 생각하기에 여러분의 부모님의 위치에 P라고 표시하라.

3. 여러분이 생각하기에 여러분의 교회가 가지는 분리적/통합적 사고에 C라고 표시하라.

4. 여러분이 생각하기에 배우자의 위치에 S, 친구들은 F, 직장 상사는 B라고 표시하라.

5. 여러분이 생각하기에 여러분이 들어가려고 하는 새로운 문화(New Culture)를 도표에 C라고 표시하라. 당신과(X) 새로운 문화(NC) 사이에는 얼마나 큰 간격이 있는가?

1. 여러분의 문화에서는 업무에 임하는 삶과 개인적인 삶의 구분이 분명한가? 그것들이 어떻게 구분되는가? 그런 명확한 구분이 없다면 일하는 시간과 개인적인 시간을 어떻게 나눌 수 있을까?

2. 여러분이 들어가게 될 새로운 문화에서 분리적/통합적인 사고를 조화롭게 잘 적용하기 위해서는 어떤 준비가 필요하다고 생각하는가?

3. 여러분의 현재 상황에서 다른 사람들과 이런 문제들 때문에 어려움이 있는가? 있다면 설명해 보라.

4. 여러분은 분리적/통합적인 사고가 옳고 그름의 문제라고 생각하는가? 이런 생각이 새로운 문화에 들어 갔을 때 어떤 문제를 야기시킬 수 있을 것이라고 생각하는가?

5. 여러분이 앞으로 들어가게 될 새로운 문화에서 만나게 될 사람들과 겪게 될 차이들을 조화롭게 해결하기 위해서는 어떤 구체적인 조치들이 필요할까?

6. 여러분의 이런 사고에 여러분의 부모님이나 조상들이 얼마나 많은 영향을 미쳤는가? 여러분의 부모님 사이에는 이 관점에 큰 차이가 없었는가? 토론해 보자.

17

논리: 직선 또는 곡선

이 장에서는 서로 다른 문화에서 온 사람들이 얼마나 서로 다른지를 설명하려고 한다. 세계 전체를 통틀어 보면 사람들마다 사고 방식도 다르고 문제의 해결을 찾는 방법도 다양한 것을 발견할 수 있다. 어떤 사건을 규명하고 문제를 해결하고, 관점을 요약하고 결론에 도달하는 사람들의 마음은 어떤 과정을 거칠까?

나는 문제를 설명하고 결론을 찾거나 결정을 내리는 과정을 직선으로 설명하는 문화권에서 교육 받으면서 자라났다. 직선적인 논리 방식은 내가 대중 연설을 한다거나 설교를 준비하는 기본적인 골격이었다. 내게는 그것이 가장 효율적이었으며 정확하고 간결했다. 만약 내가 하는 준비과정이 틀리지 않았다면, 이 직선적인 논리전개에는 어디에서도 약점을 찾을 수 없을 정도로 든든한 논리적 연결도 가지고 있다.

다른 문화권에서 사는 동안에도 나는 내가 배워온 직선적인 논리의 틀 속에서 그들을 이해했었다. 그런데 그런 나의 노력은 번번이 좌절을 경험했는데 그 이유는 현지인들은 나와 같은 직선적인 논리 방식을 사용하지 않았기 때문이었다. 그래서 나는 두 가지의 결론에 도달하게 되었다. 이 사람들은 준비가 전혀 되어 있지 않는 사람들이거나, 또는 전혀 논리적이지 못한 사람들이라는 결론이었다.

그들은 나를 혼란스럽게 만드는 행동을 종종 하였는데, 나는 그들이 나의 사고 틀에 맞지 않았기 때문이라고 판단하고 곧바로 그들에 대해서 부정적인 평가를 내려 버렸다. 또 한번 나는 문화가 다른 것을 인정하는 일에 실패하고 말았다.

나는 다만 다를 뿐인데 그것을 잘못된 것이라고, 틀렸다고 정죄해 버린 것이다. 만약 그것이 틀렸다면, 내가 그것을 판단하는 일은 옳은 일이고 나는 다른 사람을 판단했다는 잘못에서 자유로울 뿐만 아니라, 그들을 가르치는 위치에서 그들의 잘못을 고쳐 주려고만 했던 것이다.

❀ 다니엘의 문제

다니엘은 대학과 대학원에서 나의 수업을 들은 학생이다. 그는 한국인이었지만 거의 모든 학교 교육을 미국에서 받았고 나의 강의 조교로 수년간 근무하는 동안 우리는 정말 환상적인 교수-조교의 관계를 유지할 수 있었다. 그 후에 그는 예일대학 신학부에서 박사과정을 공부하기 위하여 떠났지만, 나는 해 마다 한 주간씩 바로 예일대학 신학부 옆에 있는 해외목회연구센터(OMSC)에서 강의를 했기 때문에, 그 때마다 다니엘과 만나 맛있는 한국음식점을 찾곤했었다.

어떤 날, 그는 나에게 저 멀리 롱 아일랜드가 보이는 바닷가 절벽으로 함께 드라이브를 하지 않겠느냐고 물었다. 나는 일리노이의 평야지대에서 자랐기 때문에 바닷가 절벽을 보러 가자는 그의 제안에 솔깃하여 흔쾌히 따라 나섰다.

목적지에 도달하자 그는 속도를 줄이고 천천히 운전하면서 자기의 이야기를 시작하는데 아주 모호하게, 처음에 내가 듣기에는 무슨 말을 하려는지 요점이 분명하지 않은 애매한 이야기를 시작했다. 자기가 봉사하는 교회 이야기로부터 시작해서, 사역 이야기, 대학부를 지도하는 이야기 그리고 대학부에 참석하는 학생들 이야기, 대학부에서 일어난 일, 등등, 이런 저런 일들을 두서 없이 들려주었다.

약 40분이 지나서 우리들이 롱 아일랜드가 보이는 절벽 위에 도착했을 때, 갑자기 다니엘은 "선생님, 목회하는 사람이 자기 교회의 자매와 사랑에 빠지는 것이 적절한 행동이라고 보십니까?"라고 묻는 것이었다. 그 때서야 비로소 나는 다니엘이 무슨 이야기를 하려는지 눈치를 채게 되었고 나는 요점을 직설적으로 지적하는 나의 방식대로 "다니엘, 자네가 지도하는 대학부 학생 누군가와 사랑에 빠져 있다는 말인가?"라고 물었다. 나의 퉁명스런 물음은 순간적으로 그를 당황하게 만들었으나, 잠시 후 그는 바로 그 점을 의논하고 싶었다고 시인했다. 최근에 자기를 무척이나 힘들게 만들었던 이 문제에 대해서 오래 동안 이야기를 나눈 다음, 우리는 한참 신나게 웃을 수 있었다.

서구인의 사고방식으로 다니엘을 이해할 수 있는 두 가지 비유가 머리에 떠 올랐다.

양파: 첫 번째가 양파의 비유이다. 다니엘은 나와 이야기하면서 내가 자신의 이야기를 잘 듣고 있는지, 제대로 이해하고 있는지, 그리고 적절히 반응하는지를 확인하면서 양파의 껍질을 하나씩 하나씩 벗기고 있었

다. 한 겹, 한 겹 껍질을 벗기다가 어느 시점에서 만약 나의 반응에 불편함을 느꼈다면, 그는 조용히 이야기를 멈추어 버릴 추세였다. 민감한 사안을 노출하지도, 자기의 속을 보이지도 않았을 것이다. 조금 씩 조금 씩 우리들은 함께 양파의 껍질을 벗겨 갔고 결국에는 그 문제의 핵심인 양파의 속 알맹이까지 들어갈 수 있었던 것이다.

너무나도 훌륭한 외모와 아름다운 심성을 지닌 다니엘은 전심전력을 다하여 목회와 학업에 임하는 신실하고 능력 있는 나의 제자였다. 물론 데이트를 하긴 했지만 그것으로 인하여 학업이나 교회 일이 지장을 받지는 않았을 것이다. 결국 이제는 결혼과 장래 문제를 가지고 진지하게 고민할 때가 되었고 중요하고 예민한 이 결혼문제를 나와 의논하기 원했던 것이다. 한국인의 정서로 누구에게나 쉽게 말할 수 없는 이 조심스러운 문제를 다니엘은 내게 가져와 의논을 했던 것이다.

나선형: 두 번째의 비유는 나선형 구조이다. 밑의 그림을 참고하기 바란다. 거기에는 그림의 바깥에서부터 점점 안쪽으로 접근하여 문제의 핵심에 도달하는 나선형이 그려져 있다. 다니엘은 가장 외곽에 있는 자기가 섬기는 교회에 관한 이야기로부터 시작하여 자기가 책임을 맡은 대학청년부와 거기에 참석하는 학생들의 이야기로 이어갔고, 그리고 마지막으로 여러 학생들 가운데서 한 여학생에게로 이야기를 집중시켜 갔다.[1]

다니엘은 더 직선적으로 말 할 수도 있었을 것이다. 그러나 그 문제가 자기 마음을 열어야 하는 대단히 민감한 사안이었기 때문에, 그는 한국적인 방식으로 둘러서 이야기를 시작했고, 바

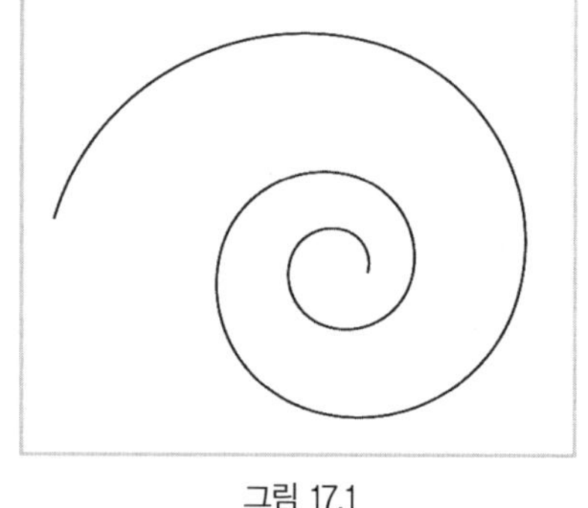

그림 17.1

로 직접 결혼을 위해 사귀는 여학생의 이야기로 들어가지 않고 빙빙 둘러서 돌아가는 방식을 택했던 것이다. 그 방법은 내가 즐기는 방법은 아니었지만, 거기에도 나름대로 여러 가지의 장점이 있는 것은 분명하다.

첫 번째로, 그는 자신의 문제에 대한 나의 관심과 반응을 테스트 해 보았던 것이다. 그 민감한 문제를 나눌 만큼 우리들의 신뢰감이 두터운지를 말이다.

두 번째로, 양파의 껍질을 벗겨 나가듯이 나선형을 따라 안으로 조금씩 들어오면서 그는 나에게 자기의 상황을 조금 더 정확하게 판단할 수 있는 지식과 정보를 전달해 주었다. 이 모든 정보는 결국 내가 조언을 할 때 참고가 될 수 있는 것들이었다.

세 번째로, 다니엘은 자기가 누구인지를 잘 드러내 보여 주었다. 아마도 이 점을 다니엘 자신은 몰랐을 것이다. 그의 이야기 속에는 전형적인 한국인의 정서가 그대로 들어있었다. 그리고 그에게서는 한국적인 방법으로 문제에 접근하고 해결하려는 모습이 여실히 드러나 보였다.

다니엘은 수년 동안 나의 학생이었고, 그는 나의 서구적인 사고방식에 자신을 맞추어 왔던 것이 사실이다. 이제 우리 두 사람은 모두 다 전문가이고 각자 자기 분야에서 탁월한 학자의 길을 걷고 있는 사람들이다. 조금전까지는 다니엘이 나를 자기가 살아온 세계로 초대하였고, 이번에는 내가 한국인의 동양적인 미덕을 고려하며 그에게 조언을 해야 될 차례였다. 이 일을 통하여 나는 지난날 내가 살아온 방식에 대하여 크게 반성을 하게 되었다. 그 동안 나는 얼마나 자주 다른 사람들에게 빨리 나를 따라오라고, 또는 내 방식을 따르라고만 요구하며 살았던가!

그날 이후 우리들의 우정과 이해는 더욱 깊어졌다. 다니엘은 후에 한국으로 돌아가서 다른 여인을 만났고 그녀를 미국으로 데리고 와서 나에게도 소개하여 주었다. 그리고 그의 결혼식에서 나는 한국 목사님과 함께 합동으로 주례를 맡는 영광을 누리기도 하였다.

❁ 동양과 서양의 논리

전통이 다른 곳에서 살아온 사람들은 생각하는 방식도 다르기 때문에 때로는 오해가 생길 수도 있다. 논리적인 서구의 사고 체계에서는 연속성이 중요하며 논리의 비약이나 단절을 허용하지 않기 때문에 고리나 사슬에 비유되기도 하며 직접적인 대화와 소통을 강조한다. 그러므로, 서구인들은 단도직입적으로 본론의 핵심에 도달하기를 좋아하고, 직접 핵심을 언급하는 것을 원하지 주변이나 언저리를 맴돌면서 이리저리 탐색하는 것을 좋아하지 않는다. 그러나 반면에 아시아 사람들은 나선형으로 논리를 전개하거나 간접적인 방법으로 대화를 풀어나가고, 상대방이 수치심을 느끼지 않도록 체면을 지켜주는 배려에 신경을 많이 쓴다.

오카베(Okabe)는 그 차이를 다음과 같이 설명한다.

미국인들의 논리와 수사학은 단계적 또는 고리나 체인 같은 조직성에 가치를 두고 문제와 해결의 양상을 띠는 인과 관계를 강조한다. 이와는 대조적으로 일본인들의 경우에는 화법을 구성함에 있어서 점과 같이 강조를 지적하는 것 같은 화법을 즐겨 사용한다. 일본에서는 단호하고 확정적인 표현을 가급적 피해야 하는데, 그것은 마치 공을 주고 받는 놀이와 같아서, 상대방의 반응을 살펴보면서 공을 살살 던져 주는 것과 같다.[2]

이 말은 상대방의 의중을 이해할 수도 있고 동시에 이해하지 못할 수도 있다는 말처럼 애매모호하게 들린다. 이처럼 아시아인들이 사용하는 간접적인 의사소통 방식, 정확하게 의미를 표현하지 않는 의사 소통 방식은 참으로 이해하기가 어렵다. 분명하게 말하고 핵심을 찔러서 결론과 해결을 찾는 방식에 익숙해 있던 서구인들에게는 더욱 혼란스러울 수밖에 없다. 서구인들의 직선적인 표현이 때때로 아시아 사람들에게는 공격적으로 비치기도 하며 심지어는 모욕감을 주는 것처럼 느껴지기도 한다. 그러한 오해로부터 오는 혼란은 때때로 상대방을 향한 의심으로 발전하기도 한다. 그런 일이 계속되면, 사업상의 접촉이나 서로를 배우는 일과 같은 관계들은 어려움을 겪게 되고 심한 경우 깨어지기도 한다.

구디쿤스트(Gudykunst)와 김영윤(Young Yun Kim)은 논리의 전개 방식이 비즈니스에 어떤 영향을 주는지 아래와 같이 국제적인 관점에서 주제를 설명한다.

예를 들면, 미국 기업가가 낯선 동양인 사업가와 벤처 사업의 타당성 협상을 위해서 만났다고 가정해 보자. 그들은 전혀 다른 세계관을 가지고 만났기 때문에 거기에는 필연적으로 오해가 따를 수밖에 없다. 미국인은 모든 '사실'에 근거한 자료를 분석하여 두 회사가 합작할 경우 발전 가능성 여부가 어떤지를 논의하려고 할 것이다. 이와는 대조적으로, 동양에서 온 기업가는 가능한 모든 데이터를 종합하여 통합된 자료들을 분석할 뿐만 아니라 자신의 직관력을 총동원하여 그 아이디어 전체가 좋은지 나쁜지를 판단하려고 할 것이다. 그리고 그는 직접적인 방법으로 논의하기보다 간접적인 방식으로 협상하려고 할 것이다. 만약 이 두 기업가 중에서 한 사람이 상대방의 세계관을 이해하고 수용하며, 그런 대화의 방법을 수용하지 않으면 서로에 대

한 오해는 점점 커 질 수밖에 없을 것이다.[3]

여기에 대한 루스티히(Lustig)와 코에스터(Koester)는 이시이(Ishii)의 설명을 그대로 인용하였다.

일본인의 언어 예절은 어떤 문제에 관하여 대화하더라도 말하는 사람은 듣는 사람에게 자신의 속내를 직접적으로 그대로 다 드러내지 않는다. 직설적인 표현은 무례하고 적절치 않은 언행이라고 보는 것이다. 오히려 일본 사람들은 어떤 문제의 핵심을 동그란 원 속에 넣어두고 그 주위를 빙빙 돌면서 이야기 한다. 미국식 영어의 논문 표현 방식이나 주제 문구를 다루는 문장 구조를 일본어에서는 절대로 찾아볼 수 없다.
일본인과 미국인의 문화적 상호작용과 그 결과를 한번 상상해 보라. 만약 그들 중 한 사람이 상대방의 언어 논리를 모른 채 단지 상대방의 말만 배워서 구사하여 자기들의 뜻을 전달했다고 한다면, 즉, 상대의 언어와 그 언어 속에 담겨 있는 문화를 완전히 숙지하지 않은 채 단어들만을 연결하여 자기 의사를 전달했다면 어떤 일이 일어날까? 일본인은 아마도 미국 사람들은 너무나도 무례하고 건방지다고 생각할 것이고, 그와는 반대로, 미국인은 일본 사람들을 혼란스럽고 정확하지 않은 사람들이라고 판단할 것이다. 이 두 그룹의 사람들은 문화적 상충으로 말미암아 서로에 대한 좌절과 혼란, 불편한 감정만 가지게 될 것이다.[4]

이와 마찬가지로, 서구의 교수들은 비-서구 사회에서 온 학생들이 쓴 과제물을 받아 들고 그들의 논리와 이론 전개방식 때문에 난감해 지는 경우를 종종 만나게 된다. 이런 일은 처음으로 유학 온 학생들의 경우에 더욱 심각하다. 논문 준비 절차도 모르고 논문을 쓰는 방법도 완전히 다르다. 그들은 논문의 핵심을 지적하지 않고 분명한 결론으로 인도하지 못하며 애매모호한 보조 자료들만을 열거하는 것을 보게 된다. 교수가 그 학생에게 학점을 낮게 주면서 '논리 전개를 이해할 수 없음', '핵심을 명확히 할 것' 또는 '애매모호한 결론'이라는 의견을 적어 보내면 비-서구에서 유학 온 학생들은 적지 않게 실망하며 무척 당황해 하거나 혼란스러워 한다.

다른 사람과 신앙의 문제를 나눌 때도 이와 비슷한 경험을 할 수도 있다. 많은 서구인들은 서구적인 직설화법으로 예수 그리스도에 대한 신앙을 나누도록 배웠다. 그러나 이 방법은 다른 문화에서 온 사람들이 쉽게 수긍하거나 편안하게 받아들이기에는 불편한 점이 될 수도 있다. 앞에서 말했듯이 서구에서는 언어라는 것이 사상이나 생각을 전달하는 가장 중요한 도구가 될 수 있지만, 비-서구 세계에서는 언어보다 관계가 더 중요하다고 생각하기 때문이다.

❀ 아프리카 인들의 사고 방식

내가 경험한 사하라 사막 이남의 아프리카 사람들은 또 다른 논리 방식을 가지고 있었는데, 그들의 방식은 오히려 아시아와 비슷한 측면이 있었다. 나는 아프리카에서 살며 여행하는 동안 여러 곳에서 수백 차례 이상의 설교와 강연들을 들을 수 있었다. 그러나 내가 현지인들의 언어 뒤에 숨어있는 이 논리를 터득하기 전까지는 다양하다고는 생각했지만 별로 좋은 인상이나 점수를 줄 수 없었음을 솔직히 고백한다. 나는 서구인의 시각으로 모든 것을 비판적으로 보았기 때문에, 내가 들은 아프리카 목사들의 설교는 대부분이 좋은 설교가 없고 비교적 열등하였다고 판단했었다. 그들의 설교나 연설은 내가 가르친 연속적인 전개 방법을 따르는 설교학이나 웅변학 이론과도 달랐다. 사실 나는 남아프리카공화국에서 이 두 과목을 가르쳤고, 내가 이렇게 직접적인 화법을 사용하는 서구식 설교학을 가르치면 언젠가는 아프리카에서도 훌륭한 대 설교가가 탄생할 것이라고 희망했었다.

몇 년이 지나도 그들이 전혀 바뀌지 않자 나는 좌절을 경험하였고, 비로소 나는 내가 가르쳤던 아프리카 젊은 신학생들의 논리를 하나하나 해독하기 시작했다. 그들의 논리를 설명하기 위하여 내가 인용한 상징은 꽃 – 일종의 국화 – 이었다. 아래에 나와 있는 대로 그 꽃은 중앙에 있는 중심을 향해 여러 개의 꽃잎들이 붙어있는 모양이다. 이제 설명해 보기로 하자.

나는 아프리카의 대다수 설교자들의 설교에서 중앙에 있는 꽃의 중심을 향하여 꽃잎 한 장 한 장을 강조하는 특징을 발견하게 되었다. 하나하나의 강조점들은 설교자가 언급하려는 그 날의 핵심이나 주제였다. 설교자는 성서의 구절이나 예화를 들면서 자기의 논리를 확장시켜 나갔고 꽃잎 한 장을 설명한다. 그리고 나서 다시 설교의 핵심과 주제로 돌아온다. 이번에는 또 다른 방향으로 나가서 본문과 예화를 들면서 또 다른 꽃잎을 설명하고 다시 설교의 주제로 돌아온다. 이렇게 두 번째의 꽃잎, 세 번째의 꽃잎이 완성된다. 그의 설교는 이렇게 또 다른 꽃잎으로 나갔다가 또 다시 중심 주제로 돌아오기를 거듭 반복한다. 이때쯤 되면 서구의 청중들은 "왜 이렇게 어지럽게 왔다 갔다 하는가?"라는 생각과 함께 "얼마나 더 이렇게 반복해야 하는가?"라는의문을

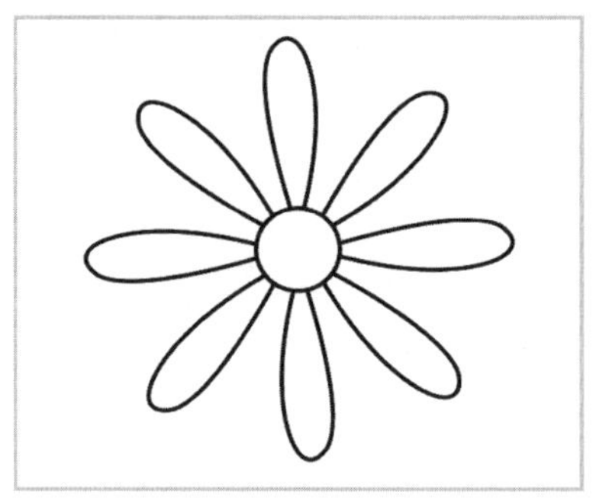

그림 17.2

갖게 된다. 결국 이런 서구인의 생각들은 좌절과 거부감으로 드러난다.

그러나 나는 이런 설교 방법에도 나름대로 놀라운 효과가 나타나는 것을 발견하게 되었다. 내가 그런 설교 방법을 감사하고 인정하게 되기까지는 오랜 시간이 걸렸다. 그러나 일단 장점을 발견하게 되자 나는 우리에게 익숙했던 연속적인 설교에서보다 훨씬 더 많은 효과를 국화 모양의 꽃잎 설교에서 발견하게 되었다. 강조하고, 강조하고, 다시 강조하는 이 설교 방법은 확실히 엄청난 효과를 발휘하였다. 이런 이유 때문에 나는 그 이후부터는 아프리카 계 미국 목사들의 TV 설교를 즐겨 시청하게 되었고, 자주 아프리카 계 미국인 교회의 예배에도 참석하게 되었다.

❀ 결코 잊을 수 없는 명 설교

내가 디트로이트 지역에서 '문화의 벽을 뛰어넘는 소통'(Cross-Cultural Communications)이라는 주제로 강의하는 동안, 거기에 참석한 사람들은 대다수가 선교지로 향하는 예비선교사들이었다. 거의가 백인들로 구성된 세미나 참가자들은 위대한 은총교회(Greater Grace Temple)의 주일 예배에 참석한다.

그 교회는 주로 아프리카계 미국인들이 회중으로 참석하는 교회인데 언제나 우리 방문자들을 따뜻한 마음으로 환영해 준다. 우리들은 예배를 드린 다음 날인 월요일에 주일 예배에서 받은 은혜를 확인했는데, 한 번은 어떤 사람이 자신은 그 집회에 참석한지 단 5분 만에 거기 앉아 있는 것이 시간 낭비라는 사실을 알았다고 언성을 높였다. 그가 계속해서 말하기를 설교자는 40여 분 동안의 설교 시간 내내, 똑 같은 강조를 반복하고, 또 반복하고 다시 반복하기를 무려 일곱 번, 여덟 번이나 거듭했다고 불평을 늘어 놓았다. 나는 그렇게 불평하는 사람에게 그 설교자가 반복하던 것이 무엇이었냐고 물었더니, 그가 대답하기를 그것은 단 두 곳의 성서 인용, 즉 "내가 너희에게 명한 모든 것을 그들에게 가르쳐 지키게 하여라. 보아라, 내가 세상 끝 날까지 항상 너희와 함께 있을 것이다.(마 8:20)"와 "내가 너를 떠나지도 않고 버리지도 않겠다.(히 13:5)"는 구절들이었다고 대답했다. 그는 잔뜩 실망한 목소리로 이렇게 말했다. "나는 그 말씀들의 핵심을 단 5분 만에 다 알아 차렸지요. 그런데도 그 목사는 다른 이야기 는 하지도 않고 계속해서 그 이야기만 반복했어요."

거의 5년이 지난 후에 그 선교사가 해외 선교지에서 임무를 마치고 안 식년으로 돌아와 선교사 재교육 프로그램에 참석하였을 때였다. 그는 나 를 보자마자 반갑게 달려와 상기된 표정으로 이렇게 인사하는 것이었다. "박사님, 저를 기억하시나요? 5년쯤 전에 여기에서 세미나에 참석했던 사람인데요." 나는 그를 분명히 기억하고 있었기때문에 그렇다고 대답했 더니, "그러면 제가 위대한 은총 교회에 다녀와서 불평한 것도 기억하고 계시겠네요?"라고 물었다. 나는 그것도 분명히 기억하고 있었기 때문에 그렇다고 대답했다.

그러자 그는 내게 아주 깜짝 놀랄만한 발언을 했다. "박사님, 제가 선교 지에 있는 지난 5년 동안 아마도 그 말씀을 잊은 날은 하루나 이틀도 되 지 않을 겁니다. 지금 고백하건대, 저는 그날, 그 설교를 듣지 못했다면 해외 선교지에 나가서 절대로 버티지 못했을 겁니다. 그 목사님의 설교는 제가 들었던 설교 중에서 가장 위대하고 훌륭한 설교였습니다. 그리고 지 금까지도 제가 가슴 속에 간직하고 있는 유일한 말씀입니다. 박사님, 여 기에 오는 사람들이 주일에 계속해서 위대한 은총 교회에서 예배드리게 해 주세요."

그 목사님의 주제 설교와 설교 스타일 – 계속 두 번, 세 번 반복해서 실망시키는, 그래서 젊은 선교사들에게 시간낭비로 밖에 보이지 않던 설교 방식이 이역만리 선교지에서 5년 동안을 버티도록 하여 준 원동력이었던 것이다.

⊗ 히스패닉 계의 사고 방식

사모바(Samovar)와 포터(Poter)는 서구인들과 일반적으로는 라틴계라고 통하는 멕시코 사람들의 협상과 토론 스타일을 다음과 같이 요약한다.

미국인들은 보통 전문가의 의견과 확실한 증거를 가지고 설득하면 승복하고, 그런 자료들을 협상 때에 증거로 제시한다. 그렇지만 멕시코 사람들은 그런 자료들에 절대로 같은 반응을 보이지 않는다. 그들은 오히려 연역적인 방법을 선호하는데, 이는 귀납적인 방법을 선호하는 미국인들과 대조를 이룬다. 라틴 아메리카 여러 나라들과 다른 여러 곳에서도 물론…… 어떤 사안에 대하여 정의하거나 분석할 때, 혹은 중요한 원칙을 결정할 때, 이것이 가장 일반적이고 보편적인 방식인데 일단 큰 틀이 결정되면 그 다음에는 거기에 따른 논리가 전개되고 결론에 이르게 된다. 그러나 그때 제시되는 증거 자료들은 별로 중요하지 않으며 새로운 자료들은 이미 정해진 주제에 따라 해석되어지기도 한다.

이러한 접근 방식의 비교는 UN 회의석상에서도 종종 나타나는데, 미국인들은 UN 위원회가 원칙을 토론하는데 오랜 시간을 소모하거나, 새로운 사안으로 확정된 안건에 정확한 용어를 선정하는 일 등에 장시간을 소모하는 것을 짜증스러워 한다. 미국인들은 사안에 집중하기를 원하고 문제의 원인과 결과를 발굴하는 일, 혹은 문제를 해결하는 방법을 모색하기를 원한다.

멕시코 인들의 추론은 명상과 직관을 중시하는 스페인 계통의 기질에서 영향을 받았기 때문에 훨씬 더 복잡할 수도 있다. 그들에게는 감정, 드라마, 느낌 같은 것들이 의사결정의 중요한 요소가 되는데, 이런 것들은 미국인들이 중시하는 효율성, 과학적인 접근과 냉정한 논리나 프랑스인들이 중시하는 실용적인 적용 등과는 정반대 되는 것들이다.[5]

❀ 무엇을 의미하는가?

세계의 각각 다른 지역에 사는 사람들은 서로 다른 논리를 사용한다. 그렇다고 해서 그들을 비논리적이라거나 혼란스러운 사람들이라고 생각해서는 안 된다. 오히려 사람들의 생각이 얼마나 다른가를 피차 이해하는 방향으로 노력해야 한다.

1. 어떤 형태의 추론도 더 좋거나 나쁘다고 말할 수 없다. 우리들은 이 방식을 좋아한다면 다른 사람들은 저 방식을 선호할 수도 있기 때문이다. 세계 여러 곳에는 각각 그곳에 적합한 다양한 형식이 존재하고 그런 방식이 그곳에서 가장 효과적이라는 사실을 아는 것이 우리에게는 축복이다.

2. 언어 뒤에 숨어있는 구조를 자세히 살피고 분석해 보라. 대화나 설교 혹은 연설을 들을 때 도형을 그려 보라. 그 도형을 나에게 익숙한 서구식 연결고리의 방식이 아닌, 말하는 사람의 마음을 반영하는 방식으로 그려보려고 노력하면 많은 도움이 될 것이다.

3. 연결고리 형식의 논리를 사용할 때에도 다양한 형식이 있을 수 있듯이, 다른 문화에서도 논리에는 변형이 있을 수 있다. 여러분이 현지의 상황을 어느 정도 이해할 때까지는 그 사람들의 논리에 대해서 판단하거나 평가하는 일을 보류하는 능력을 향상시켜 주기를 바란다.

토론을 위한 질문들

1. 여러분은 자신이 익숙해 있다고 생각했던 논리와 다른 어떤 논리를 만난 적이 있는가? 그런 경험이 있었다면 설명해 보라. 그런 경험을 했을 때의 느낌은 어떠했는가?

2. 그렇게 여러분을 당황스럽게 한 경우에 여러분은 어떻게 대처했는지 소개해 보라.

3. 여러분이 다른 논리적 전개에 직면하는 경우를 위해서 평소에 미리 준비했던 일은 무엇인가? 예를 들면, 여러분이 알고 있는 사람들 중에 다른 문화를 대표하는 사람들이 있는가? 어쩌면 여러분이 그들에게 이 장을 읽도록 부탁하고 그들의 반응을 물어 볼 수도 있을 것이다.

4. 성서를 기록한 사람들은 서로 다른 논리와 전개 방식을 택하고 있지 않은가? 예를 들자면, 바울 서신은 요한 문서와 다른 문체와 스타일이 아닌가? 그렇다면 구약성서는 어떤 형식의 문체가 지배적인가?

18
성취된 지위와 정해진 지위

이 장에서는 문화의 변화에 따른 충격과 차이를 수용하지 못하여 혼란스러워하거나 좌절에 빠져 있는 사람들을 위해서 문화적 차이에 대한 설명을 계속하려고 한다.

미국에서는 일반적으로 '지위'라는 것은 누구나 열심히 노력하고 부지런히 일하면 성취하게 되는 결과라고 생각한다.[1] 그러나 세계의 다른 여러 곳에서는 그러한 지위가 열심히 노력하는 것과는 아무런 상관이 없고, 오히려 태어난 가문이라든가 출생의 서열, 남녀의 성별에 따라 정해지는 곳도 많이 있다.

예를 들면, 최근 아프가니스탄 전쟁을 통하여 우리는 세계의 여러 나라에서 여성들이 어떻게 취급되고 있는지를 생생하게 목격할 수 있었다. 어떤 문화의 경우 많은 여성들은 태어나면서부터 지위가 결정되고, 한번 정해진 지위는 어떠한 외부의 환경에 의해서도 결코 바뀌거나 변하지 않는 다는 사실을 알게 되었다. 인도의 카스트 제도가 좋은 한 예이다. 인도에 서 비록 법적으로는 폐기되었다 하더라도, 이 거대한 폐습은 아직도 사회 곳곳에서 모든 국민을 얽어 매고 있다. 카스트 제도의 하층민은 자신들이 아무리 노력해도 천민 계층에서 벗어나거나 뛰어 넘을 수 없다. 이것은 바로 그 제도를 통해서 스스로의 높은 신분을 보호받는 카스트의 상위 계 층들만을 위한 제도이기 때문이다. 그렇다면 우리는 이 제도를 어떻게 이 해해야 할까? 크리스천으로서 이런 현상과 제도에 대해서 어떻게 대응해 야 할까?

미국인들은 미국 독립선언문에 명시되어 있는 만인 평등사상을 지지한 다. 우리는 구인광고나 기업체의 훈련 세미나에서 균등한 기회를 모든 사 람들에게 주기 위하여 "누구에게나 동일한 기회가 주어집니다"라는 문구 가 적혀 있는 것을 쉽게 찾아 볼 수 있다. 이런 평등이 가져다 주는 은총 으로 말미암아 누구든지 바닥에서 출발하여 최고의 갑부가 될 수 있고, 누구든지 기업체의 사장, 나아가서는 대통령도 될 수 있다. 비록 낮은 지 위의 사람이라 할지라도 큰 목표와 위대한 업적을 세울 수 있다.

조지아 주지사가 되기 전에 지미 카터는 땅콩 농장의 농장주였는데, 그 는 나중에 미합중국의 대통령이 되었다. 그는 혈통이나 왕조 – 정해진 지 위 – 가 아닌, 자신의 노력으로 열심히 일해서 최고의 자리 – 성취된 지 위 – 인 대통령의 자리에까지 올라간 사람이다.

한 미국 기업체 사장이 멕시코 공장에 있는 전 직원들에게 회사의 로고 가 찍힌 티셔츠를 보냈더니 현지 공장의 책임자가 자기는 그 티셔츠를 입 지 않겠다며 반납하였다. 이유는 공장 책임자인 자기가 일반 직원들과 똑 같은 티셔츠를 입을 수 없다는 것이었다. 전체 임직원들이 모두 편안하게 하나됨을 느끼도록 하기 위해서 회사의 로고가 찍힌 티셔츠를 선물했던 미국의 사장은 현지 책임자를 위해서 다른 색상과 다른 디자인의 셔츠를 하나 더 – 그러나 값은 꼭 같은 – 보내어 줌으로 지혜롭게 문제를 해결했다고 한다.

❈ 인 사

미국의 십대들은 자기 할아버지에게도 보통 "안녕? 잘 지내세요?"(Hi, how ya doin?)라고 인사한다. 그러나 아시아의 여러 나라들에서는 십대들이 정중하게 고개를 숙여 인사해야 하고, 어른들의 말씀이 끝날 때까지는 기다려야 하며 함부로 먼저 말을 하지 않는 것이 예의이다. 그리고 연세든 어른께는 더 깊은 존경의 표시로 머리를 깊이 숙여 인사하는 것이 올바른 예절이다.

십대들이 어른들께 말씀을 드릴 때는 특별한 존댓말을 사용해야 한다. 인사말에도 친구에게 하는 인사와 어른들에게 하는 인사의 언어가 다르고 물론 일상적인 대화에서도 마찬가지이다. 이와같이 젊은이 혹은 어른이라는 주어진 지위가 그들의 언어와 행동까지 결정해 주는 경우가 있다.

❈ 명 함

정해진 지위가 유효한 문화에서 사람들은 자기들의 지위에 따라 다르게 대접받는다. 지위는 보통 나이, 회사나 조직에서의 직위, 교육의 정도, 가문이나 출신, 호칭(박사, 의사, 교수), 또는 부의 정도, 그리고 이미 앞에서 언급했듯이 인도 같은 나라에서는 어떤 카스트 계급 출신인지에 따라서 결정된다. 그래서 사람에 대한 존중이 그의 업적이 아니라 출신에 따라 달라진다.

지위를 중요하게 여기는 사회에서 어떤 사람을 만나게 되면 먼저 명함을 교환하여 상대방의 지위를 확인한다. 그리고 이를 통해서 상대방에게 어떤 예우를 해야 하는지를 판단하게 된다. 특히 상대방의 명함을 받으면, 천천히 주의 깊게 그 명함의 내용을 읽고 상대에 대한 존경과 예우의 수준을 결정해야 한다. 그리고 마음 속으로 그 사람을 기억할 뿐만 아니라 받은 명함을 테이블에 반듯하게 올려 놓음으로 해서 상대방에 대한 존경의 마음을 표시하기도 한다. 명함을 받을 때 한번 훑쩍 보고 주머니에 넣어 버리거나 지갑 속에 바로 넣어 버리면 상대방을 별로 대수롭지 않게 여긴다는 표시가 되고 만다.

❈ 지위와 예우

중간 관리자는 회사의 사장이나 부사장과 같은 중역이 받는 정도의 예우를 받지 못할 것이다. 그러므로 공식적인 비즈니스 관계로 상담을 시작하기 전에, 다양한 지위에 있는 사람들에게 어떤 존칭이나 예우가 필요한지를 미리 파악하고 거기에 맞게 예의를 갖추는 자세가 중요하다.

미국 기업들은 국제적인 거래를 할 때 가끔 이런 점에서 실수를 범하는 경우가 있다. 미국 회사들은 다른 나라에 있는 고객을 상담하거나 합작 투자를 위해서 상대방 회사에 직원을 파견할 때, 종종 낮은 직급의 실무자를 보내는 경우가 있다. 그 사람을 보내는 이유는 그가 그 제품에 대해서 가장 잘 알고 있는 전문가이며, 그 제품의 생산과 기술 그리고 해당 분야의 재무구조에 대해서 가장 해박한 실무를 경험한 준비된 직원이기 때문이다.

그러나 이렇게 보내진 미국 기업의 대표는 상대방 국가의 협상 파트너들보다 훨씬 낮은 직급인 경우가 허다하다. 이렇게 되면, 해외에 있는 파트너 회사에서는 미국 회사가 자기들을 무시하고 예의에 어긋난 짓을 한다고 보거나, 자신들을 모욕하는 처사로 여기며 자존심 상해 하고, 파트너 회사를 상대방을 존중할 줄 모르는 나쁜 사람들이라고 판단해 버린다. 그리고 이렇게 낮은 직급의 평사원과 무슨 결정을 하겠는가 라고 생각하게 되면, 자연히 협상은 서먹서먹하게 되고 진행이 중단될 수밖에 없다. 그러면 미국에서 온 대표는 그 이유가 무엇인지도 알지 못하고 실적을 얻지 못하고 돌아가게 된다. 직급이나 예우에 대해서 항의할 수는 있지만, 그리고 생각해 볼 수 있는 문제이지만, 이것이 현실이고 이런 현실은 쉽게 개선될 여지가 보이지 않는다.

이와 비슷한 경우가 최근에 동유럽을 방문한 미국의 크리스천들 사이에서도 있었다. 고등학교 졸업반과 대학생들로 구성된 미국의 크리스천들이 동유럽의 성인들을 훈련시키기 위해서 파견되었는데, 동유럽에서 이 프로그램에 참가한 사람 가운데는 대학교수들도 있었다.

훈련을 받는 자기들의 직위가 방문단보다 높다는 것을 알게 된 동구의 성인들은 지위가 낮은 사람들이 자기들을 훈련시키는 것을 모욕으로 생각하게 되었고, 자기들의 자존심에 먹칠을 하는 것으로 느꼈던 것이다. 그래서 이 프로젝트는 방문단이 완전히 교체될 때까지 전혀 아무런 진전을 볼 수 없었다. 그래서 나는 이런 사례를 알고 있었으므로 러시아와 우크라이나, 그리고 구 소련 연방에서 세미나나 훈련 프로그램을 할 때에는 훈련을 지도할 사람들을 현직 대학의 교수들이나 강사들 중에서 선발하였다.

그런 세미나나 훈련에서 일어나는 또 하나의 재미있는 일은 호칭 문제였다. 나는 그런 세미나 기간 동안 엘머 박사(Dr. Elmer)라고 불리지 않고 주로 엘머 교수(Prof. Elmer)라고 불리어졌다. 보통 미국에서는 '박사' 라고 불러주는 것이 그 사람에 대한 최고의 예우이고 존경이라고 여겨지지만, 동구에서는 박사 보다 교수가 더 높고 권위 있는 호칭임으로 그렇게 불리는 것을 최고의 영예로 여긴다는 것이다.

그래서 회의 기간 내내 상대방과 동등하거나 오히려 더 높은 지위의 호칭을 들으면서 지낼 수 있었고, 그러한 호칭 덕분에 나와 함께 간 동료 교수들의 강의는 더욱 신뢰를 받게 되었다.

크리스천들은 자신들의 소명이 무엇이든지 간에 그 일을 감당할 때 하나님께서 주신 우리의 영예로운 지위를 기억해야 할 필요기 있다. 크리스천으로의 이러한 권위를 무시한다면 결국 자기의 자존감과 권위를 스스로 깎아 내려서 소명까지도 완수하지 못하는 어리석음을 범하게 될 수도 있다. 또 한 가지 조심해야 할 점은 어느 한쪽에 치우치는 듯한 행동을 해서도 안 된다는 것이다. 이 점에 대해서는 다음에 살펴보기로 하자.

교육에 있어서도 재학생이나 이제 막 대학을 마친 졸업생들은 대학에서 가르치는 교수나 박사들과는 여러 가지 측면에서 서로 다르게 예우해야 한다.

나는 평생 대학교에서 강의해 온 교수이다. 내가 호칭의 문제를 생각할 때마다 기억나는 한 제자가 있는데 그의 부모들은 한국에서 미국으로 이민 온 사람이고, 그런 가정에서 자라난 학생이 학부와 대학원에서 나의 강의 조교로 나를 돕고 있었다. 그러나 그는 한번도 내 이름을 부른 적이 없었다.

나는 다니엘(그에 관하여는 앞 장에 소개했다)을 친구처럼 대했지만, 그는 언제나 나를 어려워하며 예의를 갖추었다. 그의 나이는 이미 서른 다섯이나 되었고 그 역시 박사과정에 속한 학생이었다. 한번은 내가 그를 불러 앞으로는 편하게 내 이름을 부르라고 ─ 이미 여러 차례 그렇게 부탁했었다 – 부탁했더니, 그는 아주 분명하게 자기의 입장을 밝혔다. "우리 한국의 문화에서는 자기 스승의 존함을 그냥 부르는 것은 아주 무례한 일입니다. 그래서 저는 한번도 선생님의 성함을 그렇게 불러 본 적이 없습니다."

그의 솔직한 대답은 내가 그의 문화를 이해하는데 많은 도움을 주었다. 그에게 그렇게 호칭을 바꾸어 선생의 이름을 바로 부르도록 강요한다는 것은 오히려 그를 편하게 해 주는 것이 아니라, 그로 하여금 자기 민족의 좋은 문화와 풍속을 배반하라고 요구하는 것과 같은 의미라는 사실을 깨닫게 되었다.

아마도 4년 전의 일이었던 것 같다. 새해가 막 시작되고 나서 다니엘이 내 사무실을 찾아 왔다. 거의 일 년 만에 만나게 되어 반가운 마음으로 그를 껴안으려고 했다. 그러자 그는 "잠깐만요" 하더니 내 앞에서 무릎을 꿇고 큰 절을 하는 것이 아닌가!

나는 깜짝 놀랐고 내 앞에 펼쳐진 이 일을 어떻게 수습해야 할지 몰라서 적지않게 당황했었다. 다니엘은 곧 설명하기를 새해가 되면 한국에서는 젊은 사람들이 자기들이 존경하는 윗사람들을 찾아가서 깊은 존경을 담아 이렇게 절을 한다는 것이었다. 일반적으로는 부모님께 하지만, 다른 존경하는 어른들에게도 그렇게 새해 인사를 한다는 설명이었다. 그 이야기를 듣고서야 나는 크게 감명을 받았다.

그런 큰 영광스런 인사를 받았다는 것을 알게 되었으니, 이제 내가 어떻게든지 그에게 상응하는 영예를 갚아야 하겠다는 생각이 들었다. 한국의 전통을 몰랐으므로 그들의 전통에 맞는 예를 갖추기 위해서 내가 다니엘에게 물었다. "나에게 이렇게 큰 존경과 사랑을 표현해 주었으니 고맙군, 그렇다면 내가 자네에게 고마움을 표하는 답례의 방법은 없는가?" 그는 아주 태연한 표정으로 이렇게 대답했다. "네, 어른들은 세배 돈을 주시면 됩니다." 그의 대답과 뻔뻔스러운 태도가 어찌나 우습던지 나는 웃음을 터트리고 말았다. 다니엘도 따라 웃으며 그에 대한 설명을 들려 주었다.

다니엘은 한국의 풍습을 소개해 주기를, 보통 부모님이나 어른들은 학교나 직장으로 떠나는 자녀들에게 새해 선물로 세배 돈을 준다는 것이었다. 다니엘은 나를 자기의 지도교수로서만이 아니라 미국 땅, 객지에서 살면서 나를 자기 부모처럼 생각했던 것이고, 자기가 고향에서 부모님께 했던 것과 동일한 최고의 경의와 사랑을 내게 표현했던 것이다!

❀ 황당한 질문들

만약 여러분이 높은 지위에 있지 않고 사회적 신분도 널리 알려져 있지 않다면, 여러분은 아마도 가족사항이라든가 아버지의 직업, 심지어는 집안의 재정상태까지도 묻는 황당한 질문을 받을 때도 있었을 것이다. 이런 질문을 던지므로 지위를 중요하게 생각하는 사회에서는 여러분을 어떻게 예우해야 할지를 가늠한다는 것이다.

대개의 서구인들은 이런 너무나 개인적인 질문들을 받으면 놀라고 당황스러워 한다. 사람들을 똑같이 평등하게 대하지 않고 지위에 따라 차별한다면 참지 못하고 화를 낼 것이다. 서구인들의 생각으로는 사람들은 누구나 동등하고 꼭 같이 높임을 받을 자격과 권리가 있다고 생각한다. 그렇기 때문에 이런 질문을 받으면, 그 상황들을 잘 넘기기 위해서는 지혜가 필요하다. 즉, 모든 인간은 하나님의 눈으로 보았을 때 동일한 가치를 가진 귀한 피조물이라는 성경의 가르침을 거역하지도 않으면서, 현지의 문화에 불필요하게 역행하지도 않는 지혜 말이다.

몇 년 전, 나는 지위를 중요하게 여기는 나라에서 개최 된 크리스천 컨퍼런스의 주 강사로 참석한 적이 있었다. 나의 첫 번째 강연이 끝난 후에 통역자는 나를 문 앞으로 인도하여 사람들과 인사를 나누도록 배려해 주었다. 사람들이 줄을 지어 나갈 때, 그는 자기가 아는 대로 나에게 한 사람 한 사람의 간략한 약력과 지위를 설명해 주었다. 그 짧은 소개를 통해 나는 그 사람에게 어느 정도로 머리를 숙여 인사해야 하는지, 그리고 존귀를 표하는 단어를 몇 번이나 써야 할지에 대한 방식을 찾을 수 있었다.

통역자는 작은 목소리로 '대기업의 회장님이십니다', '유명한 대학 교수님이십니다', '대단한 사업가이십니다', '목사님이십니다', '존경 받는 할아버지이십니다' 와 같은 소개가 끝이 없었다. 통역자가 아무런 소개의 말을 하지 않을 때는 그 사람의 사회적 지위가 대단하지 않은 사람이었고, 그에게는 지위가 높은 사람들에게 보이던 각도의 경의를 보이지 않아도 된다는 뜻이었다.

이 경험은 잠시 동안 나에게 도덕적인 혼란을 가져왔다. 언제나 모든 사람들을 똑 같이 대해야 한다고 가르쳤던 내가 그것을 알면서도 이와 같이 사람들을 사회적 지위나 신분에 따라 다르게 대할 수 있단 말인가? 어떻게 생각하면, 우리는 지위 고하에 관계없이 모든 사람들을 꼭 같이 대해야 한다고 대답해야 할 것이다. 그래야만 대학 총장이든 학생이든 동일한 대우를 받게 될 것이다.

성서의 많은 구절들에는 이렇게 사람들을 꼭 같이 대하는 것이 올바른 길이라고 반복하여 강조하고 있다.[2] 또 어떤 성서 구절에서는 특별한 존경을 다음과 같은 사람들, 즉, 아버지(출애굽기 20:12), 연장자들(레위기 19:32), 그리고 겸손한 사람들(잠언 22:4)에게 표하라고 말씀하셨다. 이와는 반대로 성서에도 어떤 사람들에게는 존경을 표하지 않아도 된다고(미련한 사람에게는 명예가 어울리지 않는다, 잠언 26:1) 말씀하셨다.

나는 이미 내 강연에 참석한 청중들의 지위를 알고 있었다. 그럼에도 불구하고 만약에 내가 그들의 문화를 전혀 모른 체 했더라면 나는 수치를 당했을 것이다. 게다가 그들 앞에서 문화간의 소통을 강의하겠다고 온 내가 그들의 문화를 모른 체 내 방식으로만 행동 했더라면, 나는 그들의 눈에 교만한 미국 사람으로 밖에 비추어지지 않았을 것이다. 그때 솔직히 이렇게 하지도 저렇게 하지도 못할 난처한 상황에 빠졌던 기억이 있다. 교만하시도 않고 권위석이지도 않으면서도 성서적인 가르침을 실천하는 자세는 과연 어떤 것일까? 여러분은 내가 어떻게 했을 것이라고 생각하는가?

그때 내가 처신했던 태도와 방법이 있었다. 이것이 모든 사람들에게 똑같이 적용될 수 없다는 사실을 나도 잘 안다. 그러나 아시아의 여러 나라들을 여행하면서 관찰한 경험들을 통해서 내가 얻은 지혜는 지역마다 어느 정도의 다른 예우의 표현들이 있다는 것이다. 그러나 내가 확신하고 좋아하는 한 가지 주장은 모든 사람에게 똑 같은 존경을 보내야 한다는 사실이다. 나의 이 신념에는 변함이 없다. 사실, 내가 존경을 표현하는 일에 실수를 범했다면, 그것은 아마 그 사회에서 그런 예우를 받지 못하는 사람들에게 너무 깊은 존경을 표했다는 실수일 것이다. 예수님께서 가난한 사람들과 소외된 사람들에게 보이신 태도가 바로 그런 것이었음을 잘 보여 주지 않는가?

내가 어떤 사람에게 더 깊이 고개 숙여 존경을 표했다고 하더라도, 나는 모든 사람들에게 꼭 같은 마음으로 존경을 표하라는 말씀대로 하려고 노력했던 것뿐이다. 그래서 결국 높은 지위에 있는 사람들은 자신들이 기대했던 경의를 모두 받은 셈이고, 지위가 조금 낮은 사람들은 자기들이 예상했던 것보다 더 깊은 존경을 받는 결과가 되었다. 나의 처신은 모든 사람들을 꼭 같은 존경심을 가지고 대하면서도 그들의 문화라는 아름다운 전통을 더럽히거나 찢어 버리는 어리석음을 범하지 않는 현명한 태도였다고 생각한다.

나는 이런 지혜를 여러 해 전에 나에게 비슷한 이야기를 전해 준 돈 더글라스로 부터 배웠다. 그는 해외에서 오랜 기간 살면서 자주 중요한 친교 모임에 초대되었는데, 외국인으로서 그는 언제나 존경의 대상이 되었다. 높은 지위의 사람들은 연회장의 한 가운데서 음식을 먹으며 음료를 마시면서 즐겁게 담소하는 반면, 비교적 지위가 낮은 사람들은 이쪽저쪽 구석에 흩어져서 자리를 잡는 것을 알게 되었다. 같은 연회의 자리에 있었지만 지위가 높은 사람들은 흩어져 있는 낮은 지위의 사람들에게는 눈길 한 번도 주지 않았다.

더글라스는 이때 어떻게 하면 높은 사람들의 기분을 건드리지 않으면서도 낮은 사람들에게 선의를 베풀고 호감을 얻을 수 있는지 지혜를 터득하게 되었다고 한다. 그는 가난한 사람들과 지위가 낮은 사람들이 별 볼 일 없어 보이고 가치 없어 보여도 그들을 무시하는 태도에 반대했다. 그러나 그들에게만 지나친 관심을 보이는 행위도 자칫 잘못하면 자기를 초대해 준 사람들과 관계를 불편하게 만들 수도 있었으므로, 그리고 앞으로도 그들과도 계속 좋은 관계를 유지해야 함으로 조심스러웠다.

그날 연회가 열리는 동안 그는 여러 차례 한 가운데 중심에서부터 살짝 빠져 나와 이곳 저곳에 흩어져 있는 사람들을 찾아갔고 거기서 이미 알고 있던 한 두 사람과도 담소를 나누고 돌아오기를 몇 차례 했다. 그 짧은 만남과 아는 척 해 주는 것만으로 그들은 무척 고마워 했고, 그는 슬쩍 다시 연회장 중앙으로 돌아 가곤 했던 것이다.

그는 이후에도 그 나라에 살면서 이러한 가난한 사람들의 지역과 무허가 지역을 드나드는 일을 반복했었다고 한다. 이런 일은 힘든 일도 어려운 일도 아니었다. 이것은 그의 의도적인 노력이었고, 이런 노력을 잊지 않고 실천함으로 더글라스는 자기의 가치도, 그들의 가치도 높일 수 있었으며, 끝까지 두 그룹 모두의 신뢰와 존경을 받을 수 있었다는 이야기였다.

❀ 지위의 상실

내가 헤외에서 관여한 직무가운데 한 동안 신학교의 교장직을 맡았던 적이 있었다. 금요일 오후 늦게까지 일하고 나서야 나는 신학교 정원에 많이 자란 잔디를 깎지 않았다는 사실을 알게 되었다. 지역의 어떤 교회가 바로 그 주일에 우리 신학교의 건물을 빌려서 예배 드리도록 예정되 있었는데 그들이 풀이 무성하게 자란 정원을 보게 될 것이 부끄럽다는 생각이 들었다. 모든 직원들이 이미 퇴근한 금요일 오후였으므로 나는 곧장 창고로 가서 잔디 깎는 기계를 가져와서 와이셔츠와 넥타이 차림으로 잔디를 깎기 시작했다.

우리 학교는 인디아에서 이민 온 사람들이 많이 사는 지역과 혼혈인들 (유색인종)의 거주지역 경계에 위치해 있었으므로 학교 주변에 사는 수백 명의 사람들이 내가 잔디 깎는 모습을 보았다. 솔직히 고백하건대, 나는 그렇게 많은 사람들이 지켜보는 가운데 교장인 내가 직접 잔디를 깎는 것은 그들에게 겸손을 보여 줄 수 있는 좋은 기회라고 생각하고 좋은 뜻으로 해석했었다. 오히려 나의 이런 모습 때문에 주민들은 나를 더욱 존경하게 될 것이고, 스스로를 하인이나 머슴으로 밖에 생각하지 않는 저 사람들에게 자기들의 일에 자부심을 심어 줄 수 있는 좋은 기회라고 생각했던 것이다.

다음 월요일 아침, 학생들과 직원들은 나에게 찾아와서 자기들이 지난 주말에 잔디 깎는 일을 깜빡 잊고 그냥 집으로 갔다는 이야기와 함께 어떻게 잔디가 깨끗이 다 깎여있는지를 물었다. 나는 자랑스럽게 그러나 겸손하게 그들이 역시 나처럼 자원하여 섬기기를 기대하면서, 내가 직접 잔디를 깎았다고 이야기해 주었다. 그들은 깜짝 놀라며 자기들끼리 서로 쳐다보며 어쩔줄 몰라 하는 것을 보고, 나는 무엇이 잘못되었냐고 물었다. 상급반 학생 하나가 아주 정중하고 조심스럽게 말하기를, 이제 나는 교장 선생님으로서의 존경을 완전히 잃어버렸다고 설명하는 것이었다. 나는 놀란 목소리로 되물었다. "왜? 그게 뭐가 잘못 된 일인데?" 그 학생의 설명은 이러했다. "사람들은 교장 선생님이 직접 잔디를 깎는 것을 보고, 저 교장 선생이 얼마나 신망을 잃어버렸으면 전체 학교가 교장 선생의 말을 하나도 듣지 않을까? 학생들도, 교사들도, 심지어는 자기 비서까지도 오죽 말을 듣지 않았으면 자기가 직접 저렇게 잔디를 깎을까?"라고 생각한다는 것이었다.

그 뿐만이 아니었다. 이제는 우리 학교도 지역사회에서 신뢰를 다 잃어버렸다는 것이었다. 앞으로 동네 사람들은 저렇게 상하 위계질서도 없는 학교에 어떻게 우리 자녀들을 보낼 수 있을까라고 생각할 것이라는 설명이었다. 그 설명은 나에게는 실로 충격적이었다. 이 충격이 점점 사라지면서 나는 지역사회 안에서 나의 권위를 회복하는 일과 학교의 위신을 다시 세우는 일을 하게 되었다. 그 후 여러 달 동안, 나는 학생들이 잔디를 깎는 동안 아주 위엄이 넘치고 권위적인 모습으로 서서 지켜보아야만 했다.

또 다른 경우도 있다. 어떤 서구에서 온 사람이 프로판 가스를 상점에서부터 자신의 집으로 옮기고 있었다. 그러자 그 일을 그가 직접 했다는 사실이 동네 사람들에게는 불쌍하게 비쳐졌다는 것이다. 저 사람에게는 그런 작은 일도 도와 줄 하인도, 배우자도, 아들도 없다고 보여졌기 때문에 그는 사회에서 권위와 위신을 완전히 잃어 버리게 되었다는 것이다. 그래서 이 일이 있은 후에는 그의 집에서 일하려고 하는 사람이 하나도 없어서 한 동안 사람을 구하지 못해 고생했다고 한다. 그 때에 이 사람이 그 일을 아내에게 시켰다면 그는 남편으로서의 권위를 지켰을 것이고, 집 안에서도 존경 받는 남편으로 보여졌을 것이다. 그러나 그 일을 스스로 함으로 그는 남편으로서의 권위를 완전히 상실했던 것이다.

❀ 널리 공포하고 증언하기

나는 어려서부터 여성을 존귀하게 여기도록 교육을 받아 왔다. 그러나 세상에는 여성의 지위라는 용어 자체가 없거나, 여성의 지위가 거의 인정되지 않는 그런 문화권이 있다. 어떤 곳에서는 여성이 남성의 하인 정도로 취급 받는 곳도 있다.

나는 언제나 여성들에게 자녀들에 대하여 묻거나, 정중한 초대에 감사하고, 맛있는 음식을 준비하여 대접하여 준 것에 최고의 경의를 표했다. 그 여성들이 얼마나 따뜻한 분위기의 가정을 만들었는지, 그리고 여성들의 환대에 칭찬을 아끼지 않음으로 여성들을 격려했다. 나는 만나는 사람들 마다 "남성뿐만 아니라 여성들도 똑 같은 하나님의 형상으로 지음을 받았으며, 누구나 똑같이 존귀와 영광을 받을 자격이있다."는 사실을 강조하곤 했다.

나의 그런 노력이 얼마나 효과가 있었을까? 그것은 장담할 수 없는 일이고 내가 걱정할 문제도 아니다. 오직 나의 관심은 어떻게 하면 남존여비의 고정관념을 흔들어 바른 여성관을 세울 것인가, 그리고 이 진리를 어떻게 하면 더욱 널리 알리고 증언할 것인가 하는 것이었다. 그리고 이런 생각을 먼저 하게 되었다는 사실 때문에 스스로 모든 점에서 우월하다고 생각하는 교만하고 추한 사람들까지 깨우치는 것이 나의 사명일 뿐이었다.

만약 여러분이 속한 사회나 문화의 가치를 다른 사람들에게 강요하거나, 심지어 성서의 가치와 가르침까지도 상대방에게 억지로 밀어 넣으려고만 한다면, 그것은 복음의 진정한 의미를 알지 못하는 어리석은 일이다.

우리는 모든 일을 하기 전에 먼저 상대방의 입장과 상대방의 문화를 충분히 고려해야 한다. 내가 이미 말한 대로 십자가의 메시지는 공격적이지만, 그렇다고 해서 십자가가 우리들에게 공격하라는 권리를 준 것은 아니다. 피차에 서로 존중하라는 것은 대단히 중요한 메시지이다. 뿐만이 아니라 하나님께서는 우리 인간들 모두에게 존엄성을 주셨고, 모두를 사랑하시며, 어느 누구도 편애하지 않으시고, 우리들에게도 그렇게 하지 말라고 하셨다. 그래서 나는 다른 사람들을 공격하지 않는 것이야말로 가장 지고한 성서의 가르침이요, 가치라고 믿는다. 이러한 진리 위에 살려고 노력하는 삶이야말로 우리가 속해 있는 문화를 다르게 표현하는 방법이 될 수 있을 것이다.

나에게는 수백 년 동안 찬란하게 내려온 전통과 가치들을 함부로 짓밟고 무시할 권리가 없다고 믿는다. 그런 행동은 무례하고 불경스러운 일이며 우리 모두를 실패자로 만들 것이기 때문이다.

오히려 그런 선택보다는 모두가 승리자가 되도록 어떤 상황에서도 좋은 열매를 맺도록 성서의 가르침과 진리를 지켜 나가는 것, 그리고 문화적 가치를 높이는 방법을 선택하는 것이 지혜로운 일이다. 특별히 여러분이 낮은 지위의 사람들이나 가난한 사람들과 함께 일하고 있다면, 비교적 높은 지위에 있는 여러분이 이런 가치를 공적인 자리에서 공포하고 증언하는 사람들이 되어야만 한다.

이런 겸손을 통하여서 낮은 지위의 사람들과 여러분 자신을 하나되게 해 나가는 일은 참으로 중요한 선택이다. 바로 이런 자세가 예수님께서 몸소 보여주신 죄인, 소외된 사람들, 그리고 여인들과 자신을 동일화하셨던 진정한 삶의 모습이 아니겠는가?

재점검

아래의 성취된 지위/정해진 지위를 나타내는 표를 잘 살펴보고 거기에 표시하라.

성취된 지위 1 2 3 4 5 6 7 8 9 10 정해진 지위

1. 성취된 지위/정해진 지위의 도표에서 여러분이 해당하는 위치에 X표를 하라.
2. 여러분이 생각하기에 여러분의 부모님의 위치에 P라고 표시하라.
3. 여러분이 생각하기에 여러분의 교회가 가지는 성취된 지위/정해진 지위에 C라고 표시하라.
4. 여러분이 생각하기에 배우자의 위치에 S, 친구들은 F, 직장 상사는 B라고 표시하라..
5. 여러분이 생각하기에 여러분이 들어가려고 하는 새로운 문화(New Culture)를 도표에 NC라고 표시하라. 당신과(X) 새로운 문화(NC) 사이에는 얼마나 큰 간격이 있는가?

1. 여러분은 저자가 자신의 도덕적 갈등을 다룬 방식이 옳다고 생각하는
   가? 내가 취한 방법과 자세에 동의하는가? 혹은 거기에 문제가 있다면
   다른 좋은 해결 방법이 있는가?

2. 여러분은 성취된 지위와 정해진 지위를 옳고 그름의 문제로 보는가?
   만약 이것을 여러분이 앞으로 들어 가려고 하는 새로운 문화권에 그대
   로 적용한다면 어떤 문제를 야기할 수 있을 것 같은가?

3. 야고보서 2장 1절 ~ 13절을 읽으라. 이 말씀에 나타나는 차별 대우를
   경고하시는 가르침이 여러분의 생각과 행동에 어떤 영향을 미치는가?

4. 마태복음 20장 25절 ~ 28절과 23장 1절 ~ 12절을 읽으라. 특별히 관
   계 속에서의 우리의 행동을 고려해 볼 때, 우리는 이 말씀에서 어떤 교
   훈과 통찰력을 얻을 수 있는가?

5. 만약 새로운 문화에 들어 갔을 때 지위에 관한 인식에 차이가 있다면,
   여러분은 어떻게 성서적으로도 충실하고 동시에 그곳의 현지인들도
   존중하면서 그 문제를 해결해 갈 것인가? 어떻게 새로운 문화에서 변
   화가 일어나도록 여러분의 권리를 사용하고 결정할 것인가? 우리들에
   게 과연 그런 변화를 주도할 권리가 있는가? 예수님의 삶에서 어떤 모
   범이나 지혜를 발견할 수 있는가?

19

죄의식과 수치심

효과적인 소통은 자신을 온전히 주는 것이다. 효과적인 소통은 자신의 방법을 다른 사람에게 강요하지 않는다. 동시에 자기 자신에게 진실하고 자기 방법에 충실하는 것이다. 소통이 참으로 효과적이기 위해서는 쌍방 통행이어야 한다. 그렇지 않으면 그것은 소통이 아니다. 거듭 강조하지만 진정한 소통은 스스로에 대한 자각, 이해, 그리고 지식에 기초한 실천을 통하여 이룰 수 있다.

〈 클레어런스 샤피 〉

대다수의 미국인들은 죄의식에 익숙하다. 죄의식은 우리의 양심과 관련이 있는데, 우리의 내면으로부터 무엇인가 잘못을 범했다는 양심의 소리를 들을 때 우리는 죄책감을 가지게 된다. 어떤 문화에서는 그것을 수치심이라고 표현한다. 죄의식과 수치심 사이를 정확하게 구분하거나 엄격하게 선을 긋기는 어렵지만, 그 차이를 분석해 보는 것은 우리로 하여금 잘못을 범하지 않도록 행동을 조심하고 통제하게 함으로 유익이 될 것이다. 우리는 알지 못하는 중에 혹은 의도하지 않는 일로 다른 사람에게 상처를 줄 수 있기 때문에, 이 장에서는 대수롭지 않게 생각하고 넘겨버릴 실수들에 대해서 다루어 보려고 한다.

❀ 죄의식과 수치심의 문화

죄의식을 너무 간단하고 평이하게 설명하려는 나의 노력이 자칫 죄의식을 대수롭지 않은 것으로 생각하게 만들든지, 아니면 문제의 심각성을 잊어버리도록 만드는 우를 범하지 않을까 염려된다. 죄의식과 수치심을 설명하기 위해서는 구체적인 실례를 언급하지 않고서는 다룰 수 없는 개념들인데, 그런 실례들은 언급하기도 부끄러운 것들이다.

많은 전문가들은 우리 사회를 죄의식에 바탕을 둔 사회와 수치심에 바탕을 둔 사회로 구분한다. 물론 이런 구분에 모든 학자들이 동의하는 것은 아니다. 그러나 나는 여기서 그들의 이런 두 가지 구분을 수용하며 나의 경험을 함께 섞어서 설명하려고 한다. 바라기는, 서로 다른 문화권에서 사는 사람들과 여러분이 좋은 관계를 형성하고 유지하는데 도움이 되었으면 한다.

존 콘돈(John Condon)과 파띠 유세프(Fathi Yousef)는 수치심의 문화는 "사회의 규범에 맞추도록 행사하는 압력이 외부에서부터 생기고 적용되는 반면에, 죄의식의 문화는 잘못이 내부에서부터 생겨나고 죄의식을 느낀 사람은 스스로 자신을 정죄하고 징계하는 경향이 있다."라고 말했다.[1] 데이비드 아우그스버그(David Augusburger)도 이와 비슷한 이론을 제시했다.

수치심에 의하여 지배되는 문화에서는 기대와 그 기대에 대한 허용, 혹은 제재와 같은 것들이 사람들의 행동양식을 통제하는 요인이다. 수치심은 기본적으로는 기대와 관련이 있으며, 허용될 것이라는 소망이나 혹은 거절 당할지 모른다는 불안감 때문에 생겨나는 죄책감이기도 하다.

죄의식이 지배하는 사회에서는 양심의 소리를 들으면서 내부에서 모든 것이 통제되기를 기대한다. 죄의식은 분명하게 명시된 것을 지키지 못했을 때, 기대와 수치심이 억압되고 거부되었을 때, 그리고 개인적인 활동이 거절 되었을 때 생기는 것이다.[2]

아우그스버그는 피탐버(Pitamber)의 말을 인용하며 이렇게 설명하고 있다. "수치심의 문화권에서는 부모의 허락이 어떤 행동을 하는 것과 하지 않는 것 보다 더 중요하다."[3] 여기에는 다음과 같은 아주 흥미로운 측면이 있다.

민약 어떤 중요한 사람이 나의 행동을 허락했다면, 그 행동에 대해서 수치심을 느낄 필요가 없다. 만약 어떤 사람이 자기가 속한 공동체 또는 전체의 유익을 위해서 어떤 행동을 했다면, 그 사람은 자기가 한 행동에 대해서는 옳고 그름을 따질 필요가 없다. 다만 자기의 양심이 허락하기만 하면 된다. 그리고 수치심이 지배하는 사회에서는 한 사람이 잘못을 범했다 할지라도 그 사회의 중요한 위치에 있는 사람이 괜찮다고 말하면 그 사람은 수치심을 느낄 아무런 이유가 없다는 것이다.[4]

요약하자면, 수치심과 죄의식은 복합적인 개념이라는 사실이다. 어떤 사회에서는 영향력 있는 사람이나 환경과 같은 외부적인 요인이 개인의 사고와 신념 그리고 행동에 많은 영향을 미치는데, 이런 것이 통용되면 이는 수치심에 의해 지배받는 사회이다. 반면에, 또 다른 곳에서는 내적인 구속력이 개개인의 사고나 신념 그리고 행동을 지배하는데, 이런 사회는 죄의식이 지배하는 사회이다. 수치심과 죄의식, 이 두 가지는 어떤 사회에나 똑 같이 존재하지만, 전문가들에 의하면, 그 중에 어느 쪽이 더 강조되느냐에 따라 수치심의 사회, 혹은 죄의식의 사회라고 구분된다는 것이다.

❀ 죄의식

일반적으로 말해서, 서구사회(개인주의적)는 죄의식에 뿌리를 둔 사회인 반면에 비-서구 사회(공동체적)는 수치심에 더욱 깊은 근거와 뿌리를 둔 사회라고 말할 수 있다. 죄의식을 강조하는 사회에서는 자신들이 한 잘못된 행동에 대하여 죄책감을 느끼게 된다. 거짓말이나 어떤 법규나 규칙을 어기는 행위는 자신이 잘못한 것을 시인하도록 양심을 작동시킨다. 이러한 사회에서는 구체적으로 그 사람이 범한 잘못된 행동과 그 사람을 철저하게 분리한다. 그래서 나쁜 짓을 한 당사자는 벌을 받아야 하지만, 그 사람 자체가 나쁘다고 생각하지는 않는다.

죄의식에 근거한 사회에서 사람들은 그 나라의 법이라든가, 공동체의 규정이라든가, 교회의 도덕과 교훈, 그리고 가정의 가풍을 따르도록 되어 있다. 그리고 이러한 모든 법과 규칙들이 모든 사람들에게서 실천되기를 바란다. 그러나 누군가가 유혹에 넘어가서 법을 어기고 옳지 못한 행동을 했다 하더라도 스스로 죄책감을 느껴서 중단하도록 제어하는 양심이 그의 내면에서 작동하기를 기대한다.

인간 속에 있는 양심과 같은 내면의 장치가 있어 우리들로 하여금 나쁜 일이나 행동을 중단하도록 자제시키고 결국은 그런 나쁜 행동을 단념하게 만든다. 분명히 모든 사람들에게는 자기의 조국이나 가문의 명예를 위해서 살고 싶은 욕망이 있다. 그러나 우리가 항상 그러한 건강하고 올바른 희망의 지배를 받으며 사는 것이 아니고, 그런 올바른 가치관이 우리들의 모든 행동을 지배하는 동인(動因)도 아니다.

✽ 수치심

　수치심에 근거한 사회에서도 모든 사람들은 성공을 향하여 달려가지만, 그 성공을 향한 열망은 가문이나, 모교, 사회와 국가의 명예를 위한 것이기 때문에 자기 자신이나 가족을 희생하면서까지 그들은 열심히 다른 사람의 기대를 충족시키기 위해서 살아간다. 이런 노력이 결국 도덕, 윤리, 그리고 옳고/그름을 규명하는 사회의 중심 가치를 형성하게 된다.

　이처럼 수치심에 근거한 사회에 속한 사람들은 다른 사람들을 실망시키는 것과 가족이나, 윗사람, 혹은 사회의 기대에 부응하지 못하는 것을 커다란 수치심으로 생각한다. 그러므로, 수치심의 발단은 내 주변에 있는 사람들로부터 시작되는데, 그들이 가지고 있는 다른 생각들과 상황들이 그 수치심의 발로이다. 그렇기 때문에 결국 실패라는 것도 자기의 문제가 아니라 다른 사람의 기대나 수준에 미치지 못하는 무능력을 의미하는 말이다.

　예를 들면, 아시아 계 학생들은 명문대학교에 들어가려고 수년간 토요일에도 과외공부를 한다. 만약 그가 명문대학에 입학하면 온 가문은 함께 영광을 누리며 좋아한다. 그러나 만약 떨어지면, 본인뿐만 아니라 온 가족들이 불명예를 당했다고 생각하고 극단적인 경우에 아주 드문 일이기는 하지만 그 학생은 가족을 수치스럽게 했음으로 자살하는 일이 생기기도 한다.

　길거리에 쓰레기를 버리지 못하도록 하기 위해서 말레이시아에서는 길에서 오물을 투척하면 미화 400불에 해당하는 벌금을 부과한다. 그리고 그 사람은 "나는 쓰레기를 버린 사람입니다"라고 적힌 티셔츠를 입고 거리를 청소하는 사회봉사 명령을 받게 된다. 내무장관인 팅체페는 나에게 "이렇게 공적인 수치를 주는 방법은 다른 사람들에게 교훈이 될 것"이라고 설명했다.[5]

✿ 죄의식, 수치심, 그리고 성경

성경에서도 죄의식과 수치심에 대하여 말하고 있는가? 실제로 수치심에 관한 언급이 죄의식에 관한 그것보다 훨씬 더 많이 등장한다. 그렇지만 서구사회의 교회들은 수치심보다는 죄의식을 더 많이 강조하는데 그 이유는 죄의식이 서구의 가치관에서 더 잘 이해되기 때문이다. 사도 바울은 로마에서 로마 사람들에게 설교할 때는 죄의식(롬 3:19)을 강조하였지만, 로마에서 유대인들을 대상으로 설교할 때는 수치심(롬 9:33)이라는 단어로 바꾸어 말씀을 전했다. 히브리서의 저자는 사람들을 예수님께로 인도하기 위해서 죄의식이라는 표현보다는 수치심이란 단어를 더 자주 (2:11, 11:16, 12:2) 사용하였다는 것을 알 수 있다.

✿ 수치심, 체면 그리고 명예

수치심, 체면 그리고 명예는 북미에서는 중요하게 생각하지 않지만, 비-서구 사회에서는 대단히 중요한 단어들이다. 만약 우리들이 그곳에서 이런 단어들의 의미를 모르거나 이것들이 얼마나 중요한 역할을 하는지를 이해하지 못한다면 실수를 저지를 수 있을 것이다. 위 세 단어들의 의미가 약간씩 다르기는 하지만, 여기서는 비슷한 의미로 간주하려고 한다.

그러므로 일본이나 남미에서 명예를 지킨다는 말이나 태국이나 아프리카에서 체면을 살린다는 말, 그리고 필리핀에서 다른 사람이 부끄러움을 느끼지 않도록 한다라는 말은 서로서로 비슷한 의미이다.

태국말로 체면을 잃는다는 말의 문자적인 해석은, "누군가에게 눈물을 흘리게 하여 그 사람이 친구들이나 공동체 앞에서 추하게 보인다"는 뜻이다. 짐바브웨의 쇼나 족에게 이 말은 "내 이름으로 너의 구두를 닦는다"는 뜻이거나 "내 이름으로 너의 발을 닦는다"는 뜻이다. 많은 나라, 특히 중동에서 신발 바닥은 가장 지저분한 곳을 말할 때 사용하는 표현이다. 그러므로 누구의 이름으로 신발을 닦는다는 말은 최고로 나쁜 공격적이고 멸시의 표현이다. 그리고 이것처럼 직접적으로 수모를 주는 말이나 인격에 대한 모독은 없다. 그래서 중동 지역에서 신발을 벗어 들고 그 사람의 면전에 대고 흔드는 행위는 극도의 모욕적인 행동이다. 이런 이유 때문에, 대개의 아랍 국가에서 사람들은 자리에 앉을 때 신발의 바닥이 다른 사람들에게 보이지 않게 앉는다. 신발의 바닥을 보이는 것은 상대방에게 심한 모욕이기 때문이다.

서구 사회에서 비슷한 영향을 주는 개념들은 불명예, 굴욕, 혹은 낭패와 같은 것들이다. 그렇지만 거기에는 두 가지 아주 큰 차이가 있다. 비-서구 사회에서는 사람에게 수치심을 주어서 그와 관계를 깨어버리는 것보다 더 나쁜 일은 없다.

그러나 서구 사회에서는 그렇지 않다. 그것은 작은 차이이지만, 비-서구 사회는 통합적인 사고를 하기 때문에 어떤 사람과 그 사람의 생각을 구분하지 않고 같은 것으로 본다. 즉, 사람의 생각이 나쁘면 그 사람도 나쁘다고 보기 때문에 이 둘 사이를 나누어서 설명할 수가 없다. 어떤 사람이 한 사람의 생각을 비판하면, 그것은 곧 그 사람을 비판하는 것이고, 그 결과 그는 수치심을 느끼고 체면을 잃게 된다.

반면에 서구인들은 어떤 사람의 생각을 비난하면 그것은 그 사람의 생각 자체를 평가하는 것이지, 그 사람이나 그 사람의 인격과는 아무런 상관이 없는 것이다. 따라서 어떤 생각에 대한 평가는 그 사람 개인에 대한 평가도 아니기 때문에 그 사람이 개인적으로 비난을 받을 이유가 없다.

또 다른 차이점은 만약 비-서구 사회에서 여러분이 수치를 당한다면, 여러분의 가문 전체와 모교, 여러분의 직장, 여러분의 조국도 함께 부끄러움을 당하는 것이다. 개인은 자기가 소속되어 있는 더 넓은 사회와 공동체의 일원이기 때문이다. 그러나 서구 사회에서는 이런 개념이나 논리가 있을 수 없다. 다시 말하지만 비-서구사회에서 개인은 전체를 대표한다. 그래서 개인에게 일어난 일은 곧 전체에게도 책임이 있으며 전체에게 영향을 미친다.

이런 생각은 성서의 사상과 비슷하고 크게 다르지 않다.(고린도 전서 12장, 특별히 26절 이하를 주목하라). 한 지체가 어려움을 당하면, 비록 몰랐다 하더라도 모든 지체가 어려움과 수치를 당하게 된다. 왜 그럴까? 서구인들은 다른 사람들과 하나의 옷감처럼 얽히고 설키어 있다고 생각하지 않기 때문에 이 사실을 받아들이려고 하지 않기 때문이다.

⊗ 수치심의 원인

나의 책《Cross-Cultural Conflict》에서 나는 이렇게 표현한 적이 있다.

수치심, 체면 상실, 그리고 불명예는 다양한 상황에서 일어날 수 있다. 사람들이 목적대로 살지 못하면 불명예를 얻을 수 있다. 예를 들면, 일본 학생이 자신이 원하는 대학에 입학하지 못한 경우, 사업가가 입찰을 성사시키지 못한 경우, 리더가 중대한 과오를 저지른 경우, 또는 가족 중에 한 사람이 범한 어리석은 행동이 온 가문에게 수치심을 가져 주기도 한다. 특히 무슬림의 경우, 가족 중에 한 사람이 기독교로 개종하면 가문 전체의 수치이며 이슬람 종교에 대한 모독을 느낀다. 그래서 가족들은 그런 수치로부터 명예를 회복하려고 노력하며 그렇게 개종한 사람과 모든 관계를 단절하고 아예 그가 없거나 죽은 것으로 간주한다. 때로는 가족들 중에서 극단적인 방법으로 자기들의 명예를 회복하려고, 그렇게 개종하고 떠난 사람을 물리적으로 축출하고, 극단적인 경우에는 생명을 위협하거나 실제로 죽이는 경우도 있다.[6]

아래에 열거한 행동들은 사람들의 체면을 깎아 내리거나 수치심을 느끼게 하는 행동들이다. 그러므로 나는 사람들이 수치심을 덜 느끼도록 도와 줄 대안들을 소개해 보려고 한다.

비난: 상대방이 비난 받아야 한다고 떠들거나 호들갑을 떠는 대신에 여러분의 혀를 단속하고 지혜로운 침묵을 유지하는 것이 낫다. 서구인들은 사람과 그의 행동을 구분한다. 그러나 대부분의 다른 문화권에서는 그런 구분이 없다. 한 사람에 대한 비난은 곧 그와 관계된 모든 사람들에 대한 공격으로 간주한다. 예를 들면, 서구인들은 흔히 이렇게 말한다. "내가 하는 말이 여러분 개인에게 하는 말로 받아들이지는 마시오, 이것은 다만, ……" 그러나 비–서구 사회의 사람들은 똑같은 말을 하더라도 '자기에게 개인적으로' 하는 말로 받아들인다. 그들은 모든 것을 통합적으로 생각하기 때문에 어떤 말이나 행동에 대해서 자기 자신과 구분하지 않는다.

결점: 어떤 사람의 결점을 지적할 때는 절대로 다른 사람이 보는 앞에서는 지적하지 않아야 한다. 만약 꼭 지적해야 할 필요가 있으면, 당신이 그와의 관계를 얼마나 소중하게 여기는지 그리고 그 관계를 계속 유지하기를 얼마나 원하는지를 충분히 설명하면서 넌지시 언급하라.

실수: 우리 주변의 사람들이 생각이나, 말, 논리, 문법, 그리고 행동 등

에서 실수를 범하더라도 그냥 내버려두라. 우리가 모든 것을 다 고쳐 주려고 할 필요는 없다. 우리들은 관계를 형성하려고 온 사람들이지 그들의 시험을 감독하려고 온 사람들이 아니다.

요청: 그들에게 무언가 어려운 부탁이나 경제적인 부담이 되는 부탁을 할 경우가 있으면 최대한 우회적으로 부탁하는 방법을 택하라. 예를 들면, "이렇게 하는 것이 좋을 텐데……" 또는 "나는 이런 일을 하고 싶은데……" 이런 식으로 말하더라도 그들이 알아 들을 것이다. 그리고 만약 그들이 도움을 줄 수 있는 일이라면 무엇이라고 대답을 할 것이다. 그러나 만일 그들이 할 수 없다고 하더라도 여러분의 체면에 손상이 없을 것이다.

비교: 우리들의 방식과 현지인들의 방식을 비교하지 않는 것이 현명하다. 분명히 우리의 방법이 옳고 우월하다고 확신하더라도 그렇다. 혹시 누가 와서 굳이 비교해서 설명해 달라고 요청하면, 그 현지인들의 좋은 점을 충분히 칭찬하라. 그리고 나서 "우리 나라에도 이런 몇 가지 좋은 점들이 있지요" 라고 겸손하게 소개하라. 어느 누구든 자기 나라에 대하여 나쁘게 하는 말을 듣고 좋아할 사람은 없다.

거절: 여러분에게 어떤 도움을 요청해 올 때 그것을 들어 줄 형편이 되지 못한다면, 안 된다고 바로 말하거나 직접적인 대답을 피하고 간곡하게 "나도 돕고 싶은데 지금 당장은 할 수가 없군요. 형편이 나아지면 바로 연락을 드릴께요"라고 말하는 것이 현명하다.

✵ 그리스도를 증거할 때

여러분이 현지인들을 그리스도의 제자가 되기를 기대하며 그들과 함께 살아가다 보면, 자연스럽게 그들이 가지고 있는 전통적인 신앙이 좋지 못하고 불완전하다거나, 혹은 잘못된 가르침이라고 말할 수 밖에 없는 상황이 올 수도 있다. 그러나 그런 말은 그들의 체면을 깎는 말이고 불명예와 수치심을 가져다 줄 수 있다. 여러분이 보기에 그들의 생활에 잘못이 있다고 아무리 올바르게 지적한다 하더라도 그들은 자기들의 문화에 비추어 보면 자기들의 방식이 옳고 바르다고 주장할 것이다.

만약 어떤 한 사람이 그리스도를 받아들이고 개종하려고 한다면 그의 가문 전체가 이 일을 염려하고 간섭하려고 할 것이다.[7] 그리고 그들의 지역 공동체가 누리는 모든 명예는 한 순간에 물거품이 되어 버리며 가문 전체가 그 사람을 실패자로 낙인 찍을 수도 있다. 그들은 어떻게 해서라도 자기 가문의 명예와 가문의 체면을 지키려고 최선을 다할 것이며 절대로 가문의 종교를 버리거나 예수의 추종자가 되어서는 안 된다고 회유하고 설득할 것이다.

가끔 성령께서 우리의 죄인됨을 깨우쳐 주시는 역사나 가문의 핍박을 이겨내는 경우도 있지만, 항상 그런 것은 아니다. 때때로 우리들이 전하는 복음이 현지인들의 문화에 비추어 볼 때 공격적으로 비쳐지기도 한다. 그들은 수치심, 체면 상실과 불명예에 매우 예민하기 때문에 우리들이 전하는 복음에 귀를 막아버리거나 우리들의 문화적인 무지를 비난하게 될 수도 있다.

그렇다면 어떻게 하면 그들이 부정적인 감정을 느끼지 않으면서도 그리스도의 사랑에 귀를 기울이게 할 수 있을까?

첫째, 여러분의 간증을 나누라. 여러분이 하나님과 멀어져 살면서 죄

가운데 살던 과거를 포함한 지난 날을 솔직히 고백하라. 이런 고백을 통하여 여러분도 하나님을 기쁘시게 하지 못했던 사람이었고 부끄러웠던 삶을 살았던 과거의 모습을 진솔하게 전해 주라.

둘 째, 여러분만 죄인이라고 말하는 대신에 '우리'라는 표현을 사용하라: "하나님께서는 우리 모두를 죄인이라고 하셨습니다. 우리의 죄는 하나님 앞에 부끄러운 일입니다." 그래서 우리 모두에게 구세주가 필요하다는 사실을 설명하라.

셋 째, 아담과 이브가 죄를 범했을 때, 그들도 하나님 앞에 서는 것이 부끄러웠듯이, 우리가 하나님의 말씀에 순종하지 않고 그의 아들 예수 그리스도를 받아들이지 않는 것은 부끄러운 일이라는 점을 설명하라.

넷 째, 가장 부끄러운 일은 우리의 마음과 믿음을 옳지 않은 데 두는 것임을 잘 설명하라. 하나님께서는 우리에게 예수 그리스도를 믿으면, "누구나 부끄러움을 당하지 않을 것이다"라고 하셨다(롬 10:11, 9-10절을 참조하고, 롬 9:30-33과 벧전 2:6을 찾아보라).

다섯 째, 하나님께서는 놀라운 방법으로 우리의 부끄러움을 해결해 주셨다. 우리를 대신해서 십지가를 지심으로 우리의 수치를 대신 지셨다(히 12:2). 그리고 예수께서는 우리를 형제자매라고 부르셨고, 한 가족이라고 불러주시기를 부끄러워하지 않으셨다(히 2: 11).

현지인들에게 예수 그리스도를 증거할 때, 그 분을 외국인이나 낯설고 혼란스러운 존재가 아닌 분이고, 그들이 마음과 가슴으로 느낄 수 있는 분임을 증거해야 한다.

다음의 경우는 사전에 통찰력을 가지고 대처하지 않으면 혼란에 빠뜨릴 수 있는 문화적 차이를 보여 주는 좋은 예이다.

✿ 유니스로 부터 더 배우기

내가 앞에서 언급했던 유니스의 이야기로 돌아가려고 한다. 유니스는 영어를 조금은 할 줄 알지만, 그녀의 마음과 생각, 그리고 행동양식은 남아프리카공화국 줄루 족의 가치관을 그대로 가지고 있었다. 그녀의 이야기를 수치심이라는 관점에서 살펴보려고 한다. 그녀는 불편한 심정에도 불구하고 침착하게 대답했다. 유니스는 수치심을 피하기 위해서 "접시가 내 손에서 빠져 나갔고 죽어버렸다."는 표현을 고집했던 것이다. 이것은 벌어진 일에 대한 그녀의 표현방식이었다. 그녀가 살아온 문화적 관점에서 보면, 그 표현은 틀린 것이 진혀 없는 사실 그대로였다.

유니스는 애니미즘을 숭배하는 문화에서 자라났다. 독자들이 잘 알듯이 애니미즘이란 정령신앙(사람과 사물의 활동은 모두 어떤 영의 힘에 의한다는 설)으로 유니스는 사람의 힘으로는 어찌 할 수 없는 외부의 힘이 모든 것을 통제한다고 믿기 때문에, 우리의 능력 밖의 어떤 일이 일어나면 그것은 자신의 책임이 아니라는 확신을 가지고 있었다. 그러므로 그럴 때 그들은 수동태를 사용하는데, 이것은 선한 영과 악한 영을 포함한 어떤 힘이 작용하고 있다는 것을 암시한다.

마지막으로 나의 기대는 유니스가 영어를 조금 할 줄 알았기 때문에 그녀가 나의 문화적 가치와 전통을 이해해 주는 표현으로 대답을 해 주기를 기대했던 것이다. 그녀가 내 기대에 미치지 못했을 때, 나는 그녀를 이해하기 보다는 오히려 비난하는 쪽을 택했다. 내가 내린 유니스에 대한 부정적인 결론으로 말미암아 나는 속에서 스스로 혼란을 겪고 있으면서, 이 모든 혼란의 책임은 유니스에게 있다고 생각하며 그녀를 비난했던 것이다.

나의 그러한 부정적인 판단의 저변에는 (P. 118의 문화적응 안내도 아래 쪽 트랙을 참고), "유니스가 더 서구화되어 나와 비슷해지고, 그래서 나의 안

전한 영역이 공격받지 않았으면 좋겠다"는 기대가 있었던 것이다. 만약 내가 그녀를 변하게 만들면, 내가 그녀에게 맞출 필요가 없으며 불편함을 피할 수 있을 것이라는 생각을 갖고 있었다. 다른 말로 하면, 나는 나의 네모난 모습을 그대로 유지하고 싶었고 그녀가 네모난 모습으로 변하기를 바랐던 것이다.

내가 유니스의 경우를 다시 언급한 것은 이런 특별한 상황들이 자주 벌어지기 때문이다. 어떤 일이 일어나면 항상 꼭 같은 잣대로 해석해야 하는 것은 아니다. 무엇보다 중요한 것은 다른 사람들의 체면을 깎아 내리고 그들에게 수치심과 부끄러움을 주는 일과 불명예를 안겨 주는 일들은 얼마나 쉽게 일어날 수 있는지를 깨닫는 지혜이다.

✿ 서로 다름과 인간 본성

다른 문화권에서 일을 할 때 서로 다르다는 것이 문제가 아니라, 이런 다름을 표현하는 방식이 문제이다. 예를 들면, 누구에게나 시간은 중요하고 시간을 사용하는 일은 귀한 일이다. 그렇지만 문제는 어떤 문화에서는 시간 사용을 다르게 설명할 때 혼란이 생긴다는 점이다. 누구나 존경 받기를 원하지만 어떤 문화에서는 그 존경을 표현하는 방식이 다를 때 문제가 생긴다.

만약 여러분이 내게 존경을 표한다고 하면서 내가 익숙하지 않거나 기대하지 않은 방식으로 존경을 표현한다면, 나는 여러분들이 나를 존경하지 않는다고 생각할 수 있을 것이다. 오해는 가치 그 자체로부터 오는 것이 아니라 매일 매일의 일상 생활 속에서 그것을 표현하는 방식 때문에 생겨난다. 따라서 우리는 가치 그 자체를 표현방식과 따로 구분할 필요가 있다. 이렇게 구분할 때, 우리는 단순히 우리의 문화적 기준과 틀에 따라 쉽게 반응할 것이 아니라, 현지인들의 문화를 더욱 깊이 이해하면서 성숙한 방법으로 대응하는 능력을 갖게 될 것이다.

그러므로 우리들은 연약한 인간이기 때문에 같은 것을 원하면서도 종종 그것을 깨닫지 못 할 수도 있다는 사실을 인정하는 것이 중요하다. 그래서 우리들은 가치 그 자체보다 가치가 어떻게 나타날 수 있는가에 더 많은 관심을 기울여야 한다.

재 점검

아래의 죄의식/수치심을 나타내는 표를 잘 살펴보고 거기에 표시하라.

죄의식	1	2	3	4	5	6	7	8	9	10	수치심

1. 죄의식/수치심의 도표에서 여러분이 해당하는 위치에 X표를 하라.

2. 여러분이 생각하기에 여러분의 부모님의 위치에 P라고 표시하라.

3. 여러분이 생각하기에 여러분의 교회가 가지는 죄의식/수치심의 생각에 C라고 표시하라.

4. 여러분이 생각하기에 배우자의 위치에 S, 친구들 F, 직장 상사는 B라고 표시하라.

5. 여러분이 생각하기에 여러분이 들어가려고 하는 새로운 문화(New

Culture)를 도표에 NC라고 표시하라. 당신과(X) 새로운 문화(NC) 사이에는 얼마나 큰 간격이 있는가?

1. 여러분은 내면화 된 죄의식에 더 민감한 반응을 보이는가, 아니면 다른 사람들이 여러분을 어떻게 생각하는가에 더 민감한 반응을 보이는가?

2. 여러분이 현재 갖고 있는 인간 관계들을 고려해 볼 때, 여러분이 만나는 사람들과 서로 다른 차이점들 때문에 어려움이 있는가? 이 어려움들을 여러분이 잘 극복하려면 얼마나 많은 노력을 해야 할까?

3. 죄의식 – 수치심의 차이가 여러분에게 어떤 질문을 제기하는가?

4. 여러분의 부모님이나 선조들에 의해서 여러분에게 전해진 죄의식과 수치심들은 어떤 것들이 있는가?

20

예배의 표현 :
낮은 차원에서 높은 차원으로

이 장에서는 예배에서 표현되는 서로 다른 점들에 대하여 다루어 보려고 한다. 지난 15년 동안 미국에서는 전통적인 예배에서 현대적인 예배로, 혹은 현대적인 예배에서 전통적인 예배를 드리는 교회로 수평 이동한 신자들이 많았다. 이러한 이동은 예배의 변화를 신학적이고 문화적인 관점에서 해석하고 설명하려는 사람들에게 엄청난 과제였다.

❀ 예배 형태의 차이

미국에서는 최근에야 현대적(contemporary) 예배라는 표현이 널리 사용되고 있지만, 이미 세계 도처에서는 지난 수십 년 전 부터 널리 사용되어 왔었다.[1] 이 표현이 처음 등장한 것은 아직 채 100년도 되지 않는다. 만일 우리들이 전통적인 예배에 익숙해져 있다면, 다른 문화권에서 대단히 현대적인 예배를 드리는 교회들을 만나게 될 것이다. 아니면 여러분이 이미 현대적인 예배에 익숙해져 있다면, 그와는 정반대로 대단히 전통적인 예배를 드리는 교회들을 만나기도 할 것이다.

최근에 나는 아이티에서 그런 경험을 했었다. 나는 이 장에서 이러한 다른 예배의 형태와 예전을 여러분과 함께 논의해 보려고 한다. 비록 우리에게 익숙한 예배의 형식이나 전통이 아니라 하더라도, 다른 형식의 예배를 수용하는 여유가 있기를 기대한다. 우리와는 다른 형식의 예배이지만 하나님께서 그 예배를 받으신다면, 우리도 그 예식과 전통을 수용해야 할 뿐만 아니라 그 예배와 전통까지도 감사할 수 있는 넉넉함이 있는 사람들이 되기를 소원한다.

오늘날 우리는 예배의 형식에 얼마나 큰 차이가 있는지를 잘 안다. 사람들마다 자기가 좋아하는 예배의 형식이 있고, 또 자기들이 드리는 예배가 가장 올바르고 좋은 예식이라고 생각한다. 그러나 우리는 너무나 쉽게 이 형식은 좋고 저 형식은 잘못되었다고 판단하는 잘못을 저지르고 있다. 오히려 이렇게 표현하는 것이 바람직할 것이다. "저에게는 이런 형식으로 하나님을 경배하는 것이 제일 좋습니다." 모든 사람들이 동일한 형식으로 하나님을 예배해야 하는 것은 아니다. 그러므로 우리들은 자기에게 가장 잘 맞는 예배의 형식으로 하나님을 찬양하고 경배하면 된다.

❀ 현대적 예배방식

오늘날 미국의 많은 교회들은 현대적 예배를 도입할 것인가의 문제를 가지고 연구하고 씨름해 왔다. 현대적 예배란 일반적으로 예배에 사용하는 음악이 새롭고 현대적인 특징을 가진 예배를 의미한다. 때로는 연극도 추가될 수 있고 예배에 참석하는 사람들의 복장도 비교적 자유롭고 평상

복 차림이다. 따라서 젊은이들에게는 훨씬 더 편하고 익숙한 예배이다. 그 외에도 또 다른 차이점들이 많이 있는데, 대부분의 현대적 예배에 참여하는 사람들은 예배에 더욱 적극적으로 참여한다는 특징도 있다. 예를 들면, 찬양을 할 때 손을 높이 들고 흔들기도 하고 자유롭게 몸을 흔들면서 박수를 치면서 춤을 추듯 몸 전체를 흔들며 찬양을 부르기도 한다. 설교자의 말씀에 응답을 하기도 하며, 모든 회중이 앉아 있어도 혼자 서서 예배 드리는 것도 허용되고, 통로 중간에 나와서 몸을 흔들며 춤을 추는 것도 흔하게 목격할 수 있는 장면들이다.

기쁨에 넘쳐 웃음을 지으며 찬양을 하고, 큰 소리로 감정을 표현하기도 하고, 눈물을 흘리기도 한다. 서로 끌어 안고 고개를 들고 하늘을 향하여 눈을 감기도 하며, 그밖에 어떤 모습이나 어떤 행동이든지 하나님의 임재를 온 몸으로 느끼면 그것을 표현한다. 간간히 "하나님을 찬양하라" "할렐루야!" 또는 "아멘!"과 같은 말로 화답을 하기도 한다. 그리고 목사는 설교할 때 높은 소리로 고함을 지르기도 하고 강단 위에서 왔다 갔다 하면서 마치 연극을 하듯이 온 몸으로 말씀을 전한다. 강단 뒤에도 청중들이 앉아 있고, 찬양대는 목사의 설교의 톤이나 몸짓에 따라 일어서기도 하고 앉기도 하며 자기들이 느끼는 감동을 그대로 표현한다. 때때로 예배 드리는 사람들은 기쁨에 겨워서 마치 구약성서에 나오는 다윗이 했던 것처럼(삼하 6:14, 시149:3) 빙글빙글 돌며 춤을 추기도 한다.

하나님을 경배하는 형식이나 하나님께 드리는 예배는 시간의 제약을 받지 않는다. 그래서 예배 시간은 보통 한 시간을 훌쩍 넘겨버린다. 어떤 곳에서는 세 시간 혹은 그 이상 예배를 드리는 곳도 있다. 이런 형식의 예배를 드리는 사람들에게는 시간 계획을 가지고 거기에 맞춘다는 것이 무의미하다. 가장 중요한 포인트는 예배에서 하나님을 만났는가? 하나님의 임재를 체험했는가? 그리고 하나님을 경배하는 일에 자신의 전 존재를 다 바쳤는가? 하는 것들이다.

❀ 문제들

문화가 다른 곳에서 겪게 될 다름(차이)의 문제를 다루었던 앞에 나온 여러 장들에서 우리는 1~10까지 표시된 도표들을 보았고 그 도표에 각자 자기들의 위치를 표시했었다. 예배에 대한 자기 표현의 높고 낮음의 범위를 여러분들의 마음 속에 기억하고 그려 보기 바란다. 대부분의 사람들은 자기들이 익숙하고 편안한 예배의 형식을 선택했을 것이다. 그러나 여전히 자기의 위치를 결정하기 어려운 사람들도 있을 것이다. 내가 앞에서 제시한 도표들에 여러분들이 표시를 한 곳도 있고, 하지 못한 곳도 있을 것이다. 여러분이 표시를 어디에 했더라도 그것은 전혀 문제가되지 않는다. 문제는 그 도표에서 여러분이 표시한 그 위치를 아는 것과 다른 사람들이 표시한 다른 위치에 대해서 여러분이 어떤 반응을 보이는가 하는 점이다. 거기에는 분명히 차이가 있을 수밖에 없는데, 그렇다면 우리와 다르게 표시한 다른 사람들을 만날 때 그들을 판단하고 정죄할 것이 아니라, 어떻게 그들을 수용할 것인가를 고민해야 한다.

❀ 전통적인 예배방식

나에게 익숙해 있는 백인들의 예배방식인 전통적인 예배에서 우리 예배자들은 제한적으로 예식에 참여한다. 즉, 예배 중에 일어서고 앉는 것, 찬양을 하거나 침묵하고 교독을 하거나 조용히 경청하는 정도의 참여를 한다. 때로는 간증을 하기도 하지만, 대개의 경우 예배자들이 예식에 참여하는 경우는 매우 드물고 제한적이다.

이러한 제한적인 참여만 허락되는 예배에 익숙해져 있는 예배자들은 예식의 구성, 방향, 통일성, 순서, 그리고 깔끔한 진행에 감사드린다. 예배는 정해진 시간에 시작해서 정해진 시간에 끝난다. 예정된 순서는 예배 중에 자연스럽게 진행되고 앞으로의 계획은 미리 주보를 통해서 참가자들에게 알려진다. 목사와 찬양 인도자는 회중들에게 언제 찬양을 하고 언제 일어서야 하며, 언제 다른 사람들과 환영의 인사를 나누어야 하는지를 안내한다.

인도자가 지시하는 정도의 회중들의 참여 이외의 갑작스러운 일들은 거의 없고 또 회중들이 좋아하지도 않는다. 엄숙하고 진지한 예배의 분위기는 이런 전통적인 예배의 특징이다. 설교 시간에 회중들은 꼼짝하지 않고 조용히 앉아서 말씀을 경청한다. 어떤 반응이나 감동에도 조용히 마음 속으로만 '아멘' 하며 가슴 속에 감동을 새긴다. 이런 예배에 익숙한 회중들은 고린도 전서 14장 40절의 말씀, "모든 일을 적절하게 또 질서있게 해야 합니다"라는 가르침을 따르는 사람들이다. 이 본문이 바로 이런 회중들에게 꼭 맞는 말씀이다.

⊛ 모두 옳은 예배

나는 나름대로 특징이 있는 예배를 드리는 두 그룹 중에서 어떤 예배가 더 좋은 예배이고 더욱 효과적이며, 두 그룹 중에 어떤 예배가 하나님을 더 기쁘시게 하는 예배라고 말하는 것을 조심하려고 한다. 결론부터 말하자면 나는 전혀 그런 우열관계를 말하려는 것이 아니다. 내가 말하고자 하는 핵심은 예배의 형식이 다르다 하더라도 얼마든지 참되고 진실하며 하나님을 기쁘시게 하는 예배를 드릴 수 있다는 사실이다. 궁극적으로 예배는 우리의 영혼이 찬양과 경배를 통하여 하나님께 나아가는 행위이다.

여기에는 얼마든지 다양한 형식이 있을 수 있으며, 나의 방식과 다르다 하더라도 사람들의 중심을 보시는 하나님께서는 다른 형식의 예배를 통해서도 동일한 영광을 받으실 것이다.

❀ 예배의 형식 변화에 대한 반응들

어떤 때는 예배 형식이 바뀌는 것 때문에 교회가 분열되고 갈라지는 경우를 보게 되는데, 그 이유는 예배 형식의 변화가 성서의 가르침을 거역하는 것이라고 믿기 때문이다.

어떤 교회에서는 두 가지의 예배를 나누어 드리는데 1부는 전통적인 예배를 드리고, 그 다음 2부에서는 현대적인 예배를 드린다. 이런 교회는 분열되지 않고 하나의 몸으로 유지되기는 하지만, 가족과 세대간에 서로 나누어져서 예배 드리는 형태이다.

또다른 경우는 한 예배 안에 전통적인 형식과 현대적인 감각을 함께 결합한 새로운 예배의 형식을 도입한 통합형의 예배를 드리는 교회도 있다. 나는 비교적 나이가 든 기성 세대이기는 하지만 이런 통합형을 좋아한다. 이런 예배에 참석하면 사라나는 세대들을 만나는 기쁨을 얻기 때문이다.

나는 이런 두 그룹에서 모두 새로운 사실들을 배우게 되고 함께 성장하는 기쁨과 행복을 누린다. 우리에게는 이 두 그룹의 예배가 모두 필요하다. 하나님께서 무엇을 말씀하시고 행하셨는지, 우리 서로가 함께 진지하게 탐구하지 않으면 정작 중요한 본질을 놓쳐 버릴 수 있다.

❀ 하나님은 몇 시에 교회에 오시는가?

비-서구사회의 예배에 대해서 생각하기 전, 소위 문화라고 하는 것이 북미 교회들의 예배에 어떤 영향을 미쳤는지를 살펴보려고 한다.

불과 얼마 전까지만 해도 신자들은 주일 아침 11시 예배를 드리기 위해서 교회를 향했다. 그 이유가 무엇일까? 우리들은 왜 아침 11시가 그렇게 거룩한 시간인지 그 이유를 알지 못한다. 어떤 교회들이 아침 9시에 예배를 드리려고 했다가 심각한 반대에 부딪히기도 했다. 그리고 하물며 토요일 저녁에 예배를 드리려다가 구설수에 휩싸인 교회도 있다. 무엇이 주일 아침 11시를 그토록 거룩하게 만들었는가? 주일 오전 11시가 소위 말하는 성서적 시간인가?

간단히 말하자면, 이 시간은 그 옛날 유럽이 대부분 농업 위주의 사회였을 때, 농부들이 교회에 갈 수 있는 가장 편리한 시간이었고 농사를 지으면서 신앙생활을 하기에 가장 유리한 아침 시간이었다. 매일 아침 소젖을 짜고 집안의 허드렛일을 한 다음 몸을 단장하고 말을 준비시켜 타고 교회에 도착할 수 있는 시간이 바로 그 시간이었던 것이다.

오전 11시는 실제적으로 가장 용이한 시간이었지 결코 성서적인 시간이 아니었다. 성서적인 가르침은 거룩한 예배를 주님께 드리는 것이었을 뿐 시간을 결정하는 것은 얼마든지 융통성을 가지고 결정할 수 있는 문제였다. 그렇다면 예배 자체만 중요하고 예배의 형식은 아무래도 좋다고 말할 수 있을까? 예배가 각각의 문화와 선호도에 따라서 결정되어도 된다는 말인가?

비록 모든 사람이 내 의견에 동의하지는 않겠지만, 나는 상당 부분 그렇게 해도 된다고 생각한다.

❀ 선교와 예배

선교사들이 예수 그리스도의 복음을 들고 다른 문화로 향했을 때, 그들은 이미 자기들에게 정형화된 예배 형식을 그대로 가지고 선교지로 나아갔다. 오늘날에도 여전히 세계 도처에 그런 흔적들이 남아 있는 것을 쉽게 찾아볼 수 있다. 그래서 현지의 문화를 제대로 반영하지 못한 채 예배의 형식들이 굳어져 버린 경우가 허다하다. 선교사들 가운데는 자기들의 방법이 가장 성서적이라고 믿었던 사람들도 있었다. 오늘날 많은 곳에서는 예배의 형식들이 변하고 바뀌어 가고 있는 것이 사실이다. 전통적인 예배 형식에 익숙해 있던 라틴 아메리카의 교회들조차도 최근에는 자기들 문화와 전통을 반영한 예배의 형식을 발전시켜 나가고 있다. 이처럼 토착화된 예배를 드리는 남미의 교회들이 최근 라틴 아메리카에서 가장 급격한 성장세를 보이고 있다.

아내와 나는 최근 아이티에서 열린 의료업계 종사자들을 위한 세미나를 마치고 돌아왔다. 우리를 초대해 준 사람은 의사였고 우리가 아이티에 머무는 동안 주일을 맞이하여 그는 그곳의 한 대형 교회에서 설교를 하게 되었다. 그 교회는 여전히 오르간 음악과 전통적인 찬송가로 예배를 드리는 교회였다.

우리는 예배를 마친 후 예배에 대하여 함께 이야기를 나눌 기회가 있었는데, 우리를 초대해 준 그 분은 자기뿐만 아니라 그 교회의 많은 교인들은 아직도 현대적인 형식의 예배를 수용할 수 없다고 말했다. 왜냐하면, 현대적인 예배의 형식은 자기들이 어렸을 때 부흥했던 부두교(서인도 제도와 미국 남부에서 흑인들 사이에 행해지던 주술적인 사교-역자 주)와 너무나 유사해서 용납되지 않는다는 것이었다. 그 사람의 설명을 들으면서 나는 다음과 같은 물음이 떠 올랐지만 아무런 조언을 하지 못했다. 그렇다면 그와 같은 주술적이고 이단교설인 부두(voodoo)교를 경험해 보지도 못한 젊은 세대들까지도 여전히 전통적인 예배의 형식만 배우고 그대로 답습해야 된다는 말인가? 라는 물음이 그것이었다.

짐바브웨의 수도 하라레에 선교사들이 전략적인 거점으로 세운 교회가 하나 있다. 오래 전 서양 선교사들이 거기에 있는 동안은 그 교회가 겨우 명맥을 유지하기는 했지만, 선교사들이 모두 떠나자 곧 교회는 폐쇄되고 말았다. 수년 동안 그 건물의 입구는 자물쇠로 꽁꽁 묶여 있었다. 어느 날, 성경학교를 졸업한 한 젊은이가 그 자리에서 꿈과 비전을 보았고, 교회당을 청소하고 거기에서 다시 예배를 드리기 시작했다. 우리가 그곳을 방문했을 때 그 교회는 짐바브웨에서 가장 성장하는 교회 가운데 한 교회로 자리잡고 있었다.

이 교회의 과거와 지금, 이 두 역사에는 어떤 차이가 있었을까? 선교사들이 처음 그 교회를 세웠을 때와 젊은 목회자가 목회를 하고 있는 지금, 나는 두 번 모두 이 교회를 방문하는 특권을 누렸다. 내가 느낀 경험과 견해는 아주 간단하다.

선교사들이 예배를 인도할 때는 엄숙하고 경직된 전통적인 예배 스타일을 지켰으나, 젊은 짐바브웨 목사가 목회하는 지금은 자기들의 문화가 스며 있는 예배 형식과 리듬감 넘치는 생동적인 예배를 드리고 있었다는 사실이다. 내가 그곳에서 참석했던 마지막 예배에 대해서 조금 더 설명해 보기로 하자.

아내와 내가 그 교회에 도착한 시간은 예배가 막 시작하려는 때였다. 그때까지 35~40 퍼센트의 교인들은 도착하지 않은 상태였다. 찬양은 몇 분이 지나지 않아 바로 시작되었는데 모두 흥겨운 곡들이었고, 일곱 명의 찬양 리더들이 앞에 섰을 때 다양한 회중들도 자발적으로 일어섰다. 한 사람이 복음성가를 찬양하기 시작하자 모든 사람들이 따라 부르기 시작했다. 손으로 북을 치는 사람은 우리의 오른 쪽에서, 기타를 연주하는 사람은 강단 전면에서, 탬버린을 가진 사람은 우리 뒤에서, 그리고 베이스 드럼은 저기 왼쪽에서 연주를 시작했다. 그야말로 교회당 전체와 예배 전체가 축제의 분위기였다. 여기 저기에 흩어져 있는 악기들이 신속하게 조화를 이루면서 찬양의 반주를 맡았고, 인도자도 음악에 맞추어 신나게 무릎과 몸을 흔들며 찬양을 인도하였다.

이렇게 찬양하는 동안 늦게 도착한 사람들이 자리를 채우자 회중들은 웃으며 환영하였고, 서로 팔을 뻗어 인사를 나누며 몸으로 말로 인사를 나누었다. 이 찬양의 축제는 모든 사람들에게 기쁨과 영감을 불러 일으켰다. 춤을 추며 하나님께 영광을 돌리는 사람이 있는가 하면, 어떤 사람들은 손을 높이 들고 하나님을 찬양하였고, 또 어떤 사람들은 눈을 감고 찬양하면서 영감을 받기도 했다. 이 모든 광경은 하나님의 임재를 체험하는 모습이었고 하나님께서 그들을 만나 주시는 모습 그대로였다.

약 90분이 지나서 두 명의 설교자가 두 편의 설교를 마친 후, 전체 회중들은 줄을 지어서 행진을 하면서 교회당 밖으로 나가더니 다시 한번 교회 마당을 떠나기 전에 한 명씩 돌아가며 포옹을 하고 인사를 나누었다. 그러는 중에도 사람들은 박수를 치면서 찬양을 그치지 않았다. 우리들도 30분 이상 거기서 찬양을 따라 부르며 얼마나 박수를 쳤는지 손바닥이 얼얼할 정도였다. 아무도 말하지 않았지만, 한참 후 우리들은 모두 둥글게 서서 손에 손을 잡고 커다란 하나의 원을 만들었는데, 그 가운데 목사님이 나와서 예배를 끝마치는 축복 기도를 하자 공식적인 예배는 모두 끝났다.

이렇게 해서 두 시간 동안의 긴 예배는 끝이 났지만 서둘러서 교회를 떠나려는 사람은 아무도 없었다. 우리와 같은 방문객들은 환영과 축복의 인사를 한참 동안 받았고 모든 사람들은 서서 이야기하며 즐거워했고 웃으며 축복하고 기도해 주었으며 서로를 격려하는 시간을 가졌다. 그것은 참으로 환상적인 경험이었다.

모두가 조금이라도 더 거기에 남아 있고 싶어하는 그런 모습이었다. 거의 2년 동안 죽어 있던 것 같았던 교회가 문화적으로 현지의 정서에 맞게 바뀌자 하나님의 은혜와 사랑이 넘쳐났고 회중 중심의 공동체로 변했으며 교회 공동체의 부활을 경험하게 되었던 것이다.

❀ 마무리 생각

전 세계에 흩어져 있는 교회들의 예배 형식은 교회의 숫자만큼이나 다양하다. 그러나 해가 가면 갈수록 예배형식은 위에서 예를 든 것처럼, 점점 더 전통적인 예배의 모습에서 더욱 자유롭게 표현하는 예배의 형식으로 바뀌어 갈 것이다. 세계의 모든 문화는 점점 표현을 자유롭게 허용하는 축제의 형태로 변해가고 있으며, 이처럼 젊은 세대들에게 익숙하고 자연스러운 축제의 문화는 교회에도 그대로 도입되고 예배의 형식과 전통에도 적용되어 왔다. 그러나 여기에도 여전히 위험의 요소들이 도사리고 있는 것은 사실이다. 물론 전통적인 예배라고 문제가 없는 것은 아니다.

전통적인 예배가 권위주의에 빠져버리고 전통에 굳어져 버리거나 타성에 젖어 버리면 더욱 심각해 진다.

우리들 모두는 각자 자기가 좋아하는 예배의 형식이 있다. 초기 북미에 있는 교회들은 그곳의 문화에 영향을 받아 대부분 전통적인 예배 형식에 뿌리를 두었다. 그런 예배의 형식은 북미뿐만 아니라 전 세계로 퍼져 나갔으며 가장 일반적으로 하나님을 경배하는 모습, 즉, 보편적인 예배의 형식으로 자리를 잡았던 것이다.

이런 북미 스타일의 예배 문화가 세계 도처에서 예배의 모범을 대변하듯 자리잡고 있는 것이 사실이다. 아마도 여러분들 중에도 부모님 세대의 전통적인 예배 형식이나, 지금 여러분이 출석하는 교회의 예배와 예전에 적응하기 어려운 사람들도 있을 것이다. 만약 여러분이 젊은 세대라면, 여러분은 더욱 현대적인 예배의 형식을 선호할 것이다. 만약 여러분이 기성 세대라면 젊은이들의 현대적인 예배 형식을 따라가기 어렵고, 그래서 자유로운 예배의 형식이 어색하고 전혀 안정감을 주지 못할 것이다.

나는 여러분이 이 책을 읽고 나면, 다른 문화의 예배 형식에 대하여 조금 더 열린 자세가 되고 다른 문화를 판단하는 일에 좀더 절제하게 되기를 바란다. 개방적인 예배 형식에 대하여 더 열린 마음을 가지며 모든 사람들을 축복하고 하나 됨을 저해하는 일이 없기를 바란다. 결국 우리는 성령의 도우심으로 예수 그리스도를 통하여 한 분이신 하나님을 섬기게 되는 것이다. 비록 새로운 문화권에서 예배의 형식이 우리의 전통과 다르다 할지라도, 거기에서 하나님의 임재를 느끼고 하늘 아버지를 영화롭게 하는 일에 다른 사람들과 함께 동참하는 기쁨을 누리게 되기를 기대한다.

❀ 마지막 정리

문화의 차이에 관하여 설명한 이 책의 여러 장들과 함께, 이 징에서도 역시 지금까지 우리 모두가 새로운 문화에서 경험한 것들을 함께 전시하는 만남의 장이 되어 피차에 유익이 되기를 바라는 마음이다. 여기서 말하는 만남의 장과 같은 도움이란 지금까지 우리들이 경험한 것들을 부정적으로 사용하여 현지문화를 비판하는 방편으로 왜곡되지 않고, 긍정적인 방향으로 발전하여 다른 사람을 더욱 넓게 이해하고 포용하는 장이 되기를 바라는 것이다.

우리들이 새로운 문화에서 지내다 보면 내가 여기에 열거한 사례들보다 훨씬 더 다양하고 특별한 경험들을 하게 될 것이다. 그래서 특별히 문화적 차이를 다룬 이 장이 우리 모두에게 유익이 되기를 바란다. 마치 우리가 새로운 문화의 바다를 향해서 출항할 때에 이 책이 담고 있는 내용들이 좋은 출발을 알리는 뱃고동 소리처럼 말이다.

재 점검

아래의 전통적인 예배/몸으로 표현하는 예배를 나타내는 표를 잘 살펴보고 거기에 표시하라.

전통적인 예배	1	2	3	4	5	6	7	8	9	10	몸으로 표현하는 예배

1. 도표에서 여러분이 해당하는 위치에 X표를 하라.

2. 여러분이 생각하기에 여러분의 부모님의 위치에 P라고 표시하라.

3. 여러분이 생각하기에 여러분의 교회가 가지는 전통적인 예배/몸으로 표현하는 예배에 C라고 표시하라.

4. 여러분이 생각하기에 배우자의 위치에 S, 친구들은 F, 직장 상사는 B라고 표시하라.

5. 여러분이 들어가려고 하는 새로운 문화(New Culture)를 도표에 NC라고 표시하라. 당신과(X) 새로운 문화(NC) 사이에는 얼마나 큰 간격이 있는가

1. 여러분이 참석하는 예배가 그 형식에 있어서 전통적인 예배에 가까운가, 아니면 현대적인 감각의 예배로서 몸으로 드리는 예배에 가까운가? 설명해 보라.

2. 만약 할 수 있다면 그 예배의 형식을 어떻게 바꿀 수 있을까?

3. 여러분이 좋아하는 예배 형식과 다른 형식의 예배에 참석하게 되면, 만족하고 행복해지기가 어렵다고 생각하는가? 만약 행복하지 못하다면, 왜 그런지를 설명해보라.

4. 전통적인 예배나 현대적인 예배에 구분이 없이 각각의 예배들이 극단적으로 변하면 어떤 위험이 따를 수 있을까?

제5부

본국으로 돌아감

21

재 입국 : 여러분은
과거의 여러분이 아니다

시편 121편은 순례자의 노래라고 불린다. 이스라엘 백성들은 이 노래를 부르며 축제의 날에 하나님의 거룩한 도성 예루살렘으로 올라갔다. 지난 수세기 동안 크리스천들도 성서가 전하는 예수 그리스도의 복음을 전파하기 위하여 세계 방방곳곳으로 떠날 때, 이 말씀과 함께 순례의 길을 출발했었다. 우리 인생이 나그네의 여정이라고 느껴질 때마다, 주님께서 친히 우리의 문화를 넘나드는 입국과 재 입국의 과정을 지켜 보시며, 항상 우리와 함께 계심을 잊지 말아야 할 것이다.

❀ 둥근 문화로부터 사각 문화로 돌아가기

사각 머리와 둥근 머리를 기억해 보자. 네모난 문화를 떠나 한 동안 둥근 문화권에서 살면서 여러분은 스스로 얼마나 변하려고 노력했던가!

점점 사각의 모서리가 깎여 나갔고 점점 둥근 모양으로 변하는 것을 경험했을 것이다. 물론 그렇게 한다고 해서 원래의 네모난 성질이 다 없어진 것은 아니다. 그러나 여러분이 살아온 그 문화에 상당부분 적응하여 온 것만은 사실이다.

문화는 자기도 모르는 사이에 물들고 흡수되는 것임으로 어떤 경우에는 단 한 주간만을 새로운 문화에서 살았다 하더라도 적지 않은 변화가 일어나기도 한다. 이처럼 빠른 변화를 그대로 수용하고 돌아오면 때때로 가까운 친구들과 가족들은 당황스러워 한다. 그들은 여러분과 같은 경험을 가지지 못했으므로 전혀 변하지 않았기 때문이다.

❀ 역(逆) 문화 충격

우리의 본향인 고국으로 돌아왔을 때 또 다른 문화의 차이로 충격을 받는다는 것은 이상해 보이지만, 이런 역 문화 충격이 있다는 것은 분명한 사실이다. 때대로 이 역 문화 충격은 여러분이 처음 새로운 문화에 접했을 때 받았던 첫 번째 문화 충격보다 더 심각할 수도 있다.

어떻게 두 번째 문화 충격이 더 심할 수 있냐고 묻겠지만, 여러분이 처음 자신의 문화를 떠나 전혀 새로운 곳으로 갈 때는 적어도 단단히 각오를 하고 출발했으므로 당연히 어느 정도의 문화 충격은 있을 것이라는 예상을 가졌었다. 그러나 다른 문화권에서 다시 고향으로 돌아올 때는 모든 것이 옛날과 같을 것이라는 기대와 예상을 가지고 돌아오기 때문에, 다시 말하자면, 처음의 경우는 문화의 충격을 예상했었지만, 두 번째 경우에는 아무런 준비 없이 돌아왔기 때문에 그 충격 역시 클 수 있다는 말이다.

이러한 경우는 해외에서 학업을 마치고 조국으로 돌아온 유학생들에게도 나타나는데, 그들은 오랜 동안 서구에서 학문을 마치고 고국으로 돌아온 다음 자기조국의 문화에 적응하는데 심각한 어려움을 겪기도 한다.

이러한 역 문화 충격에는 몇 가지의 이유들이 있다. 그 중에 '변화' 즉, '달라졌다' 는 사실이 저변에 깔려 있는 이유 중 하나이다.

여러분: 먼저 여러분이 변했다. 여러분은 처음 목적과 꿈을 가지고 떠났을 때의 여러분이 아니다. 그 동안 여러분이 접했던 세계관, 생활양식, 그리고 다른 가치관들이 여러분에게 많은 변화를 주었다. 사람들은 여러분을 그 옛날 고국을 떠나기 전의 그 사람으로 기억할 것이다. 그러나 그들도 역시 많이 달라진 여러분을 보고 어떻게 대해야 할지 당황스러워 한다. 어쩌면 그들에게 여러분은 이방인처럼 보일 수도 있다.

한 여성이 물이 아주 귀한 파키스탄에서 일정 기간의 생활을 마치고 조국으로 돌아 왔다. 그녀는 자기 나라 사람들이 얼마나 물을 낭비하면서 많은 양의 물을 소비하는지를 보고는 깜짝 놀랐다고 한다. 어떤 사람은 식품을 구하기 불가능한 전시의 레바논 베이루트에서 살다가 귀국했다. 그는 돌아와 첫 번째 추수 감사절을 도저히 즐길 수 없었노라고 실토했다. 너무나 많은 음식들이 철철 넘쳐나는 것을 용납할 수 없었고 이해할 수가 없었기 때문이다. 여러분도 이처럼 많이 변했을 것이다.

조국의 문화: 여러분이 두고 갔던 조국의 문화도 변하고 바뀌었다. 세상의 생활은 급속도로 변한다. 새로운 TV쇼, 젊은이들의 은어, 갖가지 스타일, 기술, 비즈니스 관행, 그리고 의료 기술의 발전은 하루가 다르게 변하고 급격하게 바뀐다. 여러분은 그 동안 이런 변화들로부터 떠나 있었던 것이다.

가족과 친구: 여러분의 가족들, 친구들, 그리고 직장 동료들도 모두 다 변했고 바뀌었다. 시간은 과거에 여러분의 삶의 일부였던 그 사람들을 그대로 내버려두지 않는다. 여러분이 떠나고 난 다음, 그 빈 자리는 다른 누군가에 의해서 대체되었으며, 그들의 삶도 결혼, 출산, 질병, 죽음, 졸업, 직장 이동, 다른 곳으로 이사와 같은 사건들로 변했다. 여러분이 남겨 두고 간 가족도, 친구들도 그 옛날의 그들이 아니다. 모두가 다 변했다. 결국 이러한 변화는 현실에의 적응을 의미하기도 한다.

조국으로 돌아와 본래의 문화에 재 적응하는 문제는 여러분이 얼마나 오랜 기간 동안 다른 문화권에 있었는지, 그리고 그곳에서 얼마나 많은 영향을 받았는지 – 얼마나 여러분이 네모난 성격을 버리고 둥근 문화를 수용했는지 – 에 따라 다를 수 있다. 이제 여러분이 다른 문화에서 보낸 기간에 따라 경험했던 다양한 일들을 기억해 보고, 어떤 변화가 얼마나 많이 일어났는지 생각해보기로 하자.

❀ 귀국 시의 제반 문제들

나는 여러분이 해외에서 사는 동안 열심히 현지의 언어를 배웠고 그곳 현지인들과 좋은 관계를 유지하려고 노력하였다는 사실을 잘 알고 있다. 동시에 나는 여러분이 현지의 둥근 문화에도 적응하기 위해서 적극적으로 노력했음을 전제로 하고 다음 네 가지의 경험들을 설명하려고 한다.

단기(短期) 체류의 경우: 만약 여러분의 해외 체류 기간이 일 주일, 혹은 한 달 정도로 짧았다면, 다음과 같은 것들을 예상해 볼 수 있다.

1. 사람들은 여러분의 여행에 대하여 물어 볼 것이고 아마도 3~5분 정

도는 여러분의 이야기에 귀를 기울일 것이다. 그리고 나서는 곧 자기들이 좋아하는 일상적인 관심사로 옮겨 갈 것이다.

2. 예배 시간에 여러분이나 여러분의 그룹에게 약 10분 정도의 시간을 주며 경험을 나누기를 부탁할 것이다.

3. 여러분은 가슴에 남는 몇 가지 인상적인 일들을 간직하게 되었을 것이다. 그러나 그것들을 몇 마디로 간단하게 정리하고 몇 분 안에 요약한다는 것은 쉽지 않을 것이다.

4. 여러분은 자신이 사각 문화의 사람이라는 사실을 새롭게 깨닫게 될 것이다. 물질주의, 자기 중심주의, 다른 세계에 대한 무지, 사회적 이슈에 대한 무관심, 가난의 문제에 대해서 그 동안 깨닫지 못했고 우리의 영적인 천박함을 느끼지 못했을 것이다. 그러나 이제는 그런 것들이 보이기 시작할 것이다. 이 중요한 문제들이 지금 내게 중요하게 부각되었듯이 다른 사람들도 이런 문제에 나와 같은 관심을 갖게 되기를 바랄 것이다.

5. 여러분은 자신의 조국과 문화에 대하여 작은 실망도 하지만, 바쁜 일상으로 돌아와 며칠이 지나 본인의 사각 문화에 적응이 되어 아무런 고민 없이 살아갈 수 있을 것이다.

중기(中期) 체류의 경우: 체류기간이 두 달에서 여섯 달 정도로 길어지면, 여러분은 귀국하여 다음과 같은 생각들을 하게 될 것이다.

1. 아마도 여러분은 현지 언어를 상당히 배웠을 것이고 현지인들과 깊은 관계를 가지게 되었을 것이다. 여러분은 상당히 깊이 있는 중요한 변화들을 경험했고, 그 중 어떤 것들은 자신의 발전에 상당히 도움이

될 것임으로 그대로 간직하고 생활 속에 적용하려고 결심할 것이다.
그리고 우리 사각 문화의 사람들 역시도 그런 것들을 수용한다면 아
마도 큰 도움이 될 것이라고 생각하게 된다.

2. 여러분은 단기 체류자들이 경험한 앞에서 언급한 다섯 가지를 모두
   경험했을 것이다. 거기에 더하여 다음의 두 가지를 더 생각할 수 있
   다. 첫 번째, 여러분은 경험을 더욱 자신감있게 말로 표현할 수 있을
   것이다. 두 번째, 사람들이 여러분의 경험에 무관심한 것을 느끼게
   되면 여러분은 실망하고 때로는 화를 내기도 할 것이다.

3. 여러분이 겪은 것과 비슷한 경험을 한 사람을 만나면 반갑고 그 사
   람과 더 오랜 시간 이야기를 나누고 싶어 할 것이다. 그런 사람은 여
   러분을 이해할 수 있을 것이고, 실제적으로 여러분이 다른 문화에
   적응하는데 도움을 줄 것이다.

장기(長期) 체류의 경우: 체류기간이 6개월에서 2년 정도로 늘어나면, 여
러분은 귀국한 다음 아래와 같은 생각들을 하게 될 것이다.

1. 삶이 상당히 달라졌고 새로워졌다. 여러분은 이야기를 하거나 행동
   할 때 현지인들처럼 말하고 행동하게 되고, 현지인들이 사용하던 언
   어를 더 자주 사용하게 될 것이다. 비록 조국의 문화가 이상하게 느
   껴지는 정도는 아니라 하더라도, 본국의 문화가 변했다고 생각할 지
   도 모른다. 그러나 사실은 여러분이 변한 것이다. 그리고 다시 본국
   의 문화에 적응하는데 시간이 걸리고 쉽지 않을 것이라는 생각을 하
   게 된다. 여러분의 삶은 그 동안 너무 오래 네모진 문화에서 떨어져
   있었고 그 문화로부터 소외되어 있었다.

2. 여러분 속에 아직 얼마 만큼의 사각 문화가 남아 있는지, 그리고 그
동안 여러분이 얼마나 둥근 문화에 익숙해져 살아 왔는지를 느끼며
새삼 스스로도 놀랄 것이다. 여러분은 조국에 돌아와서도 본래의 사
각 문화보다 현지에서 가졌던 관계와 문화가 더욱 중요하다고 생각
하게 될 것이다. 그리고 언젠가는 다시 둥근 문화의 그곳으로 돌아
가고 싶다는 동경을 하게 될 것이다.

3. 한편으로는 다른 사람들이 여러분의 이야기에 관심을 갖지 않는 것
에 대해서 실망을 하면서도, 그들은 여러분이 경험했던 그런 상황을
모르고 경험하지 못했기 때문이라는 사실을 이해하게 된다. 그들이
가지게 되는 정보는 그저 신문이나 저녁뉴스 시간을 통하는 정도이
고, 30초 정도의 짧은 지식이라는 사실도 이해하게 된다. 그들은 여
러분에게도 그렇게 집약하고 요약해서 말해 주기를 기대한다. 그러
나 이런 압축된 정보는 고정관념만 늘어나게 하지만, 딱히 다른 대
안이 없다는 것도 깨닫게 된다. 그러나 그것도 그대로 수용할 줄 알
게 된다. 왜냐하면 그렇다고 손해 볼 것도, 잘못될 일도 없기 때문이
다. 그럼에도 불구하고 여러분은 자신들의 이야기와 경험담을 잘 들
어주고 보고할 사람을 찾으려고 할 것이다. 이렇게 여러분의 경험을
말하고 보고하는 과정을 통해서 스스로 다른 문화에서 보낸 그 시간
들을 확인 받고 싶어하는 것이다.

4. 여러분을 파견해 준 기관들(회사, 교회, 기관)에 보고하기를 원하며 그
들이 잘 들어 주기만 해도 좋아하고 그들에게 도움이 되는 많은 이
야기를 전해 주고 싶어한다. 그러나 그들은 일반적으로 여러분의 삶
이 긍정적인 영향으로 변했다는 사실은 기뻐하지만, 자기들에게 뭔
가를 가르치려고 하는 것은 반가워하지 않고, 여러분의 경험만으로

족하다고 생각 할 것이다.

아주 장기간 체류한 경우: 타 문화권에서 2년 이상 지낸 사람이라면, 다음과 같은 사실들을 들으면 실감을 하게 될 것이다.

1. 여러분은 위에서 언급한 것들이 대부분 사실이라고 느낄 것이다.
2. 거기에 더하여 여러분은 사각 문화도 아니고 둥근 문화도 아닌, 두 가지의 특성을 모두 가진 다문화 혼합형의 사람이라고 말하는 편이 나을 것이다. 엄밀하게 말한나면, 여러분의 일부분은 사각이고 또 다른 일부분은 둥근 모습이지만, 어느 부분이 사각이고 어느 부분이 둥근 부분인지 나누기 어려울 것이다. 이 말은 여러분이 어느 문화에도 완전하지 않다는 말이기도 하다. 그래서 전문가들은 여러분을 '이중 문화의 사람' 이라고 부를 것이다. 대부분의 선교사들의 자녀들은 이중 문화 [bicultural, 혹은 제3의 문화에 속한 아이들, TCK(Third-Culture Kids 역자 주)]라고 불린다
3. 여러분은 본국(사각 문화)으로 돌아올 것인지 아니면 현지(둥근 문화)에 계속 남아 있을 것인지를 결정할 때 갈등하기도 한다. 여러분이 둥근 문화권에 더 오래 있으면 있을수록, 현지가 더 편안한 것처럼 느껴지고 사각 문화권으로 돌아오는 것이 마치 외국처럼 느껴질 것이다.
4. 여러분이 사각 문화로 돌아와 적응할 수는 있겠지만 결국은 부분적인 적응일 수밖에 없고, 어쩌면 마지 못해서 하게 되는 적응일 수도 있다. 여러분은 얼마나 정신적으로 그리고 정서적으로 둥근 문화에 동화되었는지 스스로도 놀랄 것이다. 여러분의 대화 가운데 많은 부

분이 둥근 문화의 이야기들이고, 생활 속에서 익숙하고 편안해진 장소도 그곳인 것을 깨닫게 될 것이다. 인생의 여정에 겪게 되는 희로애락의 풍습에 있어서도 그곳이 더 편안하게 느껴질 것이다.

5. 한때 여러분의 가장 친숙한 문화였음에도 불구하고, 이제는 사각 문화를 비판하는 일이 더 잦을 것이다. 이제 더 이상 사각 문화에도 익숙하지 않으며 여러분이 떠나 있는 동안 바뀐 것들이 통 마음에 들지 않는다. 그리고 거기에 맞추는 것도 쉽지가 않다. 이제는 사각 문화의 세계, 즉, 직장, 교회, 학교, 지역 공동체, 어디든지 바뀐 것을 따라 잡으려면 시간도 필요하고 쉽지도 않다는 것을 깨닫는다. 마치, 여러분이 먼지 속에 살다 온 것처럼 혼란과 불편, 비판할 일들만이 가득할 뿐이다.

6. 여러분이 해외의 둥근 문화권에서 사는 동안 많은 사람들을 알고 지냈고 사귄 것은 사실이지만 절친한 친구는 없는 것도 현실이다. 현지에서 사귄 우정은 아무리 절친했다 하더라도, 여러분이 거기서 떠나면서 바로 멀어지는 것을 느낄 것이다. 더욱 가슴 아픈 일은, 절친한 우정은 공동의 관심사 위에서 쌓이갈 수 있는데, 사각 문화 안에서는 그들과 함께 할 공동의 관심사도 많지 않음을 알게 된다는 점이다.

❀ 역 문화 충격 다루기

둥근 문화권에서 체류기간이 길고 둥근 문화에 동화되면 동화될수록, 여러분은 더 심각한 역 문화 충격을 겪게 될 것이다. 나는 오히려 이런 현상을 좋은 일이라고 말하고 싶다. 그 이유는 그런 경험이 여러분의 인생을 더욱 가치 있게 만들고, 인생에 대한 깊은 통찰력을 가져다 줄 것이기

때문이다. 이제 여러분은 더욱 풍성하고 의미 있는 부자로 살게 될 것이
다. 그러나 여기에도 문제는 여전히 남아 있다. 여러분에게는 자신들의
본국 문화(사각)에 다시 적응해야 하는 문제와 스스로 더 많은 노력을 해
야 하는 수고가 따를 것이다. 본국 문화로 재 진입할 때, 다음에 제시된
지혜와 재 적응의 방법들을 적용해 보기 바란다.

행복감: 이것이 본국으로 돌아왔을 때의 첫 느낌이다. 이런 느낌 때문
에 많은 사람들은 조국의 땅을 다시 밟게 될 때 대지에 엎드려 키스하고
싶은 마음과 충동을 느낀다. 가족, 친지들과의 즐거운 만남과 재회의 감
격은 정말 신나는 경험이다. 그러면 어떻게 해야 하나? 이런 기쁨의 순간
을 만끽하되 이 시간도 한 순간임을 기억하라.

실망감: 이미 위에서 열거한 여러 가지 이유들로 인하여 여러분은 곧
실망감을 느끼게 될 것이다. 사람들은 여러분의 이야기에 잠깐 동안만 주
목할 뿐, 곧 바로 자기들의 일상적인 관심으로 돌아가 버릴 것이다. 심지
어는 여러분이 이야기하는 도중에도 화제를 바꾸어 자기들의 이야기를
하기도 할 것이다.

특히 여러분의 이야기가 진부해질 때 그들은 딴 짓을 하기도 하는데,
그것이 여러분에게는 특별한 감동이 있겠지만 그들에게는 아무런 느낌이
없는 일들이기 때문이다. 사진을 보여 줄 때에도 자기들의 관심을 사로
잡을 만한 이국적이고 색다른 사진에만 관심을 가지고 다른 사진들은 설
명도 듣지 않고 대충대충 지나가듯이 보고 말 것이다.

❀ 그러면 어떻게 해야 하나?

- 현실적인 것을 기대하라.

- 보통 사람들은 5분 이내로 설명을 마치기를 바랄 것이다. 설명은 간단하게 하라.

- 보통 15장에서 20장 정도의 사진만 보여주고, 사진 한 장, 한 장에 대한 설명도 한 마디로 줄여서 핵심만 말하라. 그리고 혹시 묻거든 그때 자세히 설명해 주라.

- 여러분에게 정말로 관심을 갖고 더 듣기 원하는 한 두 사람을 찾고, 그 사람들에게 질문도 하고 다른 문화에서의 경험한 것들을 나누라. 그 사람들은 대부분 여러분의 부모님이거나 가까운 친구들이나 친척들로 여행을 많이 한 사람들이거나 혹은 다른 사람들의 이야기를 듣는 것이 얼마나 소중한지를 아는 사람들일 것이다.

- 다른 사람들에 대해서는 참고 기다려라. 그들은 여러분이 경험한 것이 무엇인지, 여러분이 얼마나 힘들었는지, 그리고 얼마나 변하였는지 전혀 관심이 없다. 그들은 대부분의 인생을 자기들의 사각 문화에서만 살았으므로 여러분의 타 문화 경험을 이해도, 비교도 하지 못하는 사람들이다.

- 계속 이야기를 주목하도록 중간 중간에 생각할 지혜와 통찰력을 넣어서 설명하라. 그래서 사람들로 하여금 여러분이 지난번 보다 다른 참신한 관점에서 이야기 한다는 것을 느끼게 하라. 이 말은 여러분이 우월하다는 것을 자랑하라는 말이 아니라, 뭔가 다르다는 것을 보여주라는 말이다.

- 자기의 경험을 과장하거나 거만하게 말하려는 생각이 들면 경계하라. 스스로 우월감을 가지게 되면 교만해진다.

✸ 부정적인 감정들

좌절, 실망, 그리고 우울증과 같은 느낌들은 흔히 재 진입 과정에서 겪게 되는 감정들이다. 이런 반응들은 다양한 원인들 때문에 생기는 것들이다.

- 말을 잘 들어 주지 않을 때.
- 사람들이 관심을 가져 주지 않을 때.
- 문화를 뛰어 넘는 소통의 의미를 생각하고 역(逆) 문화 충격을 완화시킬 시간적 여유도 없이 급하게 본국에 돌아왔을 때.
- 여러분에게 아무 것도 변하지 않았으리라 기대하는 사람들을 만났을 때.
- 여러분이 변화를 완벽하게 적응한 것처럼 행동해 주기를 바랄 때.
- 본국에 돌아왔는데 전혀 여러분이 기대했던 것과 다를 때, 어떻게 해야 하나! 막연할 때.
- 여러분이 필요하다고 생각하는 것 보다 더 많은 여유를 가질 필요가 있다. 여러분은 언제든지 다시 속도를 낼 수 있다. 그러나 인생에서 가장 빠르게 돌아가는 시간 중에 한 때인 본국으로의 재 입국 시기에 속도를 줄인다는 것은 결코 쉽지 않을 것이다. 여러분이 떠날 때 이렇게 많이 바뀔 줄은 예측하지 못했을 것이다. 그리고 다시 돌아온다 하더라도 그때는 아주 쉽고 빠른 시간 안에 적응할 수 있을 것이라고 생각 했을 것이다.
- 가까운 사람들에게 여러분의 이야기를 들어 줄 사람이 필요하다고 말하라. 직장동료, 가족이나 친구들에게 들어주는 것만으로도 아주 특별한 사역이 된다는 것을 설명하라. 만약 그들이 크리스천이 아니라면, 이 일이야 말로 그들이 여러분에게 해 줄 수 있는 아주 특별한

호의라는 것을 말하라.

- 어떤 사람들은 글을 적어 기고하면서 스트레스를 해결하기도 한다. 여러분의 생각이나 감정을 기록하는 것은 건강에도 많은 유익이 된다.
- 자기 연민에 빠지지 않도록 경계하라. 여러분은 새로운 문화에서 경험한 것들로 이미 부자가 되었고 풍요로워졌다. 여러분은 축복받은 사람들이지 동정 받을 희생자가 아니다.

  여러분과 같은 경험을 해 보지 못한 사람들이 여러분에게 일어난 일들을 다 이해하지 못하는 것은 지극히 당연한 일이다. 그것까지도 받아들여라. 그리고 그들이 한 주간 만에 유럽을 다 보고 왔다고 말하거나 크루즈 여행과 같은 사치스러운 여행만 했을 뿐이라고 하더라도, 여러분과 같은 깊이 있는 경험을 하지 못했다 할지라도 이해해 주고 화내지 말아라.
- 여러분이 겪은 둥근 문화에서의 경험도 간직하고, 이제는 다시 본국으로 돌아와 사각 문화에서 겪게 될 경험들도 여유롭게 생각할 여지를 남겨두라. 그 속에 있는 부정적인 감정들을 옆으로 밀어 두고 계속해서 앞으로 전진하라.

❀ 이렇게 처신하라

- 여러분에게 일어난 가장 중요한 변화들과 그것들이 여러분의 직장이나, 교회, 혹은 가정과 지역 공동체에 어떤 영향을 미쳤는지를 점검해 보라. 본국에 돌아와 사각의 문화에 들어가면서 이런 질문들을 마음 속에 간직하라.
- 이런 생각들을 정리하기 위해 하루 종일을 소모한다 해도 좋은 일이다. 잘 정리가 되지 않더라도 실망하거나 당황스러워 할 필요는 없

다. 어떤 일에 대해서 잘 모르겠으면, 간단히 이렇게 말해라. "그런 일이 일어났을 때 나는 여기 없었고 해외에 있었잖아요. 좀 간단하게 설명해 주실 수 있나요?" 대부분의 사람들은 여러분을 기꺼이 도와 줄 것이고 절대로 무시하지 않을 것이다. 어떤 사람들은 여러분에게 요즘 유행하는 말(은어)이나 사람들이 관심갖는 것을 알려면 TV를 더 많이 보라고 권할 수도 있다. 그러나 여러분의 삶의 철학을 파괴하면서까지 그런 충고를 받아들일 이유는 없다.

- 여러분의 타 문화에 대한 체험이 대화에 도움이 된다면 그대로 내버려 두라. 그것이 바로 여러분의 현재의 모습이기 때문이다. 그러나 이야기가 지나치게 과장되거나 미화되는 것은 경계해야 한다. 왜냐 하면 사람들은 너무 돋보이는 것을 싫어하기 때문이다.

- 만일 부정적인 감정이 여러분을 괴롭히거든 사각문화의 긍정적이고 좋은 점을 찾으려고 노력하라. 그것은 여러분의 축복을 헤아려 보는 것이나 마찬가지이다.

- 사각의 문화에서든지 둥근 문화에서든지 더 불행한 사람들에 대하여 연민과 사랑의 마음을 가져라. 그러면 하나님께서 여러분 속에 역사 하실 것이고, 여러분을 예민하고 생동감 있게 살수 있게 유지해 주실 것이다.

❀ 하나님으로부터 온 선물

다른 문화에서 겪은 우리의 경험은 하나님께로부터 받은 선물이다. 바라기는 우리 자신이 둥근 문화권에 사는 사람들에게 그런 하나님의 선물이 되었으면 좋겠다. 하나님께서 우리들 속에서 행하신 모든 일들을 감사 드린다. 이 하나님의 선물들이 이웃들의 유익을 위해서 사용되게 하라.

하나님께서 여러분에게 주신 것들이 더 많은 열매를 맺기 바라시는데, 우리가 그것들을 방치하고 허비한다면 그것은 얼마나 안타까운 일이겠는가?

1. 여러분은 본국의 문화에 다시 돌아가는 재 진입을 위하여 어떤 사전 준비를 하였는가? 타 문화권에 머무는 동안에 본국과 어떤 연결고리를 가지고 있었는가?

2. 다른 문화에서의 경험이 여러분에게 어떤 변화를 가지게 했다고 생각하는가?

3. 여러분의 경험을 만나는 사람들에게 소개할 때 어떤 독창적인 방법을 사용할 것인가?

4. 다른 문화에서 보낸 여러분의 시간들이 여러분의 인생을 어떻게 살도록 변화와 감동을 주었다고 생각하는가?

에필로그

다른 문화의 적응에 결정적인 성공 요인은 올바른 접근 자세와 적절한 방법에 따라 행동하는 기술이라고 할 수 있다. 만약 다른 문화권에 가서도 마치 자기 나라처럼 똑 같이 행동하고 그대로 생각하며 살겠다고 한다면, 그런 사람은 다른 문화나 다른 나라에 가지 말고 그냥 자기 나라에 가만히 있는 편이 제일 좋을 것이다. 삶의 법칙은 문화권에 따라 따르기 때문에 우리가 다른 문화의 규칙을 배우고 그에 맞게 행동하겠다는 기본적인 자세가 필요하다. 만약 그런 것들을 무시한다면, 잘 되어도 무식하다는 소리를 들을 것이고, 최악의 경우에는 교만하고 방자하다는 소리를 듣게 될 것이다. 이 둘 중에서 어떤 소리를 듣더라도 추한 외국인이라는 인상만 남길 뿐이다.

우리들이 다른 문화권에까지 들어가서 이런 추한 외국인이라는 인상을 남겨서는 안될 것이다. 우리들의 행동이 현지 문화에 얼마나 많은 상처를 주었는지, 그들의 가치관을 얼마나 파괴했는지를 깨닫지 못하고 지금까지 해 오던 방식 그대로 행동한다면, 그 동기가 아무리 순수하고 좋다고 하더라도 결코 좋은 평가를 받을 수는 없을 것이다. 그리고 현지인들의 기대와는 전혀 동떨어진 행동을 하게 될 것이다. 처음에 예를 들었던 원숭이처럼 말이다. 그러나 다행히도 우리에게는 선택의 가능성이 남아 있다. 우리는 원숭이 같이 되는 것을 피할 수 있는 길이 있으며 추한 외국인이라는 인상을 바꿀 수 있는 기회가 있다는 사실에 감사한다.

왜 이것이 중요한가? 우리에 대한 평가는 곧 기독교에 대한 평가가 되기 때문이다. 다른 문화권에 들어가는 우리는 그곳에서 예수 그리스도를 대표하는 사람들이다. 다른 문화에 들어가기 위한 준비를 철저하게 해야 하는 이유는 우리를 통해서 현지의 사람들이 그리스도의 아름다움을 보게 될 것이고 그 분을 만나게 될 것이기 때문이다. 그래서 나는 우리가 다른 문화권에 나가기 전에 신실하게 그리고 잘 준비하여 하나님께서 지구 저편에 있는 그곳의 현지인들을 사랑하신다는 사실을 증거하는 절호의 기회로 삼아야 한다고 확신한다.

"주께서는 네가 나갈 때나 들어올 때나 이제부터 영원까지 지켜 주실 것이다(시편 121:8)."

부 록

❀ 여러분의 문화를 넘었던 경험을 되돌아 보기

이 부록은 여러분이 새로운 문화에서 여러분의 과업을 모두 마친 후에 읽도록 고안된 것이다. 지나간 일들을 반추하며 되돌아보는 것은 여러 가지 의미에서 유익이 될 것이다.

첫 번째, 그것은 우리의 경험들을 잘 요약해 줄 뿐만 아니라 그 의미가 무엇인지를 깨닫게 해 준다. 우리는 경험의 단편들과 함께 경험의 전체를 한꺼번에 되돌아 보는 축복을 누릴 것이며, 그것이 우리의 인생에 어떤 의미를 주는지를 생각해 볼 수 있을 것이다.

두 번째, 이러한 회고를 통하여 우리는 지난 날들을 반성해 보고 우리가 그때 다르게 반응했더라면 상황이 어떻게 변했을지도 되돌아 볼 수 있게 된다.

세 번째, 이렇게 지난 날을 회고하는 것은 우리가 배운 것들을 더욱 확실하게 간직하는 비결이다. 대부분의 경우, 우리는 다른 문화에서의 체험을 통하여 긍정적인 발전과 성장을 경험하였다. 그러나 그럼에도 불구하고, 우리가 경험한 것들을 의도적으로 기억하고 다시 한번 내 것으로 만들지 않으면 그런 경험이 주는 유익을 간직할 수 없게 될 수도 있다.

예수님께서도 제자들이 전도여행을 마치고 돌아왔을 때 그들이 사역을 통하여 무엇을 배워 왔는지를 듣고 싶어 하셨다(눅10:1~20). 예수님께서는 제자들이 행했던 놀라운 일들을 잘 들어 주셨을뿐만 아니라, 그들이 예수님의 의도와 다른 잘못된 관점으로 빗나가려고 했을 때 바른 길로 가도록 방향을 잡아 주셨다.

❀ 일반적인 항목들

다음 질문들에 대답해 보기 바란다. 이 질문들은 여러분의 회고와 반성을 이끌어내고 구체적인 기억들을 말과 글로 남기도록 하기 위하여 고안된 질문들이다.

1. 지난 경험들을 되돌아 볼 때 어떤 생각들이 나는가? 만난 사람, 사건, 상황과 같은 것들을 기억해 보라.

2. 여행 중 가장 좋았던 부분은 무엇이며 왜 그렇다고 생각하는가?

3. 여러분이 성취했다고 믿는 가장 중요한 것은 무엇인가?

4. 여러분은 아래에 언급된 대상들로 부터 무엇을 배웠는가?
   • 하나님:

• 선교:

• 문화를 넘어서는 사역:

• 새로운 문화권의 사람들:

• 본국의 사람들:

❀ 개인적인 항목들

1. 여러분은 어떤 점이 바뀌었는가? 어떤 변화가 가장 의미 있었는가?

2. 여러분 자신에 대하여 무엇을 알게 되었는가?

3. 만약 동일한 기회가 다시 여러분에게 주어진다면 지난 번과 다르게 해
보고 싶은 것들은 어떤 것들인가?

4. 여러분과 동일한 사역을 위해서 출발하는 사람이 있다면 그에게 들려
주고 싶은 여러분의 충고는 무엇인가?

참 고

❈ 제1장 원숭이들, 선교 그리고 우리들

1) 내가 듣기로는, 여기에 인용한 원숭이와 물고기 이야기의 원 저자는 앤 템플턴 부라운리(Ann Templeton Brownlee)라고 들었다. 그렇지만 내가 직접 들은 것이 아니고, 그녀의 원 자료를 찾지도 못했다. 본문에 나와 있는 내용은 저자가 각색한 것이며, 그녀의 원래 이야기와 비교적 일치할 것으로 짐작된다.

❈ 제2장 하나님의 러브 스토리에 대한 우리의 책임

1) 인구통계국〈www.prb.org〉의 2001년 세계 인구 데이터를 인용하였다.

2) 데이비드 바렛(D. B. Rarrett)과 토드 존슨(T. M. Johnson)의 20세기와 21세기에 즈음한 2001 세계선교 현황을 International Bulletin of Missionary Research(2001.1) 25호에서 인용하였다.

❈ 제4장 문화는 어디에나 있다

1) 로버트 코흘(L. Robert Kohls) 저 〈Survival Kit for Overseas Living, 2nd. Ed.〉의 pp. 47 ~ 50에서 인용, International Press 1984, Darmouth, Maine.

❈ 제5장 문화 충격

1) 폴 힐버트(Paul Hilbert) 저 〈Anthropological Insights for Missionaries〉의 p. 66에서 인용. Baker 1985, Grand Rapids, Mich.

2) 칼레브 오버그(Kalervo Oberg) 저 〈Culture Shock: Adjustment to New Cultural Environments〉의 제7장 실용 인류학 p. 177에서 인용.

3) 드와이트 그라딘(Dwight Gradin)이 미시간 주 파밍톤의 선교사 훈련 강의 프로그램 중 언어습득기법 과정에서 자주 들려주었던 이야기이다.

4) 뮤리엘 엘머(Dr. Muriel Elmer)가 평소 다양한 환경의 강의에서 자주 사용하던 비유이다.

5) 드와이트 그라딘이 평소 난해한 언어 음성 습득에 어려움을 겪고 있던 학습자들에게 인내심을 강조하며 자주 인용했던 말이다.

6) 신디 샤바즈(Cindy Shabaz)가 2001년 10월 미시건 주 홀란드에서 저자와 했던 대화 중 일부.

⊗ **제6장 기대치 맞추기**

1) 유니스의 이야기는 나의 이전 책〈Cross-Cultural Conflict: Building Relationship for Effective Ministry〉InterVarsity Press 1993, pp.52-56에 소개되었다.

2) 판단 보류에 대해서 지난번 언급했다. 그래도 그것은 문화차이에 있어서 너무나도 중요하기 때문에, 여러 번 반복한다는 인상을 줄 우려가 있음에도 불구하고, 독자들이 중요하지 않다고 여길까 염려하여 또 다시 강조하는 것이다.

⊗ **제7장 네모난 머리와 둥근 머리**

1) 드와이트 그라딘 저 〈Square Heads, Round Heads〉 Farmington, Michigan, 1973에서 인용하였다. 그는 이 용어들을 선교사들을 위한 강의 프로그램에서 자주 인용하였다.

2) 신디 샤바즈가 2002년 1월 저자와의 이메일 대화에서 밝힌 내용이다.

3) 웨인 샤바즈가 2001년 10월 26일 미시건 주 홀란드에서 저자와 나눈 대화 내용이다.

⊗ **제8장 문화적응 안내도**

1) 1975년도 미시건 주 파밍톤 선교사 수련과정의 문화적응지도 프로그램. 이 수업 자료는 원하는 사람은 누구든지 자유롭게 사용할 수 있도록 여러 사람들 간에 공유되었다. 나는 당시 그곳의 교수였으며 이 디자인을 약간 수정하였다.

2) 나는 폴 하이벌트(Paul Hiebert)의 용어를 사용하였다. 비-서구사회(Two-Third Worlds)는 광범위하게 아시아, 아프리카, 그리고 라틴 아메리카를 포괄하는 개념이다. 어떤 사람들은 제3세계(Third World)라는 용어로 사용하지만 사실 그것은 부정적인 개념을 담고 있기 때문에 나는 비-서구사회라는 이 용어를 선호한다. 더 자세한 내용은 폴 하이벌트의 책 〈Anthropholgy of Insights for Missionaries〉 Baker Press 1985의 p. 9를 참고하기 바란다.

⊗ **제11장 신뢰성 : 어떻게 깊은 관계를 형성할 수 있을까?**

1) 신뢰문제의 사전 질문이라는 개념은 마빈 마이어(Marvin K. Myers)가 쓴 그의 책〈Christianity Confronts Culture〉, Zondervan 1974, 에서 인용하였다.

❈ 제13장 시간과 사건

1) 셔우드 린젠펠터(Sherwood G. Lingenfelter)와 마빈 마이어(M. K. Mayers)가 쓴 책 〈Ministering Cross-Culturally〉 Baker Press 1986의 pp. 37 ~ 51에서 인용하였다.

2) 에드워드 홀(Edward T. Hall) 저 〈The Dance of Life, The Other Dimension of Time〉 Anchor Press, New York, 1983의 pp. 44 ~ 51에서 인용하였다. 또한 프레드 잔트(Fred E. Jandt)가 쓴〈International Communication, 3rd Ed.〉 Sage Press, Thousand Oacks, 2001,의 p. 270을 참고하라.

3) 10장부터 18장까지의 집필 과정에서 나는 린젠펠터와 마이어의 책 〈Ministering Cross-Culturally〉의 도움으로 많은 통찰력을 얻을 수 있었다.

❈ 제14장 임무와 관계

1) 웨인 샤바즈(Wayne Shabaz)가 저자와 가진 2001년 10월 26일, 미시간 주 홀랜드 모임 대화 중에서.

2) 제임스 켈리(James Kelly)가 1984년 4월 30일 자 〈타임〉 지에 기고한 글 '동양이 레이건을 만나다.' P. 24에서.

3) 위와 같은 글, p. 25.

4) 웨인 샤바즈가 저자와 가진 2001년 9월 3일 미시간 주 홀랜드에서의 모임에서.

❈ 제15장 개인주의와 집단주의

1) 로버트 벨라(Robert N. Bellah), 리처드 매디슨(Richard Madsen), 위리엄 술리번(William M. Sullivan), 스티븐 팁톤(Steven M. Tipton) 공저 〈Habits of the Hearts〉 University of California Press, p. 142.

2) 위와 같은 책, p. 143

3) 내가 우드베리 박사(Dr. Woodberry)의 '이슬람 집단주의' 에 대하여 처음 들은 것은 1977년 4월 텍사스 휴스턴에서 열린 Amoco 워크숍에서였다.

❈ 제16장 분리적 사고와 통합적 사고

1) 다음 두 표현 중 어느 표현이 여러분의 관점과 더 가깝게 여겨지는 가? "스포츠는 스포츠이고 정치는 정치일 뿐이다"는 이 말은 둘은 서로 분리되어야 한다는 말이고, "스포츠가 곧 정치이고, 정치가 곧 스포츠이다"는 말은 둘은

서로 분리될 수도, 되어서도 안 된다는 말이다. 이 질문에 어떻게 대답하느냐에 따라 여러분이 분리적인 경향에서 교육을 받은 사람인지, 아니면 통합적인 사고를 하도록 교육을 받은 사람인지를 알 수 있다.

2) 두드리 우드베리(Dudley Woodberry)가 2002년 1월에 저자와 나눈 전화통화에서 한 말.

3) 밝혀지지 않은 자료

❀ 제17장 논리 : 직선 또는 곡선

1) 많은 사람들이 〈Language Learning 16호, 1966〉에 "Cultural Thought Patterns in Inter-Cultural Education"이라는 논문을 발표한 로버트 카플란(Robert Kaplan)을 나선형 사고 또는 나선형 추론이라는 개념을 처음으로 정립한 사람으로 인정한다.

2) 오카베(R. Okabe)의 글 "Cultural Assumptions of East and West: Japan and the United States" 〈International Communication Theory〉(편집자 윌리엄 구드쿤스트, Sage Press, Menlo Park California)에 수록된pp. 29 ~ 30.

3) 윌리엄 구드쿤스트와 김영윤 공저 〈Communicating with Strangers: An Approach to International Communication〉, Addison-Wesley, 1984, p. 42

4) 마이런 루스티그(Myron W. Lustig)와 졸렌 코에스터(Jolene Koester)의 글 "International Competence: Interpersonal Communication Across Cultures", Harper Collins, New York pp. 219 ~ 220에서 인용. 루스티그와 코에스터는 〈International Communication, 4th Ed.〉에 수록된 사토시 이시이(Satoshi Ishii)의 아이디어인 "Thought Patterns as Modes of Rhetoric"을 요약하고 있다.

5) 사모바 & 포터 〈International communication〉 p. 199.

❀ 제18장 성취된 지위와 정해진 지위

1) 지르트 호프스타드(Geert Hofstede)는 비슷한 용어인 "Power Distance"라는 개념을 개발하였다. 이 주제에 대하여 좀 더 연구하고자 한다면 그의 저서 〈Culture and Organizations〉 McGraw-Hill, London, 1991을 참고하기 바란다. 이 책은 많은 조사와 연구를 거친 것으로 충분히 읽을 만한 가치가

있다.

2) 성서의 레위기 19:15, 신명기 1:17, 잠언 24:23, 사도행전 10:34 ~ 35, 로마서 2:11, 에베소서 6:9 그리고 야고보서 2:1 ~ 11을 참고하라.

❀ 제19장 죄의식과 수치심

1) 존 콘돈(John C. Condon)과 파티 유세프(Fathi Yousef) 저〈An Introduction to Intercultural Communication〉Bobbs-Merrill, New York, 1975, p. 116을 참고하라.

2) 데이비드 어거스버거(David W. Augusburger) 저〈Pastoral Counseling Across Culture〉Westminster Press, Philadelphia, 1986, p. 123에서 인용하였다.

3) 다야난드 피탐버(Dayanand Pitamber)의 글 "Psychological Enquiry into the Phenomenon of Physical Violence against Harijans"(미간행 논문, 1982, 인도 Bangalore)을 데이비드 어거스버거(David W. Augusburger)가 자신의 책 〈Pastoral Counseling Across Culture〉Westminster Press, 1986, Philadelphia, p. 129에 인용한 것. 데이비드 어거스버거 저 〈Pastoral Counseling Across Culture〉Westminster Press, Philadelphia, 1986.

4) 위와 같은 책 p. 130.

5) 〈USA Today〉1997년 8월 7일자, p. A4.

6) 드와인 엘머(Duane H. Elmer) 저 〈Cross-Cultural Conflict: Building Relationships for Effective Ministry〉InterVarsity Press, 1993, p. 55.

7) 집단주의와 개인주의가 소개되었던 장을 기억하는가? 집단주의에 있어서, 구성원 중 한 명이 중대한 결정을 하게 되면, 그 결정은 모든 구성원들에게 영향을 미치며, 그들 모두는 그것을 심각하게 받아들일 뿐만 아니라, 자신들도 그 의사결정 과정에 참여한 것으로 간주되기를 희망한다.

8) 위와 같은 책 p. 53.

❀ 제20장 예배의 표현 : 낮은 차원에서 높은 차원으로

1) 사실 나는 현대적(contemporary)이라거나 전통적(traditional)이라는 표현을 싫어하지만, 흔히 사용되는 표현들이기 때문에 본인도 그대로 사용하기로 했다.

역자 후기

하나님께서는 모든 민족에게 각각의 문화와 전통을 허락하셨습니다. 21세기를 살아가는 우리에게 가장 중요한 주제는 '문화'입니다. 문화의 문제는 아주 편만해 있고 다양할 뿐만 아니라 중요하고도 심각합니다. '문화의 충돌' '문화 차이' '문화 충격' 등은 모두 우리에게 생소한 용어들이 아닙니다: 고대와 현대 문화, 이슬람과 기독교 문화, 아프리카 각 부족과 민족의 문화, 동양과 서양의 문화, 문화간의 동질성과 이질성, 다른 나라와 다른 민족간의 문화 차이뿐만 아니라, 한 나라와 민족 안에서의 다양한 문화, 세대간의 문화 차이, 한 가정과 직장, 한 교회 안에서의 다른 문화들까지 제반 문화의 문제는 끊임없이 배우고 노력하여야 하는 주제입니다. 이처럼 우리의 시야를 넓히고 다름을 수용하고 받아들일 때 우리의 생애는 더욱 풍부해지고 행복하고 아름다울 수 있습니다.

2008년 UN의 통계는 세계 인구 중 약3%에 해당하는 2억1천400만 명이 출생지가 아닌 다른 문화권에서 살아간다고 했고, 토드 존슨(Dr. Todd

Johnson)교수는 그보다 훨씬 많은 7억2천만 명이 고향을 떠나서 살아간
다고 발표했습니다. 어디 그 숫자뿐이겠습니까? 우리 인류는 모두 집 떠
난 나그네들입니다. 언제 고향을 떠났느냐의 시간적 차이가 있을 뿐, 인
류는 모두 다이아스포라(Diaspora)이고 크로스 컬추럴(Cross-Cultural)을
경험한 사람들입니다. 우리 민족은 우랄 알타이 계통으로 몽골에서부터
왔고 아메리칸 인디언들과 뿌리가 같습니다. 북미인들은 유럽에서 이주
한 다이아스포라들입니다. 그렇게 본다면 우리는 모두 타문화를 경험한
사람들입니다.

성서에도 다른 문화에로 이주한 사람들의 이야기로 가득합니다. 신앙
의 위인들은 모두 다 크로스 컬추럴의 인물들입니다. 창세기의 아브라함
으로부터 야곱, 요셉, 모세, 룻과 나오미, 다니엘, 에스더, 느헤미아, 아모
스, 요나, 모두 다 타 문화에서 살았던 신앙의 거인들입니다. 신약의 바울
과 바나바, 누가, 디모데, 요한, 예수님의 열두 제자들, 아굴라와 브리스
가 뿐만 아니라, 예수님의 부모인 요셉과 마리아도 이집트에서 타 문화를
경험한 사람들입니다. 그 뿐입니까? 우리 주님이신 예수 그리스도야 말
로 크로스 컬추럴한 분이셨습니다. 하늘 본향을 버리시고 우리 인류를 구
원하시려고 이 세상에 오신 분(빌2:5-11)이십니다.

예수 그리스도의 제자인 우리들, 특별히 그의 복음을 가지고 땅끝까지
나아가는 사람들에게 문화의 문제와 타 문화권에 대한 연구는 필수적입
니다. 저는 한국과 해외에서 목회를 한 경험이 있고 지금은 아프리카의
마다가스카르에서 선교 동역자로 일하는 목사입니다. 이 책을 읽으면서
무릎을 치며 동의하게 되었고, 많은 새로운 사실들을 배웠으며, 어렴풋하
게 알고 있던 것을 확실히 깨닫게 되었고, 얼마나 많은 반성을 했는지 모

릅니다. 다른 문화를 아는 것이 해외 선교와 해외 근무의 시작입니다. 안식년을 맞이 하여 OMSC(해외목회연구센터)에 머물면서 드와인 엘머(Duane Elmer) 박사님 내외분을 만나고 한 주간 강의를 들으면서 크로스 컨츄럴 컨넥션스 《Cross-Cultural Connections》라는 이 책을 만나게 되었습니다. 이것은 축복이었습니다. 저는 이 책을 읽으면서 큰 감동을 받았습니다. 그리고 한국의 수 많은 장단기 선교사들을 생각하며 이 책을 번역하기로 했습니다. 이 책의 한국어 번역을 저만큼 기뻐하며 한국어 판에 붙이는 서문을 써 주신 엘머 교수님께 다시 한번 감사드립니다.

국제 기구나 NGO, 국가를 대표해서 해외에 나가는 분들, 사업이나 투자를 구상하며 해외 근무를 준비하는 분들, 해외 선교지에서 사역에 임하는 장단기 선교사님들과 하나님의 선교와 복음의 진보를 위해서 준비하는 모든 예비 선교사(Missionary)와 선교 동역자들(Mission Co-Workers)에게 꼭 정독할 것을 부탁합니다. 또한 해외 생활을 마치고 귀국한 분들께도 '역 문화 충격' 을 극복하도록 이 책을 권합니다.

이렇게 귀한 쉼과 충전 그리고 신학 재연수의 기회를 주신 '김창주목사 마다가스카르선교후원회' 와 하나님의 기관, OMSC(Overseas Ministries Study Center)에 깊은 감사를 드리며, 이책을 출판해 주신 행복우물에도 감사한 마음을 전합니다.

2012년 3월,
뉴헤이븐, 코네티컷에서

김창주 목사

의학의 달인이랑 식사하실래요?

김흥수 · 김명희 지음 / 올컬러 / 13,000원

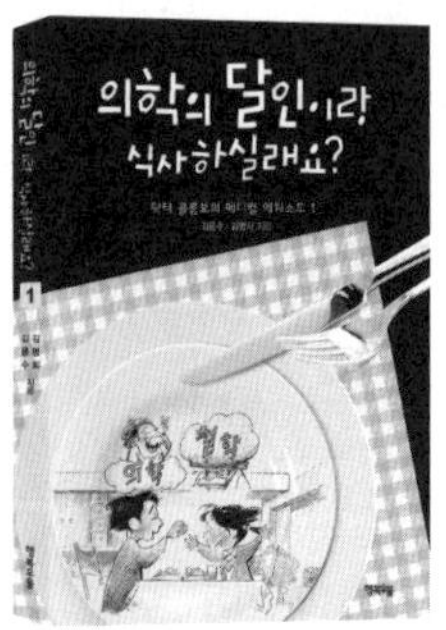

현직 병원장, 중학교 교사,
애니메이션 화가가 힘을 합쳐서 완성한
청소년을 위한 메디컬 에피소드 제1탄!

이 책 보다 더 재미있는 의학 이야기는 없다!!!
흥미 만점의 이야기에 푹 빠지다 보면
어느 사이에 의사가 되고픈 꿈이 솔솔~

온 가족이 함께 읽어도 좋은 책입니다.

여의도 스티브잡스의

성공10계명

트위터 100만 대군의 신화

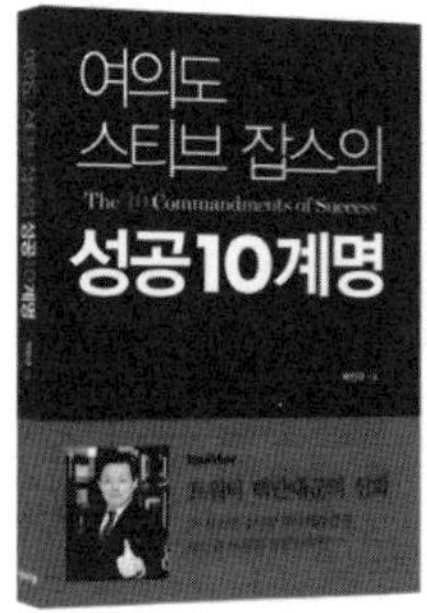

국내 트위처 인구가 모두 190만 명이던
2010년 10월, 단일부로서는 최초로 무려
100만 팔로워라는 엄청난 대기록을 수립한
하나대투증권 e-business부 박인규 부장의
성공비결 공개

박인규 지음 / 신국판 208쪽 / 13,000원

우리는 왜 여기에 있는가?

우리의 몸은 137억년 우주의 신비를 고스란히 간직하고 있는 기적,
그 자체이다.

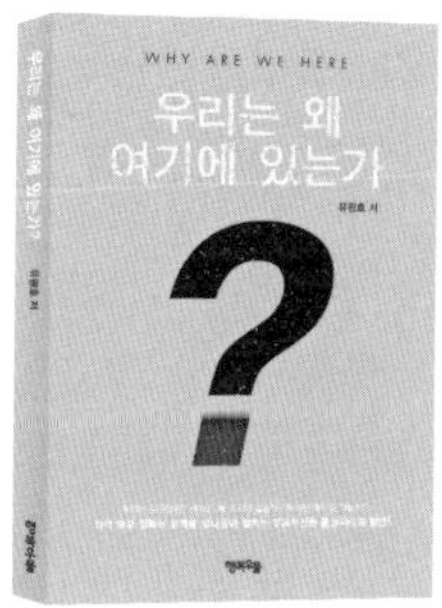

우리가 품는 모든 생각은 그 즉시
온 우주에 공명된다.
이러한 공명(共鳴)의 원리를 이용하면
어떠한 육체의 질병이라도
치료할 수 있다. 이것이 대자연의 법칙이다.

유광호 지음 / 신국판 312쪽 / 올 컬러 / 15,000원

죽음 이후의 삶

| 개정판 |

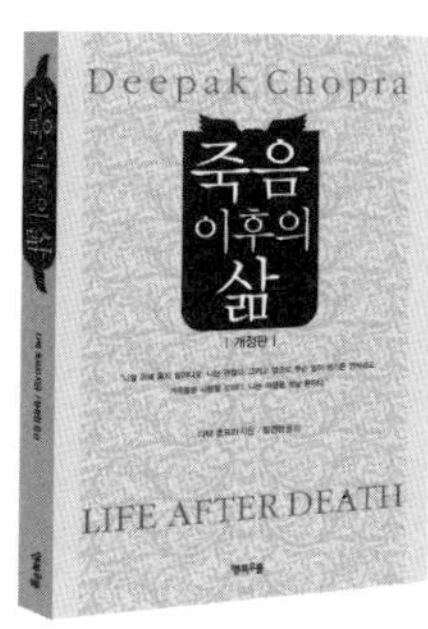

타임지가 선정한 '세계를 움직인 100인' 중
한 명이자, 영혼문제의 대가인 디팩 초프라가
우리들에게 들려주는 삶과 죽음 이야기,
그리고 그 이후의 영혼여행 이야기.
프린스턴, UC 버클리, NASA등 전 세계의
유명 대학과 연구소의 석학들이 밝혀보려는
죽음 이후의 세계는 과연 어떤 것인가?

디팩 초프라 지음 / 정경란 옮김 / 신국판 / 339쪽 / 14,000원

여우사냥

다니엘 최 지음 / 반양장 368쪽 / 각권 13,000원

제1권 조선의 왕비를 제거하라
제2권 원수 찾아 삼만리

이 책은 명성황후 시해사건의 핵심 3인방인 이노우에 가오루(井上馨), 미우라 고로(三浦五樓), 그리고 이토 히로부미(伊藤博文)의 젊은 시절을 추적함으로써 그들과 이 사건의 연관관계를 파헤친다.

4차원의 세계

유광호 저 | 신국판 288페이지 | 정가 13,000원

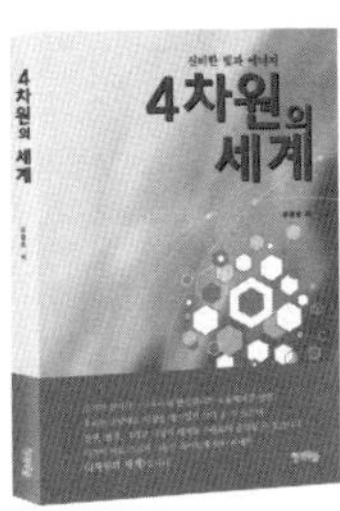

누가 구름을 사라지게 하고 비를 멈추게 하는가?
양자물리학과 양자생물학을 파고 들어서 마침내 밝혀낸 4차원, 그 신비의 세계!

삶, 죽음, 전생, 환생, 빙의 …
자, 이제 우리 모두 4차원의 세계로 흥미진진한
여행을 떠나보자.

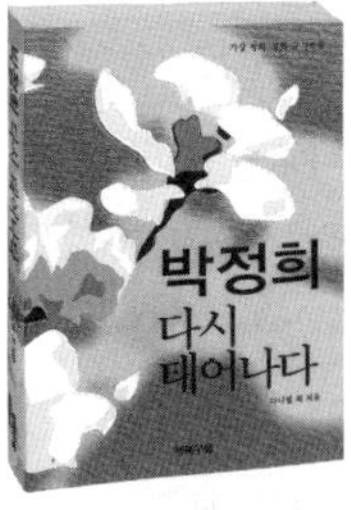

박정희 다시 태어나다

다니엘 최 지음 / 440쪽 / 13,000원

박정희 대통령과 육영수 여사가 만일
비운에 돌아가시지 않고 천수를 다 하셨다면
대한민국은 과연 어떻게 변했을까?
본격적인 가상 정치, 경제, 군사소설.

가난이 선물한 행복

다니엘 최 지음 / 반양장 368쪽 / 11,000원

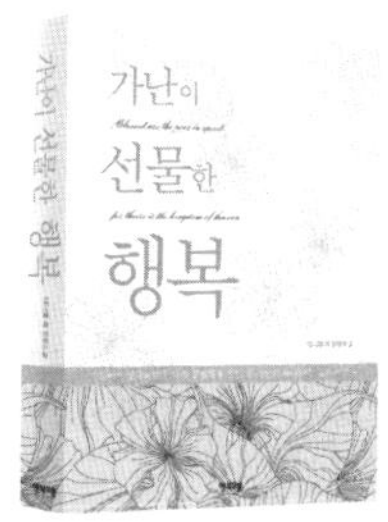

이 책은 한국판 〈채털리부인의 사랑〉이다.

두 명의 나를 통하여 들어보는 한 가정의
몰락과 좌절 – 그 가슴 아픈 이야기.
그리고 끈질긴 노력 끝에 마침내 재기에 성공하는
통쾌한 반전드라마!

남북통일

정명철 지음 / 280쪽 / 11,000원

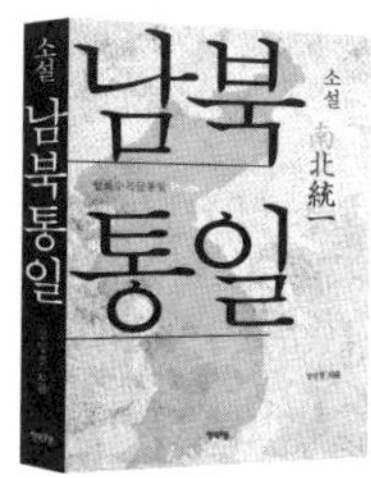

베일에 싸여진 인물 '천지' 의 실체는 무엇인가?
그가 과연 북한을 움직이는 '보이지 않는 손' 인가?

교도소에서 복역 중이던 한 엘리트 기자의 갑작스런 죽음,
뒤이어 발생하는 통일전문가들의 연속적인 사고사.
그리고 실종사건들…

**이 책은 정치소설과 추리소설의 흥행요소만을 결합시킨
실험소설이다.**

부부치유학

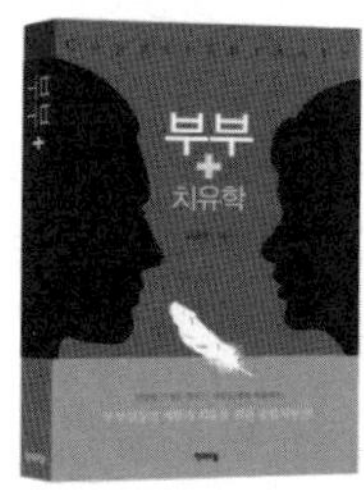

임종천 지음 / 336쪽 / 14,000원

건강한 가정을 꿈꾸는 사람들이라면 반드시 읽어야 할,
부부갈등의 예방과 치료를 위한 종합처방전.

**"가정치유사역 전문가 임종천 목사가 문제가정에
선물하는 부부예절지침서"**